古代歷史文化研究輯刊

十七編

王明蓀 主編

第 25 冊

突厥鐵勒史探微

陳懇 著

國家圖書館出版品預行編目資料

突厥鐵勒史探微／陳懇 著 —— 初版 —— 新北市：花木蘭文化出
版社，2017〔民106〕
目 2+226 面：19×26 公分
（古代歷史文化研究輯刊 十七編：第 25 冊）
ISBN 978-986-404-965-3（精裝）
1. 突厥 2. 民族史
618   106001491

ISBN-978-986-404-965-3

9 789864 049653

古代歷史文化研究輯刊
十七編　第二五冊　　　　　　ISBN：978-986-404-965-3

突厥鐵勒史探微

作　　者　陳懇
主　　編　王明蓀
總 編 輯　杜潔祥
副總編輯　楊嘉樂
編　　輯　許郁翎、王筑　美術編輯　陳逸婷
出　　版　花木蘭文化出版社
社　　長　高小娟
聯絡地址　235 新北市中和區中安街七二號十三樓
　　　　　電話：02-2923-1455／傳眞：02-2923-1452
網　　址　http://www.huamulan.tw 信箱 hml810518@gmail.com
印　　刷　普羅文化出版廣告事業
初　　版　2017 年 3 月
全書字數　220077 字
定　　價　十七編 34 冊（精裝）台幣 68,000 元　　　版權所有·請勿翻印

突厥鐵勒史探微

陳懇 著

作者簡介

陳懇，1973 年出生於重慶，理學碩士，畢業於北京大學計算機科學技術系，現爲北京大學中國文字字體設計與研究中心工程師。主要從事突厥史、中古北方民族史及內亞古代史研究，在《文匯報・學人》、《中西文化交流學報》、《中國邊疆史地研究》等刊物上發表學術論文多篇。

提　　要

　　該書稿是目前突厥史學界關於突厥、鐵勒與迴紇等部族構成和演變軌跡考證的最新研究成果。作者以漢文史料爲根基，有效運用古突厥文與古藏文史料，充分吸收國內外學界最新的相關研究成果，在嚴格遵循歷史比較語言學相關規則的基礎之上，對不同語言史料中出現的有關聯的專名進行盡可能細緻和精確的審音勘同，提出了關於「三窟」、「九姓」、「十姓」、「十二姓」及「三十姓」等漢文史料中用以指稱突厥 鐵勒與迴紇等部族的一系列專名涵義的最新見解。其中，關於薛延陀同迴紇阿史德部及突厥第二汗國關係的研究、關於迴紇藥羅葛部兩次建立漠北汗國的研究、關於中古時期東西方史料共同出現的可薩與卑失部落的研究、關於後突厥復國元勳暾欲谷家世的研究、關於兩姓阿跌進入後突厥核心集團的研究、關於突厥執失部落在早期東突厥對隋唐關係中獨特地位的研究以及關於亡國後突厥十二姓餘眾流亡避難在北庭附近區域的研究等，都立足於細緻入微的考證，並得出了與以往研究不同的結論。該書稿對於進一步推動突厥史學界的相關研究具有重要的學術價值與學術貢獻，同時對於唐代前期的政治史、民族史和軍事史研究，對於唐代的蕃將研究、藩鎮研究和安史之亂的研究，以及對於中古時期的北方民族史及內陸歐亞史等研究的推進也具有重要的啓迪與參考價值。

目
次

第一篇　薛延陀亡時迴紇首領易統探微

1. 隋唐之際，北邊有眾多鐵勒部落，迴紇爲其中的一部，史載迴紇的第一任君長爲時健俟斤。〔註 1〕時健俟斤之子名菩薩，因智勇雙全得眾心而爲父所逐。時健死後，部人迎回菩薩，立爲首領。東突厥汗國末年，菩薩率部人與薛延陀共攻東突厥北邊，菩薩身將五千騎大破頡利手下十萬騎，「聲震北方」，此戰之後，局促漠南一隅的東突厥汗國在唐朝打擊下迅即敗亡，漠北興起薛延陀汗國，而菩薩也依附於薛延陀，並開始在土拉河一帶確立統治。〔註 2〕其與薛延陀「相脣齒」，說明迴紇時健俟斤家族與薛延陀可汗家族有著非同尋常的親密關係；而菩薩新立「活頡利發」的稱號，在突厥官號體制之中，不但高於之前的「俟斤」，也較一般的「頡利發」爲高。

〔註 1〕《新唐書・回鶻傳》：「有時健俟斤者，眾始推爲君長。」時健一詞，《新唐書・回鶻傳》、《通典》卷二〇〇、《太平寰宇記》卷一九九、《冊府元龜》卷九六七、《文獻通考》卷三四七作「時健」，《舊唐書・迴紇傳》與《唐會要》卷九八作「特健」，均指同一人。劉義棠認爲此「時健」或爲 SÜKUN，SÜKÛN（寧靜、安靜、平靜）之漢譯；佐口透則提到「有將時健之原語釋作 jegän（甥，或用作專名）的說法」。參見王若欽等編：《宋本冊府元龜》，北京：中華書局，1989 年，第 3828 頁；劉義棠：《漠北回鶻可汗世系、名號考》，《維吾爾研究》，臺北：正中書局，1977 年，第 97～98 頁；何星亮：《新疆民族傳統社會與文化》，北京：商務印書館，2003 年，第 59 頁；佐口透著，余大鈞譯：《〈新唐書・回鶻傳〉箋注》，《北方民族史與蒙古史譯文集》，昆明：雲南人民出版社，2003 年，第 170 頁。案 jegän 即 yigän / yegän，其漢文對音爲「移健」，雖然意義有所關聯，讀音也部份近似，但與「時健」並不相同，參見本書第七篇《暾欲谷家世鉤沉》第 4 節「《崔林碑》中的迴紇—薛延陀痕跡」。關於「時健」一詞的原文及語源，筆者另有新說，參見本書第七篇《暾欲谷家世鉤沉》第 5 節「《闕利啜碑》與暾欲谷」。

〔註 2〕《新唐書・回鶻傳》：「繇是附薛延陀，相脣齒，號活頡利發，樹牙獨樂水上。」

2. 《新唐書・回鶻傳》又記載：

> 突厥已亡，惟迴紇與薛延陀爲最雄強。菩薩死，其酋胡祿俟利發吐迷度與諸部攻薛延陀，殘之，並有其地，遂南踰賀蘭山，境諸河。……乃以迴紇部爲瀚海，……白霫爲寘顏州；……乃拜吐迷度爲懷化大將軍、瀚海都督；然私自號可汗，署官吏，壹似突厥，有外宰相六、内宰相三，又有都督、將軍、司馬之號。帝更詔時健俟斤它部爲祁連州，隸靈州都督，白霫它部爲居延州。

據此，吐迷度當爲迴紇第一位可汗，其所建汗國可稱之爲「迴紇第一汗國」。〔註3〕然而，菩薩與吐迷度是何關係？史無明文，將其處理爲父子關係並無直接證據。〔註4〕據本文第 1 節可知，時健俟斤家族與薛延陀可汗家族關係密切，「相唇齒」，但此處吐迷度竟於菩薩死後與諸部「攻薛延陀，殘之」，則其與時健俟斤家族之關係似有不和之嫌。又當薛延陀滅後、鐵勒歸唐分封之時，於吐迷度拜賜之後，特地提到兩「它部」的處置，太宗親自出面，爲「時健俟斤它部」另設祁連州，爲「白霫它部」另設居延州，此處或有隱情，考詳見後。關於太宗額外分封一事，《資治通鑑》卷一九八記載如下：

〔註3〕 參見秦衛星：《關於漠北回鶻汗國早期歷史中的兩個問題》，《新疆大學學報》1988 年第 3 期。本書將貞觀末年迴紇首領吐迷度所建漠北汗國稱爲「迴紇第一汗國」，將天寶初年迴紇首領骨力裴羅所建漠北汗國稱爲「迴紇第二汗國」。關於迴紇在漠北先後兩次建國的情形，參見本書第七篇《暾欲谷家世鈎沉》第 7 節。

〔註4〕 一些學者認爲兩者是父子關係，國內學者如楊聖敏（《迴紇史》，長春：吉林教育出版社，1991 年，第 57 頁）、拓和提（《維吾爾歷史文化研究》，北京：民族出版社，1995 年，第 33 頁）等，國外學者如內亞史研究巨擘 Denis Sinor（D・西諾爾，又譯作丹尼斯・塞諾）在《中亞文明史》第四卷（上）中即主此說（見漢譯本第 144 頁：「菩薩死後，其子吐迷度稱可汗（Kaghan）」，英文版第 191 頁原文爲：「On P'u-sa's death his son T'u-mi-tu assumed the title of Kaghan; ……」可見漢譯並無錯誤）。當然，也有學者明確指出兩者並非父子關係，如范文瀾認爲：「菩薩創行首長世襲制，但仍採公推形式。吐迷度與菩薩的關係不明，至少不是父子關係，繼位又全用公推制。新制度代替舊制度，是要經過反覆的。……菩薩死，吐迷度繼位。吐迷度與菩薩非父子關係，他的繼位出於推選，足見世襲制並不鞏固。」此外劉義棠也指出兩者關係「史無明文」。參見范文瀾：《中國通史》（第四冊），北京：人民出版社，1987 年，第 57、80 頁；劉義棠：《漠北回鶻可汗世系、名號考》，《維吾爾研究》，臺北：正中書局，1977 年，第 100 頁；劉義棠：《迴紇可汗汗位繼襲之研討》，《突回研究》，臺北：經世書局，1990 年，第 120 頁。

（貞觀二十二年，648）戊申，上還宮。結骨自古未通中國，
聞鐵勒諸部皆服，二月，其俟利發失鉢屈阿棧入朝。……戊午，以
結骨爲堅昆都督府，以失鉢屈阿棧爲右屯衛大將軍、堅昆都督，隸
燕然都護。又以阿史德時健俟斤部落置祁連州，隸靈州都督。

此處提到的「阿史德時健俟斤部落」無疑即爲《新唐書》的「時健俟
斤它部」，而《新唐書》中的「時健俟斤」當即菩薩之父、迴紇第一任君長。
〔註5〕據此可知，迴紇之時健俟斤家族屬阿史德部。

3. 關於吐迷度攻滅薛延陀一事，《新唐書·回鶻傳》復有如下記載：

多彌可汗以十餘騎遁去，依阿史那時健，俄爲迴紇所殺，盡屠
其宗，眾五六萬奔西域。

而《資治通鑒》卷一九八則記作：

多彌引數千騎奔阿史德時健部落，迴紇攻而殺之，並其宗族殆
盡，遂據其地。

由第2節可知，《資治通鑒》的「阿史德時健部落」當即迴紇的時健俟斤
家族，薛延陀多彌可汗落難時前去投奔，說明兩者關係非同尋常，這正與第1
節相符；然而與《新唐書》的對應記載相比照，迴紇的時健俟斤家族還有屬
於阿史那部的可能，但《新唐書·回鶻傳》此處的「阿史那」實爲「阿史德」
之訛誤，尤其結合祁連州設置的其它記載可進一步坐實。〔註6〕上述分析表
明：迴紇首任君長所從出的時健俟斤家族出自阿史德部，而吐迷度及其後的
迴紇首領則轉爲另一系統，這一轉變發生於薛延陀汗國覆亡之際。

4. 不難推想，當薛延陀多彌可汗落難來投時，時健俟斤家族的部人必
全力護持之，吐迷度家族則與不滿薛延陀統治的鐵勒諸部共同攻滅之，是
役之中，多彌可汗敗死，宗族被屠戮殆盡，與其「相唇齒」的時健俟斤家

〔註5〕岑仲勉已經注意到，《新唐書》卷二一七上《回鶻傳》中此處「時健俟斤它部」
　　　中的時健俟斤即《新唐書》卷二一七下《薛延陀傳》中的阿史那時健；而此
　　　阿史那時健也即是《資治通鑒》卷一九八中的阿史德時健。參見岑仲勉：《突
　　　厥集史》，北京：中華書局，1958年，第260頁；吳玉貴：《突厥第二汗國漢
　　　文史料編年輯考》，北京：中華書局，2009年，第280～281頁。
〔註6〕《唐會要》卷七三：「以阿史德特建俟斤部置皋蘭、祁連二州。」此「特建」
　　　當即「時健」之訛寫形式，則應以「阿史德」爲正，參見尤煒祥：《兩唐書疑
　　　義考釋·新唐書卷》，杭州：西泠印社出版社，2012年，第355頁；段連勤：
　　　《隋唐時期的薛延陀》，西安：三秦出版社，1988年，第124頁。另可參見本
　　　書第七篇《瞰欲谷家世鈎沉》第3.3節。

族可能也傷亡慘重，由此便可以理解嗣後太宗存亡繼絕之舉——爲時健俟斤的餘部另設祁連州，爲白霫的餘部另設居延州，前者顯然是爲安撫前迴紇首領部落的餘眾，後者原因未詳，然聯繫到菩薩之母名爲「烏羅渾」，白霫地與烏羅渾接，不排除其別部亦含有烏羅渾支系，則白霫別部的烏羅渾部頗有爲迴紇時健俟斤部姻族之可能，由此太宗安撫白霫餘部之舉亦屬情理之中。尤須指出的是，對於薛延陀多彌可汗在滅於迴紇吐迷度之際前往投奔的阿史德時健部落，此前學者多未深究，一般都接受了胡三省在資治通鑑注解中提出的看法，即認爲其是指漠南雲中一帶的突厥阿史德部，〔註 7〕但這一看法事實上很難經得起推敲，因爲薛延陀汗國的統治中心在漠北土拉河流域，〔註 8〕與其「相唇齒」的迴紇時健－菩薩部落也位於土拉河一帶，〔註 9〕而突厥阿史德部則位於遠在千里之外的漠南，〔註 10〕那麼薛延陀多

〔註 7〕 胡三省注：「頡利滅，李靖徙突厥羸破數百帳於雲中，以阿史德爲之長，眾稍盛」。參見段連勤：《隋唐時期的薛延陀》，西安：三秦出版社，1988 年，第 124 頁；楊聖敏：《迴紇史》，長春：吉林教育出版社，1991 年，第 58 頁；楊聖敏：《資治通鑑突厥迴紇史料校注》，天津：天津古籍出版社，1992 年，第 127～128 頁；吳玉貴：《突厥第二汗國漢文史料編年輯考》，北京：中華書局，2009 年，第 206 頁；尤煒祥：《兩唐書疑義考釋·新唐書卷》，杭州：西泠印社出版社，2012 年，第 354～355 頁。

〔註 8〕 在頡利可汗的突厥汗國被唐朝平定之後，薛延陀汗國將牙帳遷移到了都尉捷山北、獨邏河之南，案獨邏河即今土拉河，而此都尉捷山並不能與土拉河以西的鬱督軍山勘同：史載此舉爲「東返故國」，充分表明薛延陀部落在西遷金山之前及東返建國之後的主要活動中心都位於鬱督軍山以東的土拉河流域一帶。參見小野川秀美：《鐵勒考》，《民族史譯文集》第 6 集，中國社會科學院民族研究所歷史研究室資料組，1978 年；包文勝：《鐵勒歷史研究——以唐代漠北十五部爲主》，內蒙古大學博士學位論文，2008 年，第 78～80 頁。

〔註 9〕 迴紇菩薩在擊敗東突厥欲谷設之後，便投附了夷男新建立的薛延陀汗國，並將牙帳建立在土拉河上，參見本文第 1 節。

〔註 10〕 突厥阿史德部的主體此時（646 年）位於唐朝統治之下，應分佈在黃河以南的勝州、夏州一帶，緣於貞觀十五年（641）唐朝所拜突厥俟利苾可汗阿史那思摩率領突厥降部主體渡河北上在定襄城建牙安置之後，不久即遭到漠北薛延陀眞珠毗伽可汗夷男的進攻，部落皆散還河南。即使認爲多彌可汗所投之阿史德部爲胡三省注解中位於雲中城的分支部落，案雲中城在黃河以北，位於勝州榆林縣東北 40 里處，勝州距長安 1853 里，而薛延陀牙帳距長安 3300 里，考慮到道路的歧異與里程的誤差，則仍可推知從薛延陀牙帳到雲中城及勝州、夏州一帶的距離至少在 1000 里以上。參見李吉甫撰，賀次君點校：《元和郡縣圖志》，北京：中華書局，1983 年，第 109～111 頁；湯開建：《唐李筌〈太白陰經·關塞四夷篇〉西北諸道部族地理考證》，《唐宋元間西北史地叢稿》，北京：商務印書館，2013 年，第 69～79 頁。

彌可汗在逃亡求生的關鍵時刻舍近求遠、南越大磧的異常舉動就顯得極不合情理，並且漠南的突厥諸部已經投降唐朝十餘年，自立尚遙遙無期，又多次替唐朝北抗渡磧南侵的薛延陀軍隊，故也絕無可能在此時收留從前的死敵。時健俟斤餘部的這部份迴紇部眾應當是投降了渡磧北伐的唐軍，由此被排擠出吐迷度家族統治的迴紇汗國，甚而一度被唐人看作薛延陀餘部，〔註11〕而這支迴紇－薛延陀餘眾的阿史德部在南遷投唐之後，與漠南安置的原東突厥阿史德部逐漸匯合，後來竟成爲重返漠北復興突厥第二汗國的中堅力量。〔註12〕

5. 與漢人記述有所不同，迴紇人自述的鄂爾渾盧尼文《磨延啜碑》中提到，迴紇聯盟內部分十姓迴紇與九姓烏古斯兩支，〔註13〕然而傳統上前者居於統治地位，首領皆出自十姓迴紇。在突厥第二汗國覆滅之餘建立「迴紇第二汗國」的骨力裴羅家族，屬藥羅葛氏族，亦即《磨延啜碑》的撰述者，無疑是出自十姓迴紇之部，而此前稱汗的吐迷度家族與骨力裴羅家族的關係雖非嫡傳，然諸多證據表明，亦當同屬藥羅葛氏族，〔註14〕而時健俟斤家族則出自阿史德氏族。由上述考證進而可推論，在迴紇從鐵勒諸部中強勢崛起的前期，的確發生過首領統系的變易，但其事並非發生於「迴紇第一汗國」與

〔註11〕 劉義棠即曾發出對安置於祁連州的阿史德時健俟斤部落不知究爲何部落之疑問，參見劉義棠：《新唐書回鶻傳考注》，《突回研究》，臺北：經世書局，1990年，第768頁；關於薛延陀汗國滅亡之後餘部的去向，參見段連勤：《隋唐時期的薛延陀》，西安：三秦出版社，1988年，第123～130頁；艾克拜爾·吐尼亞孜：《淺析古代突厥文〈暾欲谷碑〉中出現的 türk sir bodun──兼論薛延陀汗國滅亡以後的薛延陀部落的歷史》，《中央民族大學學報（哲學社會科學版）》2011年第5期。

〔註12〕 參見本書第七篇《暾欲谷家世鉤沉》。

〔註13〕 參見本文第6節。另可參見拉施特：《史集》漢譯本第一卷第一分冊，北京：商務印書館，1983年，第240頁，其中有關於畏兀兒人起源的傳說，其先分兩種：溫（aūn）──畏兀兒與脫忽思（tūğūz）──畏兀兒，即十姓迴紇與九姓回鶻。

〔註14〕 據《迴紇瓊墓誌》，迴紇瓊與磨延啜爲堂兄弟關係，前者的曾祖父與祖父分別爲卑栗（即新唐書中的比栗）與獨解支，後者的祖父爲護輸，則獨解支與護輸爲同輩族兄弟關係，兩人都是吐迷度曾孫，故而這兩個家族都屬藥羅葛氏；同時，由於承宗是獨解支之孫，則其當爲護輸之族孫，據此，《新唐書·回鶻傳》關於護輸是承宗族子的記載是不準確的。參見濮仲遠：《瀚海都督伏帝難考論──迴紇瓊墓誌再探》，《陰山學刊》2015年第28卷第5期；森安孝夫撰，白玉冬譯：《漠北回鶻汗國葛啜王子墓誌新研究》，《唐研究》第21卷，北京：北京大學出版社，2015年。

「迴紇第二汗國」之間（727 年）的「甘涼之變」，[註15] 其王統也並非從「十姓迴紇」支系轉變爲「九姓烏護」支系，[註16] 而是從阿史德系轉變爲藥羅葛系，其時間則可繫於薛延陀汗國覆亡之際、「迴紇第一汗國」創建之時。

6.「十姓迴紇」（on uyɣur）一稱，在鄂爾渾盧尼文碑銘之中，僅見於迴紇第二汗國初期的《磨延啜碑》北面第 3 行：[註17]

> su ... nta qalmïsï bodun on uyɣur toquz oɣuz üzä yüz yïl olurup s...
>
> a orqun ögüz o...

> （在）留下⋯⋯的人民，在十姓迴紇及九姓烏古斯之上，他們
>
> （外族）統治了百年⋯⋯鄂爾渾河⋯⋯ [註18]

此句當指阿史那突厥對迴紇及九姓鐵勒的百年統治——從六世紀四十年代突厥崛興至七世紀四十年代突厥第一汗國與薛延陀汗國相繼滅亡及九姓鐵勒降唐止，[註19] 而下一句「突厥可汗整整統治了五十年」則是指後

[註15] 李樹輝：《迴紇的構成及其發展（下）——烏古斯和回鶻研究系列之四》，《喀什師範學院學報》2001 年第 1 期。

[註16] 「九姓烏護」案即「九姓烏古斯」，作爲突厥語 toquz oɣuz 的漢文對音並不準確，「烏護」的中古漢語擬音與 oɣuz 無法精確對應，以之用來代指 oɣuz 部族是有疑問的，參見哈密頓著，耿昇譯：《九姓烏古斯和十姓回鶻考》，《敦煌學輯刊》1983 年第 0 期。

[註17] 最近白玉冬對鄂爾渾盧尼文《蘇吉碑》作了重新釋讀，認爲第一行的 uyɣur 之前還有 on 字樣，即該碑中也出現了「十姓回鶻」（on uyɣur），並結合碑文同一行中出現的「藥羅葛汗」（yaɣlaqar qan）也見於西安新出土回鶻王子葛啜墓誌盧尼文誌文第 4 行的情況，同時綜合該碑的特殊語法、宗教信仰及字體等方面特點，提出《蘇吉碑》的鐫刻年代或與回鶻王子葛啜墓誌相近，該碑不應被視作點戛斯統治漢北時期的碑文，而應爲回鶻碑文，具體來說應爲漢北迴紇二汗國前期的碑文。參見白玉冬：《〈蘇吉碑〉紀年及其記錄的「十姓回鶻」》，《西域研究》2013 年第 3 期。案此觀點極其新穎，雖不乏可疑之處，仍可備一說。

[註18] 耿世民：《古代突厥文碑銘研究》，北京：中央民族大學出版社，2005 年，第 194 頁；轉寫據森安孝夫 1999 年之釋讀對明顯訛誤略有訂正，參見森安孝夫：《シネウス遺蹟・碑文 Site and Inscription of Šine-Usu》，《モンゴル國現存遺蹟・碑文調查研究報告》，大阪：中央ユーラシア學研究會，1999 年，第 178 頁。

[註19] 哈密頓認爲，是十姓迴紇在一百年間統治了九姓烏古斯，故而從該碑撰寫的 760 年左右上推百年，可知十姓迴紇在七世紀中葉便已存在，參見哈密頓著，耿昇譯：《九姓烏古斯和十姓回鶻考（續）》，《敦煌學輯刊》1984 年第 1 期；白玉冬則認爲，統治十姓迴紇與九姓烏古斯的主語不是外族，而是藥羅葛氏族，由此這一百年應從《磨延啜碑》中最早的紀年 739 年倒推，即應爲 639～739 年，參見白玉冬：《〈蘇吉碑〉紀年及其記錄的「十姓回鶻」》，《西域研究》2013 年第 3 期，第 114 頁。

突厥汗國即突厥第二汗國對迴紇及鐵勒的統治——從七世紀九十年代至八世紀四十年代。〔註20〕上述兩句所敘皆爲距漢北迴紇第二汗國創建不遠的史事，當不至有誤。據此，迴紇第二汗國的可汗當出自十姓迴紇，而其人民則屬於十姓迴紇及九姓烏古斯，兩者並非對立關係，而是分別對應於漢文史籍中的袁紇（迴紇）及九姓鐵勒。鄂爾渾突厥盧尼文碑銘中多次提到「烏古斯」及「九姓烏古斯」，後突厥的闕特勤和毗伽可汗曾分別在一年中與九姓烏古斯交戰五次和四次，並皆稱：「toquz oγuz mäniŋ bodunum ärti. 九姓烏古斯（本）是我的人民」。〔註21〕據此，更結合漢文史料的記載，「Oγuz／烏古斯」可與漢籍的「鐵勒」一詞對應，「Toquz Oγuz／九姓烏古斯」則對應於漢籍的「九姓／九姓鐵勒／九姓突厥」。關於「九姓烏古斯與十姓迴紇」的詳細考證，可參見法國著名突厥學家哈密頓的大作《九姓烏古斯和十姓回鶻考》。〔註22〕

〔註20〕克利亞什托爾内（С. Г. Кляшторный）將此句釋讀作「突厥欽察人統治了五十年」，認爲欽察是薛延陀的另一個名稱，這五十年即是指突厥與薛延陀聯合起來對漢北鐵勒實施統治的突厥第二汗國時期。森安孝夫和白玉冬則認爲，此句應釋讀作「突厥可汗整整統治了五十年」，指的是突厥第一汗國在鄂爾渾河畔設置汗庭、統治蒙古高原五十年這一事實。依加漢（Б. Еженханұлы）基於克利亞什托爾内的釋讀，認爲此欽察是指薛延陀，但不是突厥第二汗國時期的薛延陀，而是前突厥汗國時期作爲高車餘部的薛延陀，該部在六世紀九十年代已經崛起，並將其對鐵勒諸部的統治一直延續到漢北薛延陀汗國滅亡的七世紀四十年代，故而共計有五十年之久。參見 С. Г. Кляшторный, Кипчаки в рунических памятниках // Turcologica, 1986. К восьмидесятилетию академика А. Н. Кононова. Л.：Наука, 1986；森安孝夫：《シネウス遺蹟・碑文 Site and Inscription of Šine-Usu》，《モンゴル國現存遺蹟・碑文調查研究報告》，大阪：中央ユーラシア學研究會，1999 年，第 190～191 頁；白玉冬：《〈希内烏蘇碑〉譯注》，《西域文史》第 7 輯，北京：科學出版社，2012 年，第 97 頁；Б. Еженханұлы, Туцзюеши мен гаочэ：көне қытай жазбаларындағы қыпшақтар, Түркологиялық жинақ. – Астана：《Сарыарқа》баспа үйі, 2012, С. 308–331. 案後兩種新說各有薄弱之處，突厥第一汗國統治蒙古高原的時間遠不止五十年，且此句下面緊接迴紇骨力裴羅、磨延啜父子於 739 年醞釀起事反抗突厥第二汗國的記述，而突厥第一汗國亡於 630 年，薛延陀汗國亡於 646 年，與此處記事的年代明顯銜接不上。
〔註21〕見於《毗伽可汗碑》東面第二十九行，《闕特勤碑》北面第四行與此略同，耿世民：《古代突厥文碑銘研究》，北京：中央民族大學出版社，2005 年，第 160 頁及 133 頁。
〔註22〕哈密頓著，耿昇譯：《九姓烏古斯和十姓回鶻考》，《敦煌學輯刊》1983 年第 0 期；《九姓烏古斯和十姓回鶻考（續）》，《敦煌學輯刊》1984 年第 1 期。

7. 據迴紇第二汗國初期的鄂爾渾盧尼文碑銘，《鐵爾痕碑》東面第 3 行：〔註23〕

......äčüm apam säkiz on yïl olurmïš ötükän eli tägiräs eli ekinti orqun ögüzdä

......我的祖先登位統治了八十年，在於都斤國家（el）及其周圍地區，在鄂爾渾河流域，我們的可汗第二次登了位。

《鐵茲碑》北面第 5 行：〔註24〕

......（öŋ）rä tabɣačqa bazlanmïš uyɣur qaɣan on yïl olurmïš yetmiš yïl er（miš）

......從前，他們與唐朝（tabɣač）和好。（之後），迴紇可汗登位統治了十年，（之後又統治了）七十年。

自七世紀四十年代吐迷度創立漠北迴紇第一汗國至八世紀二十年代承宗失位護輸北逃，其間正好約八十年，〔註25〕《鐵爾痕碑》其後提到「我們

〔註23〕耿世民：《古代突厥文碑銘研究》，北京：中央民族大學出版社，2005 年，第 212 頁。片山章雄 1999 年的釋讀在後半部份略有不同，但前半部份與耿世民是一致的，參見片山章雄：《タリアト碑文 Tariat Inscription》，《モンゴル国現存遺蹟・碑文調査研究報告》，大阪：中央ユーラシア学研究会，1999 年，第 168～171 頁。

〔註24〕耿世民：《古代突厥文碑銘研究》，北京：中央民族大學出版社，2005 年，第 222 頁；轉寫據大澤孝 1999 年的釋讀對明顯訛誤略有訂正，大澤孝對該行後半部份的釋讀略有不同，參見大澤孝：《テス碑文 Tes Inscription》，《モンゴル国現存遺蹟・碑文調査研究報告》，大阪：中央ユーラシア学研究会，1999 年，第 160～161 頁。

〔註25〕吐迷度於 646 年自稱可汗，建立漠北迴紇第一汗國，第四代首領獨解支南遷甘涼，對內或仍保有可汗名號（其孫迴紇瓊墓誌稱「家有可汗之貴」），至 727 年獨解支之孫承宗失位，族人護輸率部返回漠北，前後正好八十一年，這應當就是北返後護輸家族這一藥羅葛氏分支（亦即第二汗國的可汗家族）心目中迴紇第一汗國的持國時長。《鐵茲碑》中提到第一汗國建立之前（迴紇）曾與唐朝和好，這也相當符合吐迷度崛起之際的迴紇外交情境。按照迴紇瓊墓誌推算，護輸與獨解支同輩，則其直系祖先應爲藥羅葛迴紇前三代首領吐迷度、婆潤與比栗之中的一人。參見秦衛星：《關於漠北回鶻汗國早期歷史中的兩個問題》，《新疆大學學報》1988 年第 3 期；秦衛星：《論漠北回鶻汗國建立的年代問題》，《元史及北方民族史研究集刊》第 12～13 期，南京大學歷史系元史研究室，1990 年；濮仲遠：《瀚海都督伏帝難考論——迴紇瓊墓誌再探》，《陰山學刊》2015 年第 28 卷第 5 期；森安孝夫撰，白玉冬譯：《漠北回鶻汗國葛啜王子墓誌新研究》，《唐研究》第 21 卷，北京：北京大學出版社，2015 年。

的可汗第二次登了位」當指護輸之子骨力裴羅建立漠北迴紇第二汗國的史事。〔註26〕則以藥羅葛迴紇人自身眼光視之，第二汗國與第一汗國乃一脈相承，俱出於十姓迴紇一系。

8. 據《魏書・高車傳》，高車有六種：狄、袁紇、斛律、解批、護骨、異奇斤，其中狄部已於五胡亂華後衰落，斛律則破於柔然後亡降北魏，故六種之中以袁紇、解批爲其強部，這也符合其後的發展。高車的袁紇、解批分別演變爲鐵勒的迴紇、契苾，〔註27〕同在隋唐時期活躍於世。先是契苾聯合金山強部薛延陀及其它鐵勒諸部，反叛前突厥的殘酷統治建立鐵勒汗國（或稱「契苾──薛延陀汗國」），莫何可汗契苾歌楞即契苾何力之祖父，也咥小可汗乙失鉢之孫夷男後趁西突厥動亂、東突厥衰弱之機東遷漠北，聯合迴紇菩薩大破東突厥，遂被唐太宗扶持冊立爲眞珠毗伽可汗，創建薛延陀汗國統治漠北垂二十年；然後夷男死，菩薩死，迴紇吐迷度率鐵勒諸部攻滅薛延陀，與契苾部俱來歸唐；後突厥復興，漠北鐵勒或降或逃，又是迴紇、契苾、思結與渾部一同南投涼州。由此可知，迴紇在鐵勒諸部中的領導地位由來已久，可上溯於高車時期，與解批－契苾代爲強部，數稱雄於漠北、西域，個中淵源極爲深遠。

9. 據拉施特《史集》關於畏兀兒人起源的傳說，其先分兩種：溫（aūn）－畏兀兒與脫忽思（tūğūz）－畏兀兒，即十姓迴紇與九姓回鶻，其中詳細列出了溫－畏兀兒所居十條河的全部名稱，而對脫忽思－畏兀兒所居九條河的名稱則未予記載，由此可見，畏兀兒內部居於領導地位者一向爲十姓部落，九姓則相對較爲次要。然後拉施特又敘述畏兀兒人君長的產生經過：

> 全體一致滿意地從諸部中最聰明的額必失里克（abīšl(i)k）部落選出一個名爲忙古臺（m(a)nkūtāī）的人，授以亦勒－亦勒迪必兒（aīl-aīlt(i)b(i)r）之號。〔他們〕還從兀思渾都兒（aūzq(u)nd(u)r）部落〔選出〕另一個具有〔良好〕品性的人，把他稱作古勒－亦兒勤（kūl-aīrkīn）；他們讓這兩個人作了〔全〕民族（ǰ(u)mhūr）

〔註26〕另見於《磨延啜碑》北面第二行：「（在那裏迴紇可汗）第二次（建國）登位」，耿世民譯，收入林幹、高自厚：《迴紇史》，呼和浩特：內蒙古人民出版社，1994年，第375頁。但其後來又將之改譯爲「他在於都斤（山林）及其附近之間（建國）登位」，參見耿世民：《古代突厥文碑銘研究》，北京：中央民族大學出版社，2005年，第194頁。

〔註27〕參見段連勤：《丁零、高車與鐵勒》，上海：上海人民出版社，1988年，第198頁。契苾之演變尚可參見馬馳：《鐵勒契苾部的盛衰與遷徙》，《中國歷史地理論叢》1999年第3期。

和諸部落的君主（pādšāh）。他們的氏族〔兀魯黑〕統治了百年之久。〔註28〕

　　其中，成爲亦勒－亦勒迪必兒的忙古臺出自額必失里克，另一良好品性的古勒－亦兒勤出自兀思渾都兒，兩者部名分別與十河名稱中的第一個和第四個相近和相同，據此，畏兀兒人最初的君長當出自十姓部落，而「亦勒迪必兒」（aīlt(i)b(i)r）與「亦兒勤」（aīrkīn）顯然分別是「頡利發」（eltäbär）與「俟斤」（irkin）的對音，則此二人或正可與漢籍中迴紇初期的首領遙相對應。「亦勒－亦勒迪必兒」的原型疑即「胡祿俟利發」吐迷度，亦即「迴紇第一汗國」的創立者；「古勒－亦兒勤」的原型疑即「活頡利發」菩薩，「活」與「古勒（kūl）」相對應，意爲「湖、海」，爲突厥－迴紇首領常見的稱號前綴，菩薩之父時健的稱號正爲「俟斤」，而菩薩在稱「活頡利發」之前的稱號應亦爲繼承自時健的某某「俟斤」。〔註29〕由此可推測，吐迷度所建的「迴紇第一汗國」與骨力裴羅所建的「迴紇第二汗國」皆出自額必失里克部，亦即漢籍記載的藥羅葛部，〔註30〕該部長期居於領導地位，故至拉施特時代畏兀兒首領雖可能早已轉至他系，卻仍將其列在十姓第一位。〔註31〕而吐迷度稱汗前的首領時健俟斤家族，則出自兀思渾都兒部，〔註32〕緣有菩薩始興的功業，

〔註28〕拉施特：《史集》漢譯本第一卷第一分冊，北京：商務印書館，1983 年，第241 頁。

〔註29〕關於迴紇菩薩稱號之討論，參見何星亮：《新疆民族傳統社會與文化》，北京：商務印書館，2003 年，第 61～62 頁；阿特伍德（Christopher P. Atwood）將「活頡利發」復原爲 War-Hilitber，參見 Christopher P. Atwood, Some Early Inner Asian Terms Related to the Imperial Family and the Comitatus, *Central Asiatic Journal*, Vol. 56（2012/2013），p. 54.

〔註30〕相關考證參見錢伯泉：《畏兀兒人的族源傳說研究》，《喀什師範學院學報》2005年第 1 期。

〔註31〕哈密頓將十條河流中第一條的名稱讀作 Iŝg(i)l，認爲其相當於 Izg(i)l，即九姓鐵勒部族中的奚結，參見哈密頓著，耿昇譯：《九姓烏古斯和十姓回鶻考（續）》，《敦煌學輯刊》1984 年第 1 期。這一讀法來自貝書的版本（貝書譯作 Ишкуль），參見拉施特：《史集》漢譯本第一卷第一分冊，北京：商務印書館，1983 年，第 240 頁。

〔註32〕哈密頓將十條河流中第四條的名稱讀作 Ōrq(u)nd(u)r，認爲其可能相當於(On-)Oghundur，即十姓 Oghur，也可能是 On-Orqun（十鄂爾渾河）這一術語的訛變，參見哈密頓著，耿昇譯：《九姓烏古斯和十姓回鶻考（續）》，《敦煌學輯刊》1984 年第 1 期。這一讀法也來自貝書的版本（貝書譯作 Уркандур），參見拉施特：《史集》漢譯本第一卷第一分冊，北京：商務印書館，1983 年，第 240 頁。案這一讀法更加突出了該部與十姓的關聯，也暗示了其在十姓中原先的領導地位。

雖後遭排擠，仍以元老之尊位列第四，該部疑即漢文史料記載的迴紇阿史德部，其與突厥阿史德部之間或爲同源關係，有可能時健俟斤部落本爲突厥阿史德疏族的一支，因而也被歸入阿史德的名號之下。

　　10. 迴紇本部之內傳統上分爲十姓，迴紇與其它鐵勒部落共同組成九姓部落聯盟，〔註33〕然而在漢文材料中，十姓只用來指西突厥的十箭部落，迴紇始終是與九姓相關聯的；當迴紇本部強大之後，漢人惑於「九姓」之名，對其內部氏族只列其九（即所謂「迴紇內九族」），〔註34〕其別一遺失之姓，或即時健－菩薩家族所屬的氏族，亦即前文考證的「阿史德／兀思渾都兒」部，漢人復惑於「阿史德」爲突厥本部姓氏，未錄此姓；補之即爲「十姓迴紇」。十姓迴紇（on uyɣur）音譯即「袁紇」，是迴紇自稱，本爲九姓鐵勒即九姓烏古斯之一部，復因其強盛居於主導地位，故而也常與後者並稱，其合稱則仍爲九姓烏古斯；然而自從迴紇在漠北第二次稱汗建國，其它烏古斯部落逐與十姓迴紇逐漸融合，此後「十姓」之名不顯，多單稱「迴紇」，後漢譯名改稱「回鶻」，〔註35〕乃更與「九姓」合稱「九姓回鶻」。〔註36〕

　　基於上述論證可知，前期迴紇首領的易統，無論從時健系到吐迷度系，

〔註33〕哈密頓著，耿昇譯：《九姓烏古斯和十姓回鶻考》，《敦煌學輯刊》1983年第0期；《九姓烏古斯和十姓回鶻考（續）》，《敦煌學輯刊》1984年第1期。

〔註34〕迴紇內九族或內九姓，是迴紇核心部落集團，據《舊唐書·迴紇傳》及《新唐書·回鶻傳》的記載，其名單包括藥羅葛、胡咄葛、啒羅勿（咄羅勿）、貊歌息訖、阿勿嘀、葛薩、斛嗢素、藥勿葛、奚耶勿等九部，實際上是被前期迴紇可汗所從出的藥羅葛部較早征服的一些相對獨立的部族或者部族分支，藥羅葛部與這些早期歸服的諸部組成聯合體，再依靠其降服外九姓諸部，參見尚衍斌：《漠北回鶻汗國政治體制初探》，《西北民族研究》1995年第1期；何星亮：《新疆民族傳統社會與文化》，北京：商務印書館，2003年，第51～52頁。

〔註35〕迴紇改名爲回鶻一事，劉美崧、宋肅瀛曾考證其時間不是《新唐書》、《資治通鑒》等記載的貞元四年（788）或《唐會要》、《冊府元龜》等記載的貞元五年（789），而應爲《舊唐書》記載的元和四年（809），並將該事與迴紇汗統從藥羅葛氏變易爲跌跌氏相聯繫，參見劉美崧：《迴紇更名回鶻考》，《江西師範學院學報》1980年第1期；宋肅瀛：《迴紇改名「回鶻」的史籍與事實考》，《民族研究》1995年第6期。2013年在西安面世一方《回鶻葛啜王子墓誌》，墓主下葬於貞元十一年（795），其時唐朝官方對迴紇已改稱「回鶻」，這就意味著改名一事當在貞元年間，元和四年之說恐有誤，由此該事與迴紇汗統變易有關聯的論點也難再成立，參見張鐵山：《〈故回鶻葛啜王子墓誌〉之突厥如尼文考釋》，《西域研究》2013年第4期，第80頁；羅新：《葛啜的家世》，《唐研究》第19卷，北京：北京大學出版社，2013年，第447頁。

〔註36〕見於漠北迴紇第二汗國時期《九姓回鶻可汗碑》漢文部份。

抑或從吐迷度系到護輸系，都是在十姓迴紇內部進行轉移，與九姓烏古斯並無關係。回鶻汗國從漠北西遷之後，其王室族屬情況較爲模糊，在不同地域所建國家中，有藥羅葛、跌跌、僕固等多種可能，難以確認，後期的高昌回鶻國也至今無法考定其王統歸屬，〔註 37〕然而，無論是九到十一世紀的西回鶻王國，還是晚至十三、十四世紀蒙古統治時期的高昌亦都護國，其人民都以「十姓回鶻」來稱呼其國家，〔註 38〕足見對回鶻民族而言，十姓爲正統的觀念已極爲深厚，即使改朝換代也難以變易。而作爲十姓迴紇建立漠北汗國之前的一次內部易統，或許就是本文所考證的從阿史德系的迴紇菩薩轉移到藥羅葛系的迴紇吐迷度，其時間則在唐朝貞觀末年漠北薛延陀汗國滅亡之際。

〔註 37〕蘇航指出，在有關高昌回鶻的各種材料中，都沒有發現其王室強調自己的部族歸屬，而是仍以回鶻自號，這就與另有若干證據暗示其出自僕固部的線索發生矛盾，因其國人漢文素養頗高，對漢籍記載中的僕固部不可能不知情，由是其王室族屬仍然成謎，參見蘇航：《回鶻卜古可汗傳說新論》，《民族研究》2015 年第 6 期。

〔註 38〕參見哈密頓著，耿昇譯：《九姓烏古斯和十姓回鶻考（續）》，《敦煌學輯刊》1984 年第 1 期；茨默著，桂林、楊富學譯：《佛教與回鶻社會》，北京：民族出版社，2007 年，第 114 頁；茨默著，王丁譯：《從吐魯番考古到吐魯番考證》，《吐魯番學研究》2008 年第 1 期；張鐵山、茨默著，白玉冬譯：《十姓回鶻王及其王國的一篇備忘錄》，楊富學編：《回鶻學譯文集新編》，蘭州：甘肅教育出版社，2015 年。

第二篇　阿史德、舍利、薛延陀與欽察關係小考

1. 《酉陽雜俎》卷四《境異》云：

　　　突厥之先曰射摩舍利海神，神在阿史德窟西。射摩有神異，海神女每日暮，以白鹿迎射摩入海，至明送出，經數十年。後部落將大獵，至夜中，海神女謂射摩曰：「明日獵時，爾上代所生之窟，當有金角白鹿出。爾若射中此鹿，畢形與吾來往，或射不中，即緣絕矣。」至明入圍，果所生窟中有金角白鹿起，射摩遣其左右固其圍，將跳出圍，遂殺之。〔註1〕

　　此處首句「突厥之先曰射摩」與「舍利海神」應予點斷，文意才通暢，否則射摩與海神究竟是何種關係便不易明瞭。勞心指出，這則傳說記載反映了「古代阿史德氏和舍利氏通婚的事實」，但認為射摩並非阿史那氏之祖，而應為阿史德氏之祖。〔註2〕案其後一看法難以成立，一般認為射摩為阿史那氏祖先而與阿史德氏無直接的牽涉，〔註3〕不過該傳說依然揭示出東突厥望族阿

〔註1〕段成式：《酉陽雜俎》，方南生點校，北京：中華書局，1981年，第44～45頁。

〔註2〕勞心：《東突厥汗國譜系之我見》，《新疆大學學報（社會科學版）》2000年第4期。

〔註3〕姚大力認為，該傳說中「突厥之先」是指阿史那氏，反映的是阿史那氏男子在遠古時期入贅阿史德氏的情況；阿特伍德（Christopher P. Atwood）認為，該傳說表明射摩是可汗部族，舍利是貴族出身的勇士侍衛部族，阿史德則是射摩的對偶婚部族，三者共同構成統治階層。參見姚大力：《「狼生」傳說與早期蒙古部族的構成》，《北方民族史十論》，桂林：廣西師範大學出版社，2007年，第161頁；Christopher P. Atwood, Some Early Inner Asian Terms Related to the Imperial Family and the Comitatus, *Central Asiatic Journal*, Vol. 56（2012/2013），p. 59.

史德氏與舍利氏很早便建立了密切的聯繫，而結合本文第 2 節可知，這兩部在阿史那之外的東突厥貴族中自始便佔有核心的地位。復次，關於海神女及仙窟、白鹿的傳說，尚可稍作補充。《契苾嵩墓誌拓本校注》云：

> 公諱嵩，字義節。先祖、海女之子，出於漠北，住烏德建山焉。
〔註4〕

《契苾明碑拓本校注》云：

> 君諱明，字若水，本出武威姑臧人也，聖期爰始，賜貫神京，而香逐芝蘭，辛隨薑桂，今屬洛州永昌縣，以光盛業焉。原夫仙窟延祉，吞電昭慶，因白鹿而上騰，事光圖牒，遇奇蜂而南逝，義隆縑簡，邑怛於是亡精，鮮卑由其褫魄，恤胤於前涼之境，茂族於洪源之地，良史載焉，此可略而誌也。〔註5〕

契苾嵩為契苾明之子，契苾明為契苾何力之子，契苾氏向為鐵勒大族，可導源於北朝時期高車六種之一的解批部，與迴紇的祖先袁紇部並列。〔註6〕將上述契苾氏的祖先傳說與「突厥之先曰射摩」的傳說相比照，可以發現，烏德建山為鐵勒人與突厥人共同的聖山及族源地，其地當在漠北某處，〔註7〕海女、仙窟及白鹿的傳說也為鐵勒與突厥所共有；另一方面，上述傳說的對比還透露出：阿史德以及舍利可能是較早加入東突厥的源出漠北的鐵勒部落。

2. 貞觀四年（630），東突厥頡利政權覆亡，降部眾多，唐廷經過一番激烈爭論，最終太宗主要採納了溫彥博的意見，決定將頡利降眾安置在河南、朔方一帶，設置府州若干以羈縻之。〔註8〕

〔註4〕岑仲勉：《突厥集史》，北京：中華書局，1958 年，第 825 頁。
〔註5〕岑仲勉：《突厥集史》，北京：中華書局，1958 年，第 801 頁。
〔註6〕參見本書第一篇《薛延陀亡時迴紇首領易統探微》第 8 節。
〔註7〕烏德建又作於都斤、鬱督軍、烏德鞬等，是突厥語 ötükän 的漢譯，其今地一般認為在漠北杭愛山一帶，但具體位置尚有多種論點，參見波塔波夫：《古突厥於都斤山新證》，蔡鴻生：《唐代九姓胡與突厥文化》，北京：中華書局，1998 年，第 231～247 頁；岑仲勉：《外蒙於都斤山考》，《突厥集史》（下），北京：中華書局，2004 年，第 1076～1090 頁；包文勝：《古代突厥於都斤山考》，《蒙古史研究》第 10 輯，呼和浩特：內蒙古大學出版社，2010 年，第 54～62 頁。
〔註8〕參見吳玉貴：《突厥汗國與隋唐關係史研究》，北京：中國社會科學出版社，1998 年，第 227～264 頁；艾沖：《唐代前期東突厥羈縻都督府的置廢與因革》，《中國歷史地理論叢》2003 年第 2 期；朱振宏：《突厥第二汗國建國考》，《歐亞學刊》，第 10 輯，北京：中華書局，2012 年，第 84 頁；湯開建：《唐李荃

《新唐書‧志第三十三下‧地理七下‧關內道》云：

> 定襄都督府，貞觀四年析頡利部爲二，以左部置，僑治寧朔。
> 領州四。貞觀二十三年分諸部置州三。阿德州以阿史德部置。執失
> 州以執失置。蘇農州以蘇農部置。拔延州。
>
> 雲中都督府，貞觀四年析頡利右部置，僑治朔方境。領州五。
> 貞觀二十三年分諸部置州三。舍利州以舍利吐利部置。阿史那州以
> 阿史那部置。綽州以綽部置。思壁州。白登州貞觀末隸燕然都護，
> 後復來屬。

依此，定襄都督府以阿史德部爲首，雲中都督府以舍利吐利部爲首，阿史那部則排在舍利吐利部之後，顯然，唐人採取了分而治之的辦法，按照頡利降眾原有的分部，設立了若干府州，同時抑制其「黃金氏族」阿史那部，轉而扶植東突厥內另兩大貴族部落阿史德部與舍利吐利部，提升其政治權威以打壓阿史那氏的傳統威望。〔註9〕

《新唐書‧本紀第三‧高宗》云：

> （顯慶五年）戊辰，定襄都督阿史德樞賓爲沙磚道行軍總管，
> 以伐契丹。

《新唐書‧北狄傳》云：

> （顯慶）五年，以定襄都督阿史德樞賓、左武候將軍延陀梯眞、
> 居延州都督李含珠爲冷陘道行軍總管。

《新唐書‧突厥傳》云：

> 骨咄祿，頡利族人也，雲中都督舍利元英之部酋，世襲吐屯。

《舊唐書‧突厥傳》云：

> 骨咄祿者，頡利之疏屬，亦姓阿史那氏。其祖父本是單于右雲
> 中都督舍利元英下首領，世襲吐屯啜。

據此可知，唐朝曾以阿史德樞賓出任定襄都督，以舍利元英出任雲中都督，於是可驗證阿史德部與舍利吐利部確曾爲唐朝所重點培植，以遏制阿史

〈太白陰經‧關塞四夷篇〉西北諸道部族地理考證》，《唐宋元間西北史地叢稿》，北京：商務印書館，2013年，第69～79頁；朱振宏：《新見兩方突厥族史氏家族墓誌研究》，《西域文史》第8輯，北京：科學出版社，2013年，第193～199頁。

〔註9〕參見朱振宏：《突厥第二汗國建國考》，《歐亞學刊》，第10輯，北京：中華書局，2012年，第117～118頁（注155）。

那部重掌權力，這一措施在一定程度上起到了削弱阿史那部實力的作用——復國前後的後突厥政權中即由阿史德部掌握實權，阿史那氏作爲正統所在，〔註10〕僅僅擔當名義上的領袖；然而，此舉也爲東突厥可敦氏族阿史德部的壯大埋下了伏筆——後突厥復國的中堅力量正是定襄、雲中兩大都督府下的阿史德部首領所率領的突厥降衆，〔註11〕而在後突厥汗國之中，明確作爲可敦部族的阿史德氏的地位則比在前突厥汗國之中有了顯著的提高。〔註12〕另一方面，唐廷在安置突厥降衆上倚重阿史德和舍利二氏這一舉措，無疑也凸顯出這兩大部落在東突厥核心部落集團中的重要地位，結合本文第 1 節可知，此種傳統淵源有自，或可追溯至原始突厥部落形成之際。

3. 前文曾經提出，迴紇首任君長所屬的時健－菩薩家族可能出自阿史德部，〔註13〕菩薩領導下的迴紇一度與夷男領導下的薛延陀共同稱雄漠北，「相脣齒」，夷男之子多彌可汗敗亡時也前往投奔時健俟斤部，由此可見，阿史德與薛延陀兩者之間關係密切，然而其中淵源何在？注意到本文第 1 節和第 2 節所指出的阿史德與舍利吐利之間的緊密聯繫，於是，問題轉化爲尋求薛延陀與舍利吐利之間的淵源關係。表面上看，薛延陀爲鐵勒中的最強部落，舍利吐利則爲東突厥內部僅次於阿史那、阿史德的部落，兩者之間似無直接關聯，實則不然。結合突厥文碑銘和漢文相關史料的記載可知，Tölis 與 Tarduš 分別爲突厥汗國（也包括薛延陀汗國與迴紇汗國）東、西兩大行政組織或區劃的名號，對音即是漢文史料中的「突利」／「吐利」與「達頭」／「大度」等，相當於漢文的「左廂／左翼」與「右廂／右翼」，〔註14〕其含義及來源雖

〔註10〕關於阿史那氏在突厥第二汗國復國過程中的正統性和號召力，參見朱振宏：《突厥第二汗國建國考》，《歐亞學刊》，第 10 輯，北京：中華書局，2012 年，第 102 頁。

〔註11〕薛宗正甚至推論，調露年間反唐大暴動的核心領導人阿史德溫傅是定襄都督阿史德樞賓的子嗣，阿史德奉職則爲雲中城聚居的阿史德氏領袖，參見薛宗正：《突厥史》，北京：中國社會科學出版社，1992 年，第 438 頁。

〔註12〕關於阿史德部在後突厥汗國中的重要地位，參見護雅夫：《突厥的國家構造》，《日本學者研究中國史論著選譯》第 9 卷，北京：中華書局，1993 年，第 93～95 頁。

〔註13〕參見本書第一篇《薛延陀亡時迴紇首領易統探微》。

〔註14〕相關討論可參見岑仲勉：《突厥集史》，北京：中華書局，1958 年，第 894～895 頁；芮傳明：《古突厥碑銘研究》，上海：上海古籍出版社，1998 年，第 249～250 頁；肖愛民：《中國古代北方游牧民族兩翼制度研究》，北京：人民出版社，2007 年，第 131～132、166～167 頁。

不易知，〔註15〕其所指則基本確定。根據夏德（F. Hirth）提出的假說，〔註16〕「薛延陀」的原文可能爲「*Sir-Tarduš」，即「延陀」其實來源於「Tarduš」的另譯，〔註17〕那麼「薛延陀」一名的本義即爲：薛（Sir）族的延陀（Tarduš）部即 Sir 族右翼。再來看舍利吐利。在漢文史料中，「舍利吐利」又被稱作「舍利叱利」，〔註18〕這有可能是形訛所致（「吐」、「叱」形近），但也不能排除「叱利」爲「吐利」的異譯（對比「敕勒」與「特勒」／「鐵勒」等異名）——兩者可能正都用來對譯 Tölis；另一方面，「舍利」一詞本爲梵語 Śarīra 的漢譯「舍利羅」前兩字略譯，〔註19〕其突厥語原文當對應「Šari」，而敦煌藏文卷子 P. T.1283-II《北方若干國君之王統敘記》曾提及突厥默啜十二部落中有「阿史德部（a-sha-sde）、舍利突利部（shar-du-livi）」等，〔註20〕據此，「舍利吐利」中「舍利」的原文可以確定爲「Šari」，由是「舍利吐利」的原文當爲「*Šari-Tölis」，其本義則爲：舍利（Šari）族的吐利（Tölis）部即 Šari 族左翼。論證至此，設若 Sir 與 Šari 爲同一部族之稱謂，或爲兩個具有同源關係的部族，則薛延陀與舍利吐利之間的淵源關係已漸趨明晰：兩者原來是同一部族在不同時期不同地域所形成的分支部族，其根源則都可追溯到 Sir／Šari 部族——本文第 4 節和第 5 節的論證將指出，Sir 與 Šari 正是同一稱呼的變體，其來源也許可以上溯到鮮卑。

〔註15〕　一說 Tölis 即爲漢文「敕勒」／「鐵勒」的音譯來源，參見林梅村：《西域地理札記》，收入林梅村《古道西風——考古新發現所見中西文化交流》，北京：三聯書店，2000 年，第 267～268 頁。

〔註16〕　參見沙畹：《西突厥史料》，馮承鈞譯，北京：中華書局，2004 年，第 95 頁，關於薛延陀傳的箋注。

〔註17〕　對於夏德的假說，一些學者從對音及其它角度提出質疑，認爲「延陀」與「Tarduš」難以勘同，參見小野川秀美：《鐵勒考》，《民族史譯文集》第 6 集，中國社會科學院民族研究所歷史研究室資料組，1978 年；亦鄰眞：《中國北方民族與蒙古族族源》，《內蒙古大學學報（哲學社會科學版）》1979 年第 3～4 期；包文勝：《薛延陀部名稱與起源考》，《內蒙古大學學報（哲學社會科學版）》2010 年第 4 期。案這一質疑雖不無道理，但夏德的假說仍有其成立的空間，因漢人最初獲悉薛延陀的有關信息很可能是來自高昌的中介，而高昌有相對獨特的漢譯對音系統，用「延陀」去對譯「Tarduš」的可能性尚不能被輕易排除。

〔註18〕　《唐會要·諸蕃馬印》。

〔註19〕　芮傳明譯注：《大唐西域記全譯》，貴陽：貴州人民出版社，1995 年，第 46 頁（注 8）。

〔註20〕　王堯、陳踐：《敦煌吐蕃文獻選》，成都：四川民族出版社，1983 年，第 161 頁。

4. 《暾欲谷碑》多次出現「türk sir bodun」字樣，[註21] 芮傳明和耿世民都將其譯爲「突厥－薛人（民）」，即視 sir 爲部族名稱。[註22] 其碑銘的末尾三句每一句都提到「türk sir」，最後一句更說：[註23]

türk bilgä qaγan türk sir bodunuγ, oγuz bodunuγ igidü olurur.

突厥毗伽可汗養育了突厥－薛（Sir）人民和烏古斯人民。

則 Sir 部族與突厥核心部份的關係相當密切，與被突厥征服的 Oγuz（烏古斯，漠北鐵勒）等部族顯然有別。《毗伽可汗碑》東-1 行也提到了 sir，同樣置於 oγuz 和 ädiz 的前面。[註24] 另外，《闕利啜碑》東-9 行也提到「šir irkin」，但無法判定此 šir 與 sir 是否指同一部族。[註25] 芮傳明認爲，「türk sir bodun」與碑銘中其它地方的「türk bodun」含義是一樣的，都指後突厥汗國的主體居民，因先前漠北曾建立強大的薛延陀汗國，後突厥起事初期的根據地則在漠

[註21] 分別見於耿世民 2005 年譯本第 3，11，60，61，62 行，對應於芮傳明 1998 年譯本的如下行：西 I-3，南 I-4，北 II-2，北 II-3，北 II-4. 其中最後一處的「bodunuγ」是「bodun」的客體格形式。如不作説明，下引原文轉寫及譯文都出自耿世民 2005 年之《古代突厥文碑銘研究》。

[註22] 長期以來學界對於此處 sir 一詞的解釋存有兩種主要的論點，一種釋作族名，另一種釋作專名（或固稱），族名説有薛延陀、薛部、鐵勒思結等，專名説則有「合眾」、粟特語詞 šyr「美的、善的」等，包文勝在 2012 年提出「煉鐵」的專名説，依加漢（Б. Еженханұлы）則在同年提出了一種新的族名説，他將 türk sir 作爲一個整體與《通典》、《文獻通考》、《太平寰宇記》等漢文史籍中記載的「突厥失」／「突越失」一詞勘同，認爲其是漢文中「薛延陀」的突厥語名稱，「失」是 sir 的漢文對音，該族前身是高車國餘部，《磨延啜碑》中的「突厥欽察」是其另一個名稱，「欽察」一名的來源則與漢文記載中「高車」的特徵習俗「輻數眾多」有關。參見芮傳明：《古突厥碑銘研究》，上海：上海古籍出版社，1998 年，第 181～182 頁；包文勝：《讀〈暾欲谷碑〉札記——türk sir 與「鍛奴」》，《敦煌學輯刊》2012 年第 3 期；Б. Еженханұлы, Түцзюеши мен гаочэ：көне қытай жазбаларындағы қыпшақтар, *Түркологиялық жинақ*. – Астана：《Сарыарқа》 баспа үйi, 2012, C. 308–331. 本文傾向於認同 sir 是族名薛延陀之説。

[註23] 耿世民：《古代突厥文碑銘研究》，北京：中央民族大學出版社，2005 年，第 107 頁。

[註24] 此處的 sir 顯然是族名，將 türk sir 中的 sir 理解爲專名的看法對於此處 sir 的解釋尚有不易克服的困難。

[註25] 林俊雄在 1999 年對《闕利啜碑》的譯注中認爲，從粟特語詞 šyr 具有「美的、善的」的意義來推測，šir irkin 中的 šir 很可能是一個專名，與族名 sir 並無關係，參見林俊雄・大澤孝：《イフ=ホショートゥ遺蹟とキュリ=チョル碑文 Site of Ikh-Khoshoot and Küli-Čor Inscription》，森安孝夫主編：《モンゴル國現存遺蹟・碑文調査研究報告》，大阪：中央ユーラシア學研究會，1999 年，第 156 頁。

南，兩者合流始有後突厥汗國的誕生，所以「sir」當指前薛延陀部民即「薛族人」。〔註26〕此說頗有其合理性。本文第3節已論及薛延陀與阿史德之間存在某種特殊的親密關係，當薛延陀汗國覆滅之後，漠北落入以親唐的吐迷度系迴紇爲首的九姓鐵勒之手，其對薛延陀及阿史德素持敵對態度，故當漠南的單于大都護府下突厥降眾爆發反唐大暴動時，在其中居於領導地位的阿史德及舍利等部族對同居於漠南的薛延陀餘部及迴紇時健俟斤餘部或許會抱持一種相當親近的態度，甚至有可能進行過暗中串聯協同起事等活動——也許在骨咄祿與暾欲谷率領的第一場對烏古斯人的「反圍剿」大戰——「於都斤山之戰」中，〔註27〕就有 Sir 人的身影。從《毗伽可汗碑》東-1 行的部族排名來看，Sir 人可能已經被接納爲傳統東突厥貴族集團內部最核心的部族之一，其與阿史德以及舍利的特殊親密關係及淵源當是這一合流的深厚基礎。正因爲 Sir 人在後突厥汗國中地位如此重要，而後突厥汗室阿史那氏的地位又已大爲降低，於是深明此點的出身阿史德氏的元老暾欲谷便一再在其自撰的碑銘中強調「突厥－薛人」的觀念——〔註28〕很可能，在後突厥國中除了汗室阿史那氏之外的突厥核心貴族集團的自稱正是「突厥－薛（türk sir）」。〔註29〕

另一方面，繼後突厥之後建國漠北的迴紇人對先前統治過他們的部族又是如何稱呼的呢？《磨延啜碑》及《鐵爾痕碑》多次提及「突厥」（türk）及「三藘突厥」（üč tuɣluɣ türk）等詞，〔註30〕這是迴紇人對後突厥國家及人民的稱呼，但對其統治部落集團的稱呼則另有其詞。《磨延啜碑》北面第4行云：

〔註26〕芮傳明：《古突厥碑銘研究》，上海：上海古籍出版社，1998 年，第 180～186 頁。

〔註27〕事見《暾欲谷碑》南 I-8, 9 行。參見勒內・吉羅：《東突厥汗國碑銘考釋》，耿昇譯，新疆社會科學院歷史研究所，1984 年，第 229～235 頁；克利亞什托爾內（С. Г. Кляшторный）著，李佩娟譯：《古代突厥魯尼文碑銘——中央亞細亞原始文獻》，哈爾濱：黑龍江教育出版社，1991 年，第 30 頁；芮傳明：《古突厥碑銘研究》，上海：上海古籍出版社，1998 年，第 207～212 頁。

〔註28〕關於暾欲谷出身阿史德部族及暾欲谷與阿史德元珍可視爲同一人的相關討論，參見芮傳明：《古突厥碑銘研究》，上海：上海古籍出版社，1998 年，第 285～287 頁；另請參見本書第七篇《暾欲谷家世鈎沉》。

〔註29〕另參見艾克拜爾・吐尼亞孜：《淺析古代突厥文〈暾欲谷碑〉中出現的 türk sir bodun——兼論薛延陀汗國滅亡以後的薛延陀部落的歷史》，《中央民族大學學報（哲學社會科學版）》2011 年第 5 期。

〔註30〕谷憲認爲此「三藘突厥」相當於漢文史料中提到的突厥右廂部落，參見森安孝夫主編：《モンゴル國現存遺蹟・碑文調查研究報告》，大阪：中央ユーラシア學研究會，1999 年，第 191 頁。

türk qaɣan čaq älig yïl olurmïš. ...

突厥可汗整整統治了五十年。……

耿世民對此句的注釋是：

我認爲此行開頭三字讀成 türk qaɣan čaq 較好。čaq 此處有「整整」之意。〔註31〕

這一釋讀過於牽強，且不論後突厥對迴紇人的統治是否眞的持續了正好五十年，即便眞的恰好五十年，在碑銘中如此強調這一整數也顯得太奇怪了，況且，不諳曆法的草原游牧民族對長達五十年的時間是否能夠保有精確的記憶也還大成疑問；另外，從該碑銘其它地方來看，迴紇人在提到突厥首領時，從不用「可汗」（qaɣan）一詞，而只稱其爲「汗」（qan），所以「突厥可汗」（türk qaɣan）的提法也是相當可疑的。事實上，耿氏更早一版本的釋讀並非如此，而是譯作：「突厥和欽察人（又）統治了五十年」。〔註32〕在藍史鐵（G. Ramstedt）關於該碑的校注中，該行有這樣的說明：「tör...bcq 或可讀爲 tür(k qï)bcaq(?)」，〔註33〕然則「türk qïbčaq」的讀法似比「türk qaɣan čaq」更爲近眞，〔註34〕於是可以認爲，「突厥－欽察人」（türk qïbčaq）正是以迴紇爲首的

〔註31〕耿世民：《古代突厥文碑銘研究》，北京：中央民族大學出版社，2005 年，第204 頁。

〔註32〕林幹、高自厚：《迴紇史》，呼和浩特：內蒙古人民出版社，1994 年，第 375 頁。

〔註33〕轉引自王靜如：《突厥文迴紇英武威遠毗伽可汗碑譯釋》，《王靜如民族研究文集》，北京：民族出版社，1998 年，第 83 頁。

〔註34〕克利亞什托爾內（С. Г. Кляшторный）曾在實地調查之後撰專文論證釋讀爲「türk qïbčaq」的合理性，哈爾馬塔（János Harmatta）也認同這一讀法，並舉出一例：Ibn al-Aṯīr 所記載的 722/3 年對高加索阿拉伯人的一次侵掠，由 kazár 配合來自 qïpčaq 的突厥部隊，可以佐證 qïpčaq 在突厥第二汗國期間確如碑銘所記載那樣在突厥部落聯盟中扮演著舉足輕重的角色。森安孝夫和白玉冬則在對《磨延啜碑》的較新實地考察之後所作的釋讀和譯注中反對這一讀法，主要理由是無法相信欽察在史料中出現的時間會如此之早、位置會如此偏東。依加漢（Б. Еженханұлы）在 2012 年提出的新說中認爲，《文獻通考》等書中的「突厥失」／「突越失」（<「突起失」）一詞是 türk sir 的漢文音譯，也是漢文史料中「薛延陀」的突厥語名稱，其另一個突厥語名稱即《磨延啜碑》中的 türk qïbčaq，「欽察」（qïbčaq／қыпшақ）一名的來源則與漢文記載中「高車」的特徵習俗有關，而薛延陀－欽察的前身正是高車國的餘部，漢文記載中的國名「高車」的突厥語原文很可能就是 қыпшақ，後者有一個民間辭源的解釋：қыпшақ＝көп（眾多）＋шах（樹），這恰好可以對應《魏書》中關於高車國「車輪高大，輻數眾多」的記載。依加漢的這一假說將後世欽察

烏古斯－鐵勒人對後突厥核心貴族的稱呼。這樣，「薛」（Sir）與「欽察」（Qïbčaq / Qibchaq）之間的聯繫便被提了出來：「欽察」曾經也被稱作「Sir」。

5. 馬衛集（al-Marvazi）在《動物的自然性質》中記載了一次九－十一世紀之間歐亞內陸的民族遷徙：Qitan → Qay → Qun → Shari → Turkmen → Ghuzz → Bajanak，〔註35〕同書另一處還有如下記載：

> 去往契丹的旅行者由 Sanju 行半月路程後，抵 Shari 一集團，此集團因他們首領之一的名字 Basm.l（*Basmil）而為人所知，他們是因害怕割禮而從伊斯蘭逃往此地的。〔註36〕

書中兩次出現 Shari 一名，學者們對其來源有各種各樣的推測，但目前看來最為合理的是由巴托爾德（В. В. Бартольд）提出、經普里查克（O. Pritsak）等人發展了的假說，即：此 Shari 來源於突厥語 sari「黃色」，所指的是欽察（庫曼），也即古羅斯文獻中的波洛伏齊（Polovtsi，來自 Половый「黃色的，灰黃色的」），而這一「黃色、灰黃色」的色彩概念乃是突厥游牧民族表示「荒漠

—康里的來源通過突厥失—薛延陀作為中介與早先的高車聯繫起來，為回應森安孝夫及白玉冬等的質疑提供了一種可能的途徑，本文也更傾向於支持釋讀為「türk qïbčaq」的觀點。此外，加爾卡夫察（А. Н. Гаркавца）最近提出另一種解讀，他在仔細研究了科爾穆辛（Игорь Кормушин）提供的高清晰度彩色數碼照片之後，將通行的「tür..bčq」糾正為「tür..rčq」，進而復原為「tür[k-si]r čaq」，這與之前的方案都不相同，相當於增加了「türk sir」連用的一則例證，也可備一說。參見 С. Г. Кляшторный, Кипчаки в рунических памятниках // Turcologica, 1986. К восьмидесятилетию академика А. Н. Кононова. Л.：Наука, 1986；János Harmatta：Az onogur vándorlás, *Magyar Nyelv* LXXXVII（1992），271（n. 64）；森安孝夫：《シネウス遺蹟・碑文 Site and Inscription of Šine-Usu》，《モンゴル國現存遺蹟・碑文調查研究報告》，大阪：中央ユーラシア學研究會，1999 年，第 190～191 頁；白玉冬：《〈希内烏蘇碑〉譯注》，《西域文史》第 7 輯，北京：科學出版社，2012 年，第 97 頁；Б. Еженханұлы, Тұцзюеши мен гаочэ：көне қытай жазбаларындағы қыпшақтар, *Түркологиялық жинақ*. – Астана：《Сарыарқа》 баспа үйі, 2012, C. 308–331; А. Н. Гаркавца, Введение, Codex Cumanicus. T. 1. – Алматы：Баур, 2015, C. 10.

〔註35〕 劉迎勝：《西北民族史與察合臺汗國史研究》，南京：南京大學出版社，1994 年，第 33 頁；英文譯注參見 V. Minorsky, *Sharaf al-Zaman Tahir Marvazi on China, the Turks and India*, London：The Royal Asiatic Society, 1942, pp. 29-30, 95-104；相關討論也參見 O. Pritsak, Two Migratory Movements in the Eurasian Steppe in the 9th-11th Centuries, *Proceedings of the 26th International Congress of Orientalists*, New Delhi 1964, Vol. 2, p. 157.

〔註36〕 轉引自巴哈提・依加漢：《遼代的拔悉密部落》，《西北民族研究》1992 年第 1 期；英文譯注參見 V. Minorsky, *Sharaf al-Zaman Tahir Marvazi on China, the Turks and India*, London：The Royal Asiatic Society, 1942, pp. 19, 73, 100-101.

／荒漠之民，草原／草原之民」的一種常用方法；把 sari 比定為欽察的合理性反映在如下事實：十一世紀時，穆斯林作家及旅行家開始將原名為「古茲草原」的地區改稱為「欽察草原」——其背景正是突厥部落的欽察人日益壯大向西擴張從而侵佔了原古茲人（即烏古斯人西遷今哈薩克草原的一支）的牧地。〔註37〕基於這一假說，「Shari」乃是 Qun、Qay 等東方遷來的部族對欽察的稱呼，這樣，「Shari」也與「欽察」建立了聯繫，即：「欽察」曾經也被稱作「Shari」。

至此，結合本文第 4 節，筆者已經粗略地論證了 Sir 和 Shari 存在為同一或同源的可能性。事實上，作為突厥語「黃色」概念的 *sari 一詞在古代阿爾泰諸語中完全可能具有其它變體形式，從其現代蒙古語為 šira／šar、達斡爾語為 šar、土族語、保安語為 sira、東裕固語為 šïra、西裕固語為 sarïy、維吾爾語為 seriq、哈薩克語為 sarï 等等，〔註38〕可以推測其在某些古代東部阿爾泰語比如鮮卑語中可能正是接近 *sir 的形式。於是，筆者在揭示出「舍利」（Šari）與「薛」（Sir）確實有可能存在某種密切關聯的同時，也發現了它們與突厥族北支欽察人的緊密聯繫——如果說突厥族南支烏古斯人主要是由丁零－高車－鐵勒的一部份演變而來，那麼欽察人則是由突厥本部結合了相當程度的東胡鮮卑部落後裔雜糅而成，普里查克提出的欽察－庫曼發源於宇文鮮卑別部庫莫奚以及渾部的假說，〔註39〕芮傳明提出的薛延陀「薛部」發源於鮮卑薛干／叱干部落的假說，〔註40〕還有麻赫穆德·喀什噶里在《突厥語大詞典》中記載的眾多雙語突厥部族如 Čömül、Qay、Yabaqu、Tatar、Basmïl 等等，〔註41〕無疑都為這一更大的假說提供了例證。更進一步，伯希和等人

〔註37〕巴哈提·依加漢：《遼代的拔悉密部落》，《西北民族研究》1992 年第 1 期。

〔註38〕轉引自孟達來：《北方民族的歷史接觸與阿爾泰諸語言共同性的形成》，北京：中國社會科學出版社，2001 年，第 168 頁。

〔註39〕O. Pritsak, Two Migratory Movements in the Eurasian Steppe in the 9th-11th Centuries, *Proceedings of the 26th International Congress of Orientalists*, New Delhi 1964, Vol. 2, pp. 157-163.

〔註40〕芮傳明：《古突厥碑銘研究》，上海：上海古籍出版社，1998 年，第 183～184 頁。

〔註41〕Peter B. Golden, *An Introduction to the Histroy of the Turkic People：Ethnogenesis and State-Formation in Medieval and Early Modern Eurasia and the Middle East*, Wiesbaden：Otto Harrassowitz Verlag, 1992, pp. 229-230；麻赫穆德·喀什噶里：《突厥語大詞典》（第一卷），漢譯本，北京：民族出版社，2002 年，第 33 頁。這些可能是正處於突厥化進程中的非突厥語部族，多數都加入了後來的欽察分支。

曾提出，「鮮卑」／「室韋」的原文爲「*särbi／*sirbi／*sirvi」等，〔註42〕當爲鮮卑人／室韋人自稱，而後突厥人對庫莫奚人的稱呼則爲 tatabï，〔註43〕其中的-bi／-vi／-bï 很可能是一種表示族群的後綴，由此推論如下：（1）鮮卑本名的詞根當與 sar／sir 相關，自西遷突厥化後，其所用名稱的詞根漸由 sar／sir 演變爲 tat，〔註44〕於是也可解釋欽察人爲何又與「韃靼」（tatar）的名稱牽涉在一起；（2）sar／sir 的意義與黃色相關，則「鮮卑」、「室韋」名稱的本義可能也與此有關，從這個角度來理解和探析中外語文獻中出現的「黃鬚鮮卑／黃頭鮮卑」、「黃頭室韋」、「黃頭韃靼／草頭韃靼」、「黃頭回鶻／撒里畏兀兒」等等迷題，也許會有新的收穫。

〔註42〕伯希和著、馮承鈞譯：《吐火羅語與庫車語》，《中國西部考古記 吐火羅語考》，北京：中華書局，2004 年，第 143 頁。

〔註43〕敦煌藏文卷子 P. T. 1283-II《北方若干國君之王統敘記》提到，有一個部族被吐蕃人稱爲「奚」（He）、被漢人稱爲「奚子」（He-tse），被突厥人稱爲 Dad-pyi；這無疑即是鄂爾渾盧尼文碑銘中常常與 qïtañ（契丹）一同出現的 tatabï（奚）。參見李蓋提：《北方王統記述》考，岳岩譯，《國外敦煌吐蕃文書研究選譯》，蘭州：甘肅人民出版社，1992 年，第 346 頁、第 372 頁注 70；森安孝夫：《チベット語史料中に現われる北方民族：Dru-Gu と Hor》，《アヅア・アフリカ言語文化研究（Journal of Asian and African Studies）》（14），1977. pp. 17-19.

〔註44〕詞根 tat 爲突厥語「外蕃，外族臣民」的意思，一些學者認爲古突厥碑銘中的 tatar（韃靼）、tatabï（奚）等詞都與該詞根有關，參見芮傳明：《古突厥碑銘研究》，上海：上海古籍出版社，1998 年，第 242～243 頁。

第三篇　可薩卑失考

1. 據迴紇第二汗國初期的鄂爾渾盧尼文碑銘,《鐵爾痕碑》東面第 2 行記載: 〔註1〕

　　　......bodunï qïza barmïš uč（mïš）（bir）eki atlïɣïn tükä barmïš qadïr

qasar bädi bärsil yatïz（？）oɣuz......

　　　……（此處約缺損 73 個字符）人民因反叛（直譯:「憤怒」）

而滅亡。……（此處約缺損 2 個字符）因（一）二貴人之故而衰亡。

哈第爾・哈薩爾（qadïr qasar）和別第・伯爾西（bädi bärsil）,光榮

的（？）烏古斯……

《鐵茲碑》北面第 3～4 行記載: 〔註2〕

〔註 1〕耿世民:《古代突厥文碑銘研究》,北京:中央民族大學出版社,2005 年,第
　　212 頁;同時參考克里亞什托爾内著、伊千里譯:《鐵爾渾碑（研究初稿）》,《民
　　族譯叢》1981 年第 5 期;另參見片山章雄:《タリアト碑文 Tariat Inscription》,
　　森安孝夫主編:《モンゴル國現存遺蹟・碑文調查研究報告》,大阪:中央ユ
　　ーラシア學研究會,1999 年,第 168～174 頁。克氏在 1982 年發表了該文的
　　英譯修訂版,並在注解中指出 bärsil 作爲一個 Hun-Bulghar 部落最早見於六世
　　紀 Theophylaktos Simokattes 的書中,其在北高加索的歷史與 Khazar 有緊密的
　　聯繫,參見 S. G. Klyashtorny, The Terkhin Inscription, *Acta Orientalia Academiae*
　　Scientiarum Hungaricae, Vol. 36, No. 1/3（1982）, pp. 335-366.
〔註 2〕耿世民:《古代突厥文碑銘研究》,北京:中央民族大學出版社,2005 年,第
　　222 頁;同時參考楊富學:《古代突厥文〈臺斯碑〉譯釋》,《語言與翻譯》1994
　　年第 4 期。另參見 S. G. Klyashtorny, The Tes Inscription of the Uighur Bögü
　　Qaghan, *Acta Orientalia Academiae Scientiarum Hungaricae*, Vol. 39, No. 1
　　（1985）, pp. 137-156; 大澤孝:《テス碑文 Tes Inscription》,森安孝夫主編:
　　《モンゴル國現存遺蹟・碑文調查研究報告》,大阪:中央ユーラシア學研究

......-mïš buzuq bašïn qïza učuz kül eki atlïɣïn tükä bar（mïš）

......（bä）di bärsil qadïr qasar anta barmïš ol bodunïm käŋ kärišdi

……了。由於布祖克（buzuq）首領的不滿，小闕（učuz kül）和兩位貴人一起完了。

……之後，伯狄白霫（bädi bärsil）和哈狄爾曷薩（qadïr qasar）走掉了。我的人民長期（直譯：廣泛地）互相敵對了。

很明顯，兩碑中出現的 qasar 與 bärsil 所指係同一對人名或族名，〔註3〕當居於迴紇祖先重要部落之列，將 qasar 譯爲迴紇十姓之一的「曷薩」尚可討論，〔註4〕將 bärsil 譯爲漠北鐵勒十五部之一的「白霫」則顯然不妥。〔註5〕《鐵茲碑》晚出，時代愈後，細節愈多，論述愈有條理，則距眞相愈遠，〔註6〕因之《鐵爾痕碑》所載於 qasar、bärsil 衰亡離散之前迴紇先代諸可汗統治二百年的說法較《鐵茲碑》中三百年的說法或許更爲接近眞實。所謂「迴紇先代諸可汗」，可能係指匈奴被漢軍打擊、統治衰微之時丁零內部自立的諸首領，時值公元前一世紀左右，則約二百年後，分裂後的北匈奴遭遇南匈

會，1999 年，第 160～164 頁。

〔註3〕哈爾馬塔（János Harmatta）將此處連續出現的六個詞均釋讀爲部落名（Qadïr, Qasar, Bädi, Bärsil, Yïtïz, Oɣuz），認爲該名單包含了在前突厥汗國分崩離析之際起而反叛逃亡的主要鐵勒部落，並將其比定爲漢文史料中的這六個部落：訶咥、可薩、巴咥、卑失、乙咥、烏紇，其中第二個和第四個名稱的釋讀與比勘適與本文相同，參見 János Harmatta：Az onogur vándorlás, *Magyar Nyelv* LXXXVII（1992），262-265.

〔註4〕哈爾馬塔認爲，將 Qasar 比定爲漢文史料中迴紇內部的葛薩在對音上是沒有問題的，但從歷史地理的角度來看，在鐵爾痕碑銘中敘述的相關背景下，這一比定很難成立，因爲 Bädi、Bärsil 和 Yïtïz 部落均屬於天山的鐵勒部落組，而 Bärsil 的位置與葛邏祿相關聯甚至在更西，所以位於這些部落之前的 Qasar 就不可能被比定爲鬱督軍地域的迴紇葛薩部，而應是一個西邊或西南邊的部落，故宜比定爲伏爾加河、北高加索一帶的可薩，參見 János Harmatta：Az onogur vándorlás, *Magyar Nyelv* LXXXVII（1992），265.

〔註5〕「白霫」一稱中「白」顯然是漢語意譯，與韃靼分爲白韃靼和黑韃靼相類似，霫也有白霫和黑霫之分；並且「白霫」的早期中古音爲*baijk-zip（Pulleyblank 1991：27, 331），不可能用來對譯 bärsil。參見馮繼欽：《霫與白霫新探》，《社會科學輯刊》1995 年第 3 期；周偉洲：《霫與白霫考辨》，《社會科學戰線》2004 年第 1 期；李榮輝：《霫族考》，《西北民族大學學報（哲學社會科學版）》2016 年第 1 期。

〔註6〕陳寅恪：《馮友蘭〈中國哲學史〉上冊審查報告》，《金明館叢稿二編》，北京：三聯書店，2001 年，第 280 頁。

奴與漢軍聯合打擊，帝國覆滅，內部大亂，此種恐怖記憶定然深刻留存於匈奴治下諸部人民心中，《鐵爾痕碑》與《鐵茲碑》所追述 qasar 與 bärsil 部落的衰亡，或即發生於該背景下。

2. 早於上述碑文百餘年，《隋書‧鐵勒傳》中也提到康國北傍阿得水有鐵勒的「比悉、何嵯」部落，據芮傳明考證，很可能正是西方史料中常見於該鄰近地域的 Barsil / Berzilia 與 Khazar，〔註 7〕也可與本文第 1 節中的 bärsil 與 qasar 對應。而據柯倫的摩西《亞美尼亞史》，公元二世紀末三世紀初，高加索北面的 Hun 人部族 Khazar 與 Basilk 首次出現，越過庫拉（Kura）河南下。〔註 8〕這一材料的眞實性仍存爭議，〔註 9〕若其不虛，則從時間上看，其中所提到的這兩個部族很可能是隨北匈奴或 Hun 人西遷的 qasar 與 bärsil 人。同書還提到，亞美尼亞王 Trdat 曾出兵進剿北高加索的 Hun 人部族，親手殺死 Basilk 人的首領。〔註 10〕之後，Khazar 與 Basilk 多次在高加索地區出現，亞美尼亞、格魯吉亞、敘利亞及阿拉伯史料中不乏相關記載。〔註 11〕此處的 Basilk 又寫作 Barsil / Barselt 等，其與 Khazar 多次同時出現可證其間關係密切，從而亦可與本文第 1 節中的 bärsil 與 qasar 對應。〔註 12〕公元七世

〔註 7〕 芮傳明：《康國北及阿得水地區鐵勒部落考——〈隋書〉鐵勒諸部探討之二》，《鐵道師院學報（社會科學版）》1990 年第 4 期。

〔註 8〕 Moses Khorenats'i, *History of the Armenians*, Translation and Commentary on the Literary Sources by R. W. Thomson, Cambridge：Harvard University Press, 1978. p. 211.

〔註 9〕 高加索地區的相關史料經後代不斷增補層累而成，其早期記載經常出現時序錯亂，故而學界在徵引時尚存爭議，其中 Khazar 與 Basilk 首次見諸史乘的記錄被一些學者質疑是後來史料的摻入，另一些學者則認爲在 Hun 人西遷的大背景下這一記載是完全合理的，而 Hun 人出現在裏海北面的最早記載是二世紀，參見 М. И. Артамонов, *История хазар*, Ленинград：Издательство государственного Эрмитажа, 1962, cc. 115-116; Boris Zhivkov, Translated by Daria Manova, *Khazaria in the Ninth and Tenth Centuries*, Leiden：Brill, 2015, p. 37.

〔註 10〕 Moses Khorenats'i, *History of the Armenians*, Translation and Commentary on the Literary Sources by R. W. Thomson, Cambridge：Harvard University Press, 1978. pp. 236-237.

〔註 11〕 Peter B. Golden, *Khazar studies：An historico-philological Inquiry into the Origins of the Khazars*, Budapest：Akadémiai Kiadó, 1980, pp. 143-147.

〔註 12〕 根據保存在雅庫特《地名辭典》（*Географический словарь*）中八～九世紀埃及學者 Al-Kalbi 的敘述，Barsil 是 Khazar 的兄弟部族，兩者都是 Abraham 的後代，又據八世紀《亞美尼亞地理》（*Armenian Geography*）一書的記載，Khazar 可汗的正妻（即可敦）出自 Barsil 部族，後者的領地據有 Khazar 之地的左翼（即東部），可見兩者關係之密切。參見 М. И. Артамонов, История хазар, Ленинград：

紀中期之後，西突厥汗國衰亡，曾爲其屬部的 Khazar 人逐漸坐大，建立可薩汗國，與迴紇汗國成爲一西一東兩大強國，並分別一度信奉非主流的猶太教與摩尼教，而兩者祖上實甚有淵源。

3. 公元十世紀可薩可汗約瑟夫（Иосиф / Joseph）致西班牙猶太人的一封信中，曾提到皈依猶太教之後的可薩人的祖先系譜：雅弗（Иафет / Yapheth）之孫陀迦瑪（Тогарма / Togarmah）有十個兒子，分別是：Уюр / Ujur，Таурис / Tauris，Авар / Avar，Угуз / Uauz，Бизал / Bizal，Тарна / Tarna，Хазар / Khazar，Янур / Janur，Булгар / Bulgar 與 Савир / Savir，第七子 Khazar 的後裔即爲可薩（Khazar）人。〔註 13〕則當時的可薩人也自認爲先代傳統曾分十姓，與迴紇人相仿，而且 qasar 位居第七，與加上「阿史德」的十姓迴紇中「曷薩」的位置相同；而可薩人祖先系譜中陀迦瑪的第五子 Bizal（*Br.z.l）可能也與 bärsil 有關。〔註 14〕如此眾多的東西方材料所顯現出的一致性很難用巧合加以解釋。由此可見，qasar 與 bärsil 在古代某一時期很可能同屬烏古斯及十姓迴紇部族的祖先部落聯盟，並爲其中強部，後來部落主體由於內亂而分離，東西遷移，但餘部尚縱橫交疊，形成錯綜複雜的關係。

4. 從《鐵爾痕碑》與《鐵茲碑》看，qasar 與 bärsil 從前當爲烏古斯及十姓迴紇部族祖先部落聯盟中的重要部落，也是迴紇人觀念中祖先部落的重要成員之一，其衰亡離散對烏古斯－迴紇祖先部落聯盟來說是一個巨大的打擊，因此後代的迴紇人才念念不忘，將該事刻諸碑銘。qasar 的主體西遷，演變爲可薩汗國，其餘部則留存於漠北的迴紇聯盟中，成爲十姓迴紇第七的「曷

Издательство государственного Эрмитажа, 1962, cc. 132, 184; М. Г. Магомедов, *Хазары на Кавказе*, Махачкала：Дагестанское Книжное Издательство, 1994, c. 51; А. А. Тортика, *Северо-Западная Хазария в контексте истории Восточной Европы*, Харьков：Харьковская государственная академия культуры, 2006, c. 211; Boris Zhivkov, Translated by Daria Manova, *Khazaria in the Ninth and Tenth Centuries*, Leiden：Brill, 2015, pp. 39, 42, 45, 80, 95.

〔註 13〕 П. К. Коковцов, *Еврейско-хазарская переписка в X веке*, Ленинград：Типография АН СССР, 1932, cc. 74-75; С. А. Плетнева, Хазары, Москва：Наука, 1976, c. 7; М. Г. Магомедов, *Хазары на Кавказе*, Махачкала：Дагестанское Книжное Издательство, 1994, c. 10; Boris Zhivkov, Translated by Daria Manova, *Khazaria in the Ninth and Tenth Centuries*, Leiden：Brill, 2015, p. 41.

〔註 14〕 П. К. Коковцов, *Еврейско-хазарская переписка в X веке*, Ленинград：Типография АН СССР, 1932, c. 75; Peter B. Golden, *Khazar studies：An historico-philological Inquiry into the Origins of the Khazars*, Budapest：Akadémiai Kiadó, 1980, p.144.

薩」部。〔註15〕bärsil 的演變稍顯曲折，一部隨 qasar 西走，在高加索地區與伏爾加河流域都留下了痕跡；一部則留居東方故地，後爲新興的阿史那突厥吸納，成爲「北蕃十二姓」貴種之一的卑失部。

5. 在與前述兩大盧尼文迴紇碑銘幾乎同時期的一份敦煌古藏語文書 P. T.1283-II 中，提到了「突厥默啜十二部落」，此即《安祿山事跡》、《康公神道碑》與默啜可汗之女毗伽公主墓誌等載籍中多次提及的「（北蕃）十二姓（部）」，其中已經確認存在對應漢譯名稱的有：（1）Zha-ma 可汗部＝阿史那部，（2）Ha-li 部＝頡利部，（3）A-sha-ste 部＝阿史德部，（4）Shar-du-li 部＝舍利吐利部，（5）Par-sil 部＝卑失部，（6）He-bdal＝悒怛部，（7）Lo-lad＝奴剌部，（8）So-ni 部＝蘇農部，其餘四個未能比定的部落的藏文字母轉寫是：Rngi-ke，Jol-to，Yan-ti 和 Gar-rga-pur。〔註16〕這些大多是東突厥嫡系部落，在東突厥汗國亡於唐軍之後，都設置有對應的羈縻州：

定襄都督府成立初期，管 3 個羈縻州，即阿史德州（以阿史德部置）、蘇農州（以蘇農部置）、執失州（以執失部置）；至貞觀二十三年十月，又增管 3 州，即卑失州（以卑失部置）、郁射州（以郁射施部置）、藝失州（以多地藝失部置）。共管 6 個羈縻州。後又增管拔延州（以拔延阿史德部置）。

雲中都督府成立初期，管 3 個羈縻州，即舍利州（以舍利吐利部置）、阿史那州（以阿史那部置）、綽州（以綽部置）；至貞觀二十三年十月，增管 2 州，即賀魯州（以賀魯部置）、葛邏州（以葛邏祿、悒怛二部置）。共管 5 個羈縻州。後來又增管思壁州、白登州（貞觀末年隸燕然都護，後來屬）。〔註17〕

筆者以爲，P. T.1283-II「突厥默啜十二部落」中的（2）Ha-li 部和（6）He-bdal 部與其說是對應頡利部和悒怛部，不如認爲其對應雲中都督府後來增

〔註15〕鄧祿普（D. M. Dunlop）主此說，參見龔方震：《中亞古國可薩史蹟鉤沉》，《學術集林》卷六，上海：上海遠東出版社，1995 年，第 258 頁。

〔註16〕J. Bacot,（notes par P. Pelliot）, Reconnaissance en Haute Asie Septentrionale par cinq envoyés ouigours au VIIIᵉ siècle, *Journal Asiatique*, 1956, pp. 137-153; G. Clauson, À propos du manuscript Pelliot tibétain 1283, *Journal Asiatique*, 1957, pp. 11-24，漢譯文見克洛松：《論伯希和敦煌藏文寫本第 1283 號》，耿昇譯，《西北民族文叢》1984 年第 1 期；鍾焓：《安祿山等雜胡的內亞文化背景——兼論粟特人的「內亞化」問題》，《中國史研究》2005 年第 1 期；姚大力：《「狼生」傳說與早期蒙古部族的構成》，《北方民族史十論》，桂林：廣西師範大學出版社，2007 年，第 160 頁。

〔註17〕艾沖：《唐代前期東突厥羈縻都督府的置廢與因革》，《中國歷史地理論叢》2003 年第 2 期。

設的賀魯部和跌跌部，〔註18〕而白登州以奴剌部置，這樣，已經考定的「突厥默啜十二部落」的八個部落中就有三個（阿史德、蘇農、卑失）對應於定襄都督府轄下的羈縻州，有五個（舍利吐利、阿史那、賀魯部、跌跌、奴剌）對應於雲中都督府轄下的羈縻州。其中，卑失州即爲卑失部而設，「卑失」正可對應 P. T.1283-II 中的 Par-sil，〔註19〕也就是前述 bärsil 族中留居東方故地的那一部份。

6. 卑失又譯俾失，〔註20〕其門第之高貴，一度曾爲後突厥國中汗族阿史那的姻親氏族。〔註21〕據《大唐故特進右衛大將軍雁門郡開國公俾失公墓誌銘並序》：

> 考裴羅支闕頡斤，克紹家聲，纂承堂搆，位參朱紫，歷襲朝班，緝寧邊疆，種落強盛。單于可汗美公識量宏遠，寬猛合宜，以女妻之，情均愛子，兼綰銜務，部統任能，越在本蕃，實欽其德。〔註22〕

而據《冊府元龜》卷九七四：

> 四月辛亥，突厥俾失州大首領伊羅友闕頡斤十囊來降，封其妻阿史那氏爲雁門郡夫人，以向化寵之也。

此處的「單于可汗」當指後突厥雄主默啜可汗，十囊之妻阿史那氏即默啜之女；「闕頡斤」爲官爵名號，〔註23〕疑《冊府元龜》的「伊羅友」爲俾失公墓誌中「裴羅支」之訛，當亦爲一種封號，「十囊」才是其本名，《冊府元

〔註18〕參見本書第九～十二篇《突厥十二姓考》。

〔註19〕「卑失」的早期中古音爲*pjið-çit（Pulleyblank 1991：31, 282），用來對譯 bärsil 是基本合乎對音規則的。克洛松認爲《舊唐書·地理志》中出現的「畢失」（早期中古音爲*pjit-çit，Pulleyblank 1991：34, 282）在對音上更爲精準，參見 G. Clauson, À propos du manuscrit Pelliot tibétain 1283, *Journal Asiatique*, 1957, p. 18，漢譯文見克洛松：《論伯希和敦煌藏文寫本第 1283 號》，耿昇譯，《西北民族文叢》1984 年第 1 期，第 239 頁。

〔註20〕「俾失」的早期中古音爲*pjið-çit（Pulleyblank 1991：33, 282），與「卑失」完全相同。

〔註21〕參見本書第四篇《默啜諸婿考》。

〔註22〕李域錚：《西安西郊唐俾失十囊墓清理簡報》，《文博》1985 年第 4 期；吳玉貴：《突厥第二汗國漢文史料編年輯考》，北京：中華書局，2009 年，第 1006 頁。

〔註23〕西突厥五弩失畢之首阿悉結首領稱「闕俟斤」，即爲此類。闕特勤之祖父爲骨咄祿頡斤；《突厥語大詞典》中記載萬邏祿首領稱 Köl irkin，也是同一名號，「頡斤」與「俟斤」都是突厥官號 irkin 的同名異譯，參見岑仲勉：《突厥集史》，北京：中華書局，1958 年，第 838 頁；韓儒林：《突厥官號研究》，《突厥與迴紇歷史論文選集（1919～1981）》，北京：中華書局，1987 年，第 246～247 頁。

龜》可能將其父與十囊誤混作一人。又據《冊府元龜》同卷及《通典》、《舊唐書》相關記載，當默啜敗亡時，突厥諸部南下投唐，其中有「大首領刺史苾悉頡力」，唐廷對其封賞爲：「苾悉頡力可左武衛將員外兼置刺史，封雁門郡開國公，食邑二千戶，賜馬兩疋，物四百段，宅一區」，〔註24〕此苾悉頡力很可能與前述投唐之默啜女婿俾失十囊是同一人，一則兩者都被封爲「雁門郡開國公」，二則兩者的突厥官號都爲「頡斤」，〔註25〕三則與苾悉頡力一同受封的同部人鶻屈利斤爲「郁射施大首領」，而郁射施部與卑失部關係密切，兩者入唐分別建有郁射州與卑失州，本來同屬於定襄都督府，後又一同隸屬於新建的桑乾都督府，〔註26〕四則「苾悉」與「俾失」音近，均可視爲 bärsil 的同名異譯，〔註27〕於此也爲本文第 2 節中芮傳明所提出「比悉」可勘同於 bärsil 揭一旁證。

7. 卑失部的痕跡甚至也遺留在成書於公元六、七世紀的高昌文書之中。阿斯塔那一二二號墓中出土《高昌崇保等傳寺院使人供奉客使文書》之（一）中提到「卑失虵婆護」，阿斯塔那三二九號墓中出土《高昌虎牙元治等傳供食帳》之（一）中提到「卑失移浮孤」，〔註28〕從中古讀音上看，「虵婆護」（《切韻》擬音*iI-bua-ɣuo）與「移浮孤」（《切韻》擬音* iI-biəu-kuo）相近，可視爲同名異譯，則兩者很可能爲同一人，〔註29〕都出自卑失部，亦即鐵勒中的 bärsil 分族。其時正值突厥汗國內部份裂，以契苾、薛延陀爲首的鐵勒諸部在高昌以北的阿爾泰山及準噶爾盆地一帶自立汗國，卑失部可能就在這樣的動盪中，週旋於諸勢力之間，因之其部人作爲使者有幸被高昌文書記下；而後西突厥阿史

〔註24〕 岑仲勉：《突厥集史》，北京：中華書局，1958 年，第 391 頁。

〔註25〕 「力」與「斤」字形近易混，「頡力」很可能是「頡斤」之訛。

〔註26〕 艾沖：《唐代前期東突厥羈縻都督府的置廢與因革》，《中國歷史地理論叢》2003 年第 2 期。

〔註27〕 「苾悉」的早期中古音爲*bjit-sit（苾、怭同音，Pulleyblank 1991：35, 330），與「卑失」的早期中古音非常接近，相比之下，作爲 bärsil 的對音，「苾悉」較之「卑失」、「俾失」及「畢失」等都還要更爲精準。

〔註28〕 錢伯泉：《從傳供狀和客館文書看高昌王國與突厥的關係》，《西域研究》1995 年第 1 期。

〔註29〕 姜伯勤對此也有考辨，角度類似而結論稍異，認爲「虵婆護」和「移浮孤」都是突厥語 Yabɣu 即「葉護」的異譯，此「卑失虵婆護」、「卑失移浮孤」即「卑失葉護」，又可勘同爲西突厥泥利可汗之弟婆實特勤，參見姜伯勤：《敦煌吐魯番文書與絲綢之路》，北京：文物出版社，1994 年，第 93～94 頁。

那賀魯統轄下的「畢失」／「卑失」部，〔註30〕或許也與 bärsil 餘部有關。

8. 直至九世紀的唐朝國中，仍有卑失部後裔浮現。據《大唐故隴西郡君卑失氏夫人（李素妻）神道墓誌銘》，波斯國王外甥李素續弦卑失氏，卑失即俾失，出自突厥，〔註31〕也是 bärsil 部落的遺族，李素出身西戎高門，卑失氏則屬北蕃貴種，正是門當戶對。筆者以為，這一支卑失家族似與前述俾失十囊家族有所關聯，據卑失氏墓誌稱：「曾祖皇朝任右驍衛將軍昂之後矣」，該右驍衛將軍昂很可能與俾失十囊是同一人。據俾失公墓誌，俾失十囊「春秋五十又一開元廿六年十二月十三日薨於醴泉里之私第」，其生卒年約為 688～738 年，而據李素及卑失氏墓誌，李素生卒年約為 743～817 年，卑失氏卒於823 年，生年不詳，然從李素續娶卑失氏在 792 年推測，其生年當在八世紀六、七十年代前後，則從時間上看，俾失十囊與卑失氏先祖昂當大致同時；其次，據俾失公墓誌，俾失十囊入唐為「右衛大將軍」，這與昂之頭銜「右驍衛將軍」也十分接近；復次，從名諱上看，「昂」與「囊」的讀音接近，很可能是蕃人後代逐漸漢化之後對先祖本名改譯的一種漢化美稱。〔註32〕李素與卑失氏的結合，可視為前波斯貴族與突厥貴族之間的聯姻，兩者祖先皆曾為王室姻親，又都在亡國之餘投奔大唐，可謂是「同命相憐」。兩百多年前波斯王室與突厥王室也曾聯姻，目的是對付共同的敵人嚈噠，〔註33〕而兩百多年後，這些國家都已不復存在，其餘種或西臣大食，或東投大唐，復興尚有待時日。據榮新江考證，李素家族雖然出身波斯王族姻親，但並非其傳統的祆教徒，而是「波斯僧」──景教徒，〔註34〕而突厥中除祆教、佛教外，也頗有景教流傳

〔註30〕《文獻通考・四裔考二十一・突厥下》：「阿史那步真既來歸國，咄陸可汗乃立賀魯為葉護，以繼步真，居於多邏斯川，在西州直北千五百里，統處月、處密、姑蘇、葛邏祿、畢失五姓之眾」；《新唐書・契苾何力傳》：「永徽中，西突厥阿史那賀魯以處月、處蜜、姑蘇、歌邏祿、卑失五姓叛」；《冊府元龜》卷九九五：「初，阿使那步真既來歸國，咄陸可汗乃立賀魯為葉護，以繼步真，居於多邏斯水南，去西州十五日行，統處月、處密、姑蘇、歌羅祿、卑失五姓之眾」；《冊府元龜》卷六五六：「（謝叔方）奉使靈州，招輯突厥。會〔卑〕失、哥羅祿等部落叛兵三千於籍瀆水上」。

〔註31〕榮新江：《一個入仕唐朝的波斯景教家族》，《中古中國與外來文明》，北京：三聯書店，2001 年，第 242～243 頁，第 252 頁。

〔註32〕「昂」與「囊」的早期中古音分別為 *ŋaŋ 和 *naŋ（Pulleyblank 1991：25, 222），兩者相當接近。

〔註33〕沙畹：《西突厥史料》，馮承鈞譯，北京：中華書局，2004 年，第 217 頁。

〔註34〕榮新江：《一個入仕唐朝的波斯景教家族》，《中古中國與外來文明》，北京：

於中亞的突厥人之中，〔註35〕而卑失部與西突厥關係密切，地近中亞，不排除也有受景教影響的可能，則李素與卑失氏的結合，在兩者俱為入華蕃人後裔之外，可能尚有宗教信仰習俗相對接近作為基礎的因素。

三聯書店，2001 年，第 254～257 頁。

〔註35〕沙畹：《西突厥史料》，馮承鈞譯，北京：中華書局，2004 年，第 219 頁。

第四篇　默啜諸婿考

　　默啜是後突厥汗國（突厥第二汗國）的一代雄主，[註1] 基本上，後突厥汗國正是在默啜統治時期穩固下來並發展壯大的，當然這也得益於唐朝內部的一系列變亂，尤其是武周代立，政局不定，默啜更是打著恢復李唐的旗號借機擴張；而當默啜內亂之時，唐朝也屢因派系傾軋而坐失良機，眼睜睜又見其恢復甚至「中興」。[註2] 論出身，默啜家族遠非前突厥汗國阿史那氏的

〔註1〕漢文的默啜可汗即是突厥盧尼文碑銘中的 Qapɣan Qaɣan，後者的對音不見於漢文，而突厥文中也未確認出現過「默啜」一詞的原文（*Bäg Čor），該詞卻在藏文中出現過數次（'bug-čhor），參見克利亞什托爾內（С. Г. Кляшторный）著，李佩娟譯：《古代突厥魯尼文碑銘——中央亞細亞原始文獻》，哈爾濱：黑龍江教育出版社，1991 年，第 29 頁；李蓋提：《〈北方王統記述〉考》，岳岩譯，《國外敦煌吐蕃文書研究選譯》，蘭州：甘肅人民出版社，1992 年，第 350～351 頁；芮傳明：《古突厥碑銘研究》，上海：上海古籍出版社，1998 年，第 207～212 頁。羅新認爲，「默啜」是其任可汗之前的官號加官稱，不是可汗號，即認爲默啜在就任可汗之前只是突厥國中的一個啜，然而實際上「默啜」是可汗號的可能性相當高，筆者在漢文史料中檢出至少三則證據，表明「默啜」能夠與「可汗」連用，也就意味著其很可能是可汗號的一部份，北族的完整可汗號多爲一較長的名號序列，不同語言的使用者從中擷取的部份常常各不相同，對默啜之可汗號而言，突厥語習慣簡稱 qapɣan，漢語記錄爲「默啜」或「聖天骨咄祿」，但這些名號在語義上則未必存在對應關係，參見羅新：《中古北族名號研究》，北京：北京大學出版社，2009 年，第 14～15 頁；陳懇：《羅新〈中古北族名號研究〉對音評議》，《中西文化交流學報》第 7 卷第 2 期，2015 年，第 11～12 頁。

〔註2〕薛宗正：《唐伐默啜史事考索》，《民族研究》1988 年第 2 期；朱振宏：《突厥第二汗國建國考》，《歐亞學刊》，第 10 輯，北京：中華書局，2012 年，第 97～99 頁。

正支嫡系，[註3] 但其在復興汗國的過程之中，通過各種方式網絡舊部、繫聯友邦，又重新建立起若干豪門巨族。這其中聯姻是一種重要的方式，所連接的這些門閥多爲古老的貴族世家，然而正因其古老，其沒落也是勢所必然，以下對載籍碑銘中所見的默啜諸婿作一番考索，其所從出的家族主要爲：火拔氏、阿史德氏、俾失氏、高氏，或者還有慕容氏、跌跌氏等。如同突厥的阿史那家族一般，這些家族在突厥汗國覆滅之後也大都寂寂無聞——[註4] 繼之而興的乃是以烏古斯人及欽察人爲代表的異姓突厥們。

1. 石阿失畢，火拔氏，突厥頡利發，入唐受封燕山郡王，妻阿史那氏受封金山公主。

據《舊唐書》卷一○七：

> 二年春，突厥默啜遣其子移江可汗及同俄特勒率精騎圍逼北庭，虔瓘率眾固守。同俄特勒單騎親逼城下，虔瓘使勇士伏於路左，突起斬之。賊眾既至，失同俄，相率於城下乞降，請盡軍中衣資器杖以贖同俄。及聞其死，三軍慟哭，便引退。默啜女婿火拔頡利發石阿失畢時與同俄特勒同領兵，以同俄之死，懼不敢歸，遂將其妻歸降。

此明言石阿失畢爲默啜女婿，且與默啜之子共同領軍，其在突厥內部地位之高，可見一斑，又據《通典》卷一九八：

> 開元二年，遣其子移涅可汗及同俄特勤、妹婿火拔頡利發、石阿失畢率精騎圍逼北庭……火拔懼不敢歸，攜其妻來奔，制授左衛大將軍，封燕北郡王，封其妻爲金山公主，賜宅一區，奴婢十人，馬十匹，物千段。

〔註3〕據漢文《闕特勤碑》記載，闕特勤之曾祖即默啜之祖名「伊地米施匐」，闕特勤之祖即默啜之父名「骨咄祿頡斤」，從其官號等級來推斷，似非出自頡利可汗近支；芮傳明認爲默啜的突厥語可汗號 qapɣan 來自 qap（親屬）+ɣan（汗），可音譯作「夾畢汗」，正緣於其本爲頡利可汗的疏族；王義康認爲後突厥創建者骨咄祿爲「頡利之疏屬」，非啓民可汗子孫。參見岑仲勉：《突厥集史》，北京：中華書局，1958 年，第 838 頁；芮傳明：《古突厥碑銘研究》，上海：上海古籍出版社，1998 年，第 211 頁；王義康：《唐代邊疆民族與對外交流》，哈爾濱：黑龍江教育出版社，2013 年，第 22 頁。

〔註4〕跌跌氏的一支雖躋身迴紇上層甚至篡取汗位，卻仍需冒認傳統汗族的藥羅葛氏；若干吐谷渾慕容氏人士繼續活躍在唐宋之間；暾欲谷所在的阿史德後裔的一支傺氏家族名顯於元代，但其後人顯然也漸趨華化了，參見本書第五篇《阿史德與迴紇汗統》。

　　吳玉貴對此段記載曾作分析，〔註5〕則火拔頡利發或又作默啜妹婿，「燕山郡王」或又作「燕北郡王」，未知孰是。關於火拔氏，姚薇元疑其爲賀拔氏之異譯，〔註6〕陳連慶也持類似看法，〔註7〕但均難以證實，其來源尚需進一步考查，〔註8〕若果與賀拔、斛拔存在淵源，則其當屬高車、敕勒一系，與突厥關係密切。又據《資治通鑑》卷二一七：

　　　　哥舒翰亦爲其部將論功，敕以隴右十將、特進、火拔州都督、

　　燕山郡王火拔歸仁爲驃騎大將軍。

　　則哥舒翰部下蕃將火拔歸仁亦爲燕山郡王，此即安史之亂潼關失守時將哥舒翰執降於叛軍復被祿山所殺之人。據《元和姓纂》：「啜剌、突騎施首領，開元左武候大將軍燕山王右失畢，子歸仁，襲燕山王。」〔註9〕則火拔歸仁正是火拔石阿失畢之子，其母即金山公主阿史那氏，爲默啜之妹或之女。安史叛軍中本多突厥舊部，是以火拔歸仁等蕃將才有挾持官軍主帥哥舒翰投降叛軍之舉。

　　2. 覓覓，阿史德氏，突厥達干，入唐受封雲中郡開國公，妻阿史那氏受封雲中郡夫人。

　　據《舊唐書》卷二〇四及《通典》卷一九八：

　　　　默啜女婿阿史德胡祿，俄又歸朝，授以特進。

　　又據《唐故三十姓可汗貴女賢力毗伽公主雲中郡夫人阿那氏之墓誌並序》：

　　　　駙馬都尉故特進兼左衛大將軍雲中郡開國公踏沒施達干阿史

　　德覓覓。漠北大國有三十姓可汗愛女建冊賢力毗伽公主，比漢主公

〔註5〕吳玉貴：《〈通典〉「邊防典」證誤》，《文史》2005年第1輯。

〔註6〕姚薇元：《北朝胡姓考》（修訂本），北京：中華書局，2007年，第126頁。

〔註7〕陳連慶：《中國古代少數民族姓氏研究——魏晉南北朝民族姓氏研究》，長春：吉林文史出版社，1993年，第188頁。

〔註8〕阿特伍德（Christopher P. Atwood）將「石阿失畢」看作石國國王阿失畢，但其未對「火拔」進行解釋；案漢文史料中火拔明顯是一個磧北突厥－鐵勒部落的名稱，《論弓仁碑》中有「九姓之亂也，公四月度磧，過白樫林，收火拔部帳」的描述，此火拔應即石阿失畢之部落，則阿特伍德之說不確。參見 Christopher P. Atwood, Some Early Inner Asian Terms Related to the Imperial Family and the Comitatus, *Central Asiatic Journal*, Vol. 56（2012/2013），p. 74；岑仲勉：《突厥集史》，北京：中華書局，1958年，第396頁。

〔註9〕岑仲勉：《突厥集史》，北京：中華書局，1958年，第383頁。此處火拔姓的相關記載竄入啜剌名下，「右」爲「石」之訛。

焉。自入漢，封雲中郡夫人。父、天上得果報天男突厥聖天骨咄祿
默啜大可汗，……〔註10〕

王國維據之考證公主之夫即突厥阿史德胡祿。〔註11〕案阿史德氏爲突
厥可汗氏族阿史那氏的姻族，默啜女婿有出自阿史德者自不足爲異，且「雲中
郡」爲後突厥復興汗國的主要策源地，突厥第一汗國滅亡後阿史那部即分佈
於舍利吐利部治下原汗國右廂的雲中都督府，阿史德部則主治原汗國左廂的
定襄都督府。

3. 十囊，俾失氏，突厥闕頡斤，入唐受封雁門郡開國公，妻阿史那氏受
封雁門郡夫人。

據《冊府元龜》卷九七四：

苾悉頡力可左武衛將員外兼置刺史，封雁門郡開國公，食邑二
千戶，賜馬兩匹，物四百段，宅一區。〔註12〕

四月辛亥，突厥俾失州大首領伊羅友闕頡斤十囊來降，封其妻
阿史那氏爲雁門郡夫人，以向化寵之也。〔註13〕

又據《大唐故特進右衛大將軍雁門郡開國公俾失公墓誌銘並序》：

考裴羅支闕頡斤，克紹家聲，纂承堂搆，位參朱紫，歷襲朝班，
緝寧邊疆，種落強盛。單于可汗美公識量宏遠，寬猛合宜，以女妻
之，情均愛子，兼綰銜務，部統任能，越在本蕃，實欽其德。〔註14〕

俾失即卑失，又作苾悉，爲「突厥默啜十二部落」之一，則俾失十囊爲
默啜女婿之一，卑失／俾失／苾悉爲烏古斯－迴紇聯盟內部的古老部落，歷
史悠久，相關考證參見本書第三篇《可薩卑失考》。

4. 文簡，高氏，高麗莫離支，入唐受封遼西郡王，妻阿史那氏受封遼西
郡夫人。

據《舊唐書》卷二○四及《通典》卷一九八：

明年，十姓部落左廂五咄六啜、右廂五弩失畢五俟斤及子婿高

〔註10〕岑仲勉：《突厥集史》，北京：中華書局，1958 年，第 809 頁。
〔註11〕王國維：《唐賢力苾伽公主墓誌跋》，《觀堂集林》，石家莊：河北教育出版社，
    2001 年，第 827 頁。
〔註12〕岑仲勉：《突厥集史》，北京：中華書局，1958 年，第 391 頁。
〔註13〕岑仲勉：《突厥集史》，北京：中華書局，1958 年，第 396 頁。
〔註14〕李域錚：《西安西郊唐俾失十囊墓清理簡報》，《文博》1985 年第 4 期；吳玉貴：
    《突厥第二汗國漢文史料編年輯考》，北京：中華書局，2009 年，第 1006 頁。

麗莫離支高文簡、跌跌都督跌跌思泰等各率其眾，相繼來降，前後總萬餘帳。

又據《冊府元龜》卷九七四：

開元七年正月乙未，封遼西郡王高文簡妻阿史那氏為遼西郡夫人。文簡，束蕃酋長，率眾歸我，故有是寵。

高麗亡於後突厥汗國復興之前十數年，高文簡當是高麗貴族遺民之亡居突厥者，為默啜所收納，養為女婿。作為前高麗重臣及「遼海貴族」，高文簡顯然具有非同一般的地位，故而無論在突厥國中還是投降唐朝之後，都保有較高待遇。

以下存疑：

5. 道奴，慕容氏，吐谷渾大首領，入唐受封雲中郡開國公。

陳世良認為，從封號、經歷及前後文來看，慕容道奴極有可能與本文第2節的阿史德覓覓／阿史德胡祿為同一人，據《冊府元龜》卷九八六載：「聖曆元年八月，突厥默啜率眾襲靜難及平狄、清夷等軍，靜難軍使將軍慕容玄崱以兵五千人降之，賊軍由是大振。」慕容玄崱很可能是慕容道奴的父輩，因迎降默啜立下大功，被賜姓阿史德氏，歸暾欲谷（即阿史德元珍）部下節制，〔註15〕如此則慕容道奴也算默啜女婿之一。案突厥阿史那氏與吐谷渾慕容氏確實甚有淵源，突厥第一汗國末主頡利可汗之生母即出自吐谷渾，頡利在窮途之時也有投奔吐谷渾的打算，而之前入主漠北的西部可汗達頭（步迦可汗）在敗亡後也逃往吐谷渾不知所終。〔註16〕當後突厥汗國興起之時，已立國三百餘年的吐谷渾正遭受新興強國吐蕃的步步侵逼，在唐朝的呵護之下苟延殘喘，其部民首領中有亡入後突厥國中為阿史德氏收養並成為默啜駙馬的慕容道奴之輩，亦並非不可能之事。

6. 思太，跌跌氏，突厥都督，入唐受封樓煩郡公。

思太又作思泰。暫未發現直接證據表明此人是默啜女婿，但因其與前述高文簡、慕容道奴一同投唐，故此一併列出討論。〔註17〕案跌跌為突厥部落，

〔註15〕陳世良：《唐故三十姓可汗貴女賢力毗伽公主雲中郡夫人阿那氏之墓誌考述》，《新疆文物》1988年第2期。

〔註16〕吳玉貴：《突厥汗國與隋唐關係史研究》，北京：中國社會科學出版社，1998年，第137頁注15。

〔註17〕思太與賀之可能是同一人，後者之孫良臣為默啜之後某一突厥可汗之婿，參見本書第八篇《兩姓阿跌考》第4節。

開元初（默啜末年）降唐後設有跌跌州，隸屬呼延都督府（府內其它尚有賀魯州、那吉州或葛邏州），地在磧南；而阿跌（ädiz）爲鐵勒－烏古斯部落，貞觀末（薛延陀亡時）降唐後設有雞田州，地在磧北，兩者判然有別，本非同一部落。〔註18〕從挹怛部與跌跌部同隸屬呼延都督府，及跌跌部在後突厥汗國中的重要地位來看，跌跌部很可能來源於從前中亞大國嚈噠／挹怛餘部，正可對應於「突厥默啜十二部落」中的 He-bdal.〔註19〕跌跌思太在毗伽可汗繼位後又叛回突厥，其部落勢力之盛，生命力之強，繼續在後突厥國中扮演重要角色；安史之亂時也曾有一支跌跌部與火拔部同在哥舒翰統率之下於潼關抵禦叛軍，〔註20〕其後世名將輩出，光進光顏兄弟成爲李唐後期平定藩鎮叛亂的重要支柱；〔註21〕甚至在漠北進入迴紇第二汗國時代之後，仍有一支跌跌氏頑強崛起，從藥羅葛氏手中奪取汗位，成爲漠北回鶻汗國事實上的統治部族。〔註22〕

　　7. 新興的後突厥汗國在默啜的東征西討、南侵北掠之下擴張到了頂點，但其國力也已達極至。默啜末年，內亂四起，重臣暾欲谷被讒，九姓反叛，諸部紛紛南投大唐，其上層便是以上述默啜諸婿爲代表的突厥眾王公貴戚及部落首領，入唐後繼續享受高官厚祿，他們大多留住京城，後代漸趨華化，對朝廷也抱有較高的忠誠，因此不再對大唐帝國形成威脅，眞正構患唐廷的，

〔註18〕岑仲勉指出：「按 Abdal 又拼作 Habdal（余案：即嚈噠，參見同書第 669 頁），「跌」字《通典》未作音，《集韻》奚結切，但跌從夾聲，應「奚給切」（γiəp）之訛，若然，則跌跌之語原當是 Habdal，斷與阿跌無關。」參見岑仲勉：《突厥集史》，北京：中華書局，1958 年，第 744 頁。據筆者考證，兩者雖起源各異，但在後來逐漸融合爲一，參見本書第八篇《兩姓阿跌考》。

〔註19〕李樹輝亦持類似看法：史稱頡於迦斯·骨咄祿爲跌跌氏。「跌跌」也便是「嚈噠」，爲 Abdal 的音譯；希臘、羅馬史籍稱之爲 Ephtolits 或 Ephtarit，阿拉伯語稱爲 Haital、Hagatila，波斯語稱爲 Heftal、Hetal。參見李樹輝：《柏孜克里克石窟寺始建年代及相關史事研究》，《新疆大學學報》2006 年第 1 期。

〔註20〕姚汝能《安祿山事跡》卷下云：「（哥舒）翰爲副元帥，領河、隴諸蕃部落奴剌、頡跌、朱邪、契苾、渾、蹛林、奚結、沙陀、蓬子、處蜜、吐谷渾、思結等十三部落，督蕃、漢兵二十一萬八千人，鎮於潼關。」案「頡跌」應當就是「跌跌」的同名異譯，與奴剌同屬「突厥默啜十二部落」。

〔註21〕關於光進光顏兄弟的家世，參見本書第八篇《兩姓阿跌考》第 4 節。

〔註22〕《新唐書·回鶻傳》載：「十一年，可汗死，無子，國人立其相骨咄祿爲可汗，以使者來，詔秘書監張薦持節冊拜愛滕里邏羽錄沒蜜施合胡祿毗伽懷信可汗。骨咄祿本跌跌氏，少孤，爲大首領所養，辯敏材武，當天親時數主兵，諸酋尊畏。至是，以藥羅葛氏世有功，不敢自名其族，而盡取可汗子孫內之朝廷。」

乃是那些中下層的「胡、虜」難民——正是在默啜末年的後突厥國移民大潮中，以幼年安祿山爲代表的眾多部落難民從突厥治下的大漠南北投奔唐朝，並輾轉流入東北邊境，〔註23〕在那廂的營州城外，胡虜小兒騎馬射獵，飲酒唱歌，長成的他們，便是「東北城傍」的主力，〔註24〕而也正是在他們之中，湧現出了「大燕皇帝」安祿山和史思明們。

〔註23〕 安祿山母爲突厥女巫阿史德氏，生父爲九姓胡康氏，養父爲九姓胡安氏，無論從種族還是文化上，安祿山以粟特胡爲主要認同，同時仍然保有相當程度的突厥遺風，其父系雖爲粟特胡部，但也已「內亞化」即受到了突厥等內亞民族的薰染，而史思明的突厥認同感則更強，參見榮新江：《安祿山的種族與宗教信仰》，收入榮新江《中古中國與外來文明》，北京：三聯書店，2001 年；鍾焓：《安祿山等雜胡的內亞文化背景——兼論粟特人的「內亞化」問題》，《中國史研究》2005 年第 1 期；榮新江：《安祿山的種族、宗教信仰及其叛亂基礎》，《中古中國與粟特文明》，北京：三聯書店，2014 年。關於安祿山的生父及出生地等問題尚存不小爭議，相關論述參見鍾焓：《失敗的僭僞者與成功的開國之君——以三位北族人物傳奇性事跡爲中心》，《歷史研究》2012 年第 4 期。

〔註24〕 李錦繡：《「城傍」與大唐帝國》，收入李錦繡《唐代制度史略論稿》，北京：中國政法大學出版社，1998 年。

第五篇　阿史德與迴紇汗統

　　1. 在蒙元時期的畏兀兒世家之中，岳璘帖穆爾家族是較爲著名的一支。高昌畏兀兒國主巴而術阿而忒亦都護斬殺西遼少監歸順蒙古太祖成吉思汗，其主謀正是岳璘帖穆爾之兄忕俚伽帖穆爾，〔註1〕後者也因此被亦都護封爲「忕俚傑忽底」。〔註2〕岳璘帖穆爾及其後代漸次漢化，其孫偰文質一支以「偰」爲姓，竟成爲元代著名的科第世家，〔註3〕其祖先記憶則上溯到唐代的後突厥名相暾欲谷，並稱暾欲谷子孫在後突厥國亡後留居漠北故地，接受回鶻統治，遂世相回鶻，爲其國中貴族。元代文人歐陽玄爲其撰寫的家傳開首如下：

　　　　偰氏，偉兀人也。其先世曰暾欲谷，本中國人，隋亂，突厥入
　　中國，人多歸之突厥部，以女婆匐妻默棘速可汗爲可敦，乃與謀其
　　國政，唐史突厥傳載其事甚詳。默棘速卒，國亂，婆匐可敦率眾歸
　　唐，唐封爲賓國夫人，而默棘速故地盡爲迴紇所有，暾欲谷子孫遂
　　相迴紇，迴紇即今偉兀也。迴紇嘗自以其鷙捷如鶻，請於唐更以回
　　鶻爲號，偉兀者，回鶻之轉聲也。其地本在哈剌和林，即今之和寧
　　路也，有三水焉，一併城南山東北流，曰斡耳汗，一經城西北流，
　　曰和林河，一發西北東流，曰忽爾斑達彌爾，三水距城北三十里合
　　流，曰偰輦傑河，迴紇有普鞠可汗者，實始居之，後徙居北庭，北

〔註1〕歐陽玄：《高昌偰氏家傳》，《圭齋文集》卷一一，四部叢刊，第106頁。《元
　　　史》卷一二四《岳璘帖穆爾傳》作「忕理伽普華」。
〔註2〕歐陽玄：《高昌偰氏家傳》，《圭齋文集》卷一一，四部叢刊，第106頁。
〔註3〕蕭啓慶：《蒙元時代高昌偰氏的仕宦與漢化》，收入蕭啓慶《元朝史新論》，臺
　　　北：允晨文化，1999年；後又收入蕭啓慶《內北國而外中國：蒙元史研究》，
　　　北京：中華書局，2007年。

庭者，今之別失八里城也，會高昌國微，乃並取高昌而有之。〔註4〕

上述「默棘速」在唐史突厥傳中作「默棘連」，即後突厥中興君主毗伽可汗的名字。據此，則仳俚伽帖穆爾（仳俚傑忽底）及其弟岳璘帖穆爾家族為暾欲谷之後裔，且世為高昌回鶻國相。

2. 在蒙元時期的畏兀兒世家之中，小雲石脫忽憐是另一支影響較大的家族，與岳璘帖穆爾家族相比較，似乎權勢更大，並且祖先也更為顯赫。小雲石脫忽憐之孫為哈珊，《元史》作阿散，其神道碑有如下記載：

> 公諱哈珊，畏兀人，世王高昌，在唐為回鶻。祿山之滅，史存功焉。後以神異禪今高昌王之遠祖，而身相之。□世其官，簪紱雲仍未艾。逮高昌歸我太祖皇帝，公之大父寫雲赤篤忽璘以本國兀魯愛兀赤官實從來。〔註5〕

小雲石脫忽憐之四世孫為亦輦真，其神道碑有如下記載：

> 臣溍謹按：公諱亦輦真，偉吾而人，上世為其國之君長。國中有兩樹，合而生癭，剖其癭，得五癭兒，四兒死，而第五兒獨存，以為神異而敬事之，因妻以女而讓以國，約為世婚而秉其國政，其國主即今高昌王之所自出也。公五世祖之官為的斤必里傑忽提，譯言智福大相也。四世祖小雲失脫忽憐之官為吾魯阿烏只，譯言大臣也。父子俱從其國主來歸於我。〔註6〕

上述「小雲失脫忽憐」、「寫雲赤篤忽璘」俱為「小雲石脫忽憐」之異譯，〔註7〕「吾魯阿烏只」則為「兀魯愛兀赤」之異譯。〔註8〕據此，則小雲石脫

〔註4〕歐陽玄：《高昌偰氏家傳》，《圭齋文集》卷一一，四部叢刊，第 105〜106 頁。

〔註5〕贍思：《哈珊神道碑》，《常山貞石志》卷二一，轉引自《中國回族金石錄》，銀川：寧夏人民出版社，2001 年，第 566〜567 頁。

〔註6〕黃溍：《亦輦真公神道碑》，《金華黃先生文集》卷二四，四部叢刊，第 240 頁。

〔註7〕「小雲石／小雲失／寫雲赤」與本文第 1 節中岳璘帖穆爾之孫「偰文質」為同名異譯，回鶻語原文 säwinč，意為「喜悅」，是回鶻／畏兀兒人常用名字之一，偰文質之弟名「越倫質」，回鶻語原文 ögrünč，意為「高興」，與 säwinč 正好配對，也是回鶻／畏兀兒人常用名字之一，參見葛瑪麗（Annemarie von Gabain）《古代突厥語語法》（耿世民譯，呼和浩特：內蒙古教育出版社，2004 年）中字典及蕭啟慶《蒙元時代高昌偰氏的仕宦與漢化》（收入蕭啟慶《元朝史新論》，臺北：允晨文化，1999 年；後又收入蕭啟慶《內北國而外中國：蒙元史研究》，北京：中華書局，2007 年）第五節「漢化」第（一）小節「採用姓字別號」。

〔註8〕「吾魯／兀魯」回鶻語原文 uluγ，意為「大」，「阿烏只／愛兀赤」回鶻語原文 ayyuči，意為「謀臣，發言人」，參見葛瑪麗《古代突厥語語法》（耿世民譯，呼和浩特：內蒙古教育出版社，2004 年）中字典。

忽憐（寫雲赤篤忽璘）家族爲前高昌回鶻王之後裔，後禪讓於今高昌回鶻王室，遂世爲其國相。

3. 高昌回鶻王室究竟出於迴紇何部，至今尙不明晰。〔註9〕不過，僅從漠北迴紇第二汗國時期跌跌部取代藥羅葛部的情形來推測，藥羅葛部似乎相當於迴紇的「黃金家族」，其正統地位甚爲牢固。〔註10〕在這方面，高昌回鶻的族源傳說頗可折射出若干當時畏兀兒人所自認爲的汗統傳承觀念。漢文材料中，除本文第 2 節中的《亦輦眞公神道碑》外，元代文人虞集所撰《高昌王世勳之碑》及《元史・巴而術阿而忒的斤傳》也有類似的記載，其中提到高昌回鶻王室之祖先爲「卜古可罕」，即樹癭中的第五兒，其後傳三十餘君有「玉倫的斤」數與唐人相攻戰，唐人借和親之機焚其「福山之石」，於是回鶻國內災異連連，不得已乃西遷高昌。波斯文材料中，志費尼的敘述與此大同小異，只是增加了「卜古可罕」（Buqu Khan）與波斯古代傳統中突朗（Turan）著名君主阿甫剌昔牙卜（Afrasiyab）爲同一人的傳說；〔註11〕稍晚的拉施特則採用了另一來源的傳說，提到畏兀兒人起源於哈剌和林山及忽惕－塔黑（qut-taq，即「福山」）之間的十條河與九條河地區，並詳細列舉了十條河的名稱，〔註12〕顯示出十姓主宰迴紇的傳統至此仍然十分深厚。從耶律大石將漠北古回鶻舊都稱爲「卜古罕城」來看，〔註13〕「卜古可罕」很可能是漠北迴紇汗國的統治部族藥羅葛部傳說中的祖先，若將其解釋爲高昌回鶻國的建立者係出自九姓鐵勒中的僕固／僕骨部的論斷，〔註14〕則至少在這一點上難以

〔註9〕雖有若干證據暗示高昌回鶻王室的僕固部出身，但在迄今有關的各種材料中，尚未發現其王室強調自己的部族歸屬，而是仍以回鶻自號，這就與上述線索發生矛盾，因其國人有較高的漢文素養，對漢籍記載中的僕固部不可能不知情，由是其王室族屬仍然成謎，參見蘇航：《回鶻卜古可汗傳說新論》，《民族研究》2015 年第 6 期。

〔註10〕林梅村：《九姓回鶻可汗碑研究》，收入林梅村《古道西風——考古新發現所見中西文化交流》，北京：三聯書店，2000 年，第 310～314 頁。

〔註11〕志費尼：《世界征服者史》，何高濟譯，呼和浩特：內蒙古人民出版社，1981年，第 62 頁。

〔註12〕拉施特：《史集》，余大鈞、周建奇譯，北京：商務印書館，1983 年，第 239～241 頁。

〔註13〕《遼史》卷三〇載：「（大石）先遺書回鶻王畢勒哥曰：『昔我太祖皇帝北征，過卜古罕城，即遣使至甘州，……』」

〔註14〕田衛疆：《「卜古可汗傳說」史實解析——一把打開高昌回鶻史研究之門的鑰匙》，《民族研究》2000 年第 3 期；田衛疆：《高昌回鶻史稿》，烏魯木齊：新疆人民出版社，2006 年，第六章《「卜古可汗傳說」史實解析》。

自圓其說。〔註15〕另外，本文第 1 節中《高昌偰氏家傳》中提到的「普鞠可汗」，當即「卜古可罕」，其始居地也在漠北色楞格河。聯繫上述材料可知，元代的高昌畏兀兒亦都護家族在祖先記憶上與漠北迴紇汗國時代的藥羅葛家族一脈相承，其族源傳說實際上很可能來自唐代十姓迴紇汗族藥羅葛部的起源傳說。

4. 從本文第 2 節和第 3 節可知，小雲石脫忽憐家族的祖先當出自在藥羅葛部之前統治十姓迴紇的部落，而據本書第一篇《薛延陀亡時迴紇首領易統探微》可知，在藥羅葛部之前統治十姓迴紇的部落乃是迴紇阿史德時健－菩薩部落，由此可得，小雲石脫忽憐家族的祖先原來出自迴紇阿史德時健－菩薩部落，正是在漠北薛延陀汗國覆滅暨迴紇第一汗國創建之時，迴紇的統治部族從阿史德氏轉變成了藥羅葛氏，後者即高昌回鶻亦都護之遠祖。注意到仳俚伽帖穆爾的封號「仳俚傑忽底」與小雲石脫忽憐父親的官號「必里傑忽提」極其相似，俱爲回鶻語「智福」（Bilge Quti）之音譯，再從二人事跡的時間、地點分析，若爲不同二人而有如此巧合實難令人置信，因此，筆者傾向於將其視爲同一人，於是，這兩大元代畏兀兒家族實爲同一迴紇貴族的分支，且同出於曀欲谷之後裔。〔註16〕從小雲石脫忽憐家族後裔的姓名及事跡來看，該家族始祖小雲石脫忽憐隨其父投歸成吉思汗後，深得拖雷寵愛，其後隨著拖雷系後裔入主元朝汗統，該家族也飛黃騰達，一度參與把持內廷中樞機要，並且多次隨蒙古軍出征回回國（今中亞花拉子模及河中一帶）、哈剌張（今雲南）等地，其本身也頗染回回風俗，即接受了一定程度的伊斯蘭教影響——小雲石脫忽憐之子八丹、之孫哈珊、阿里等都是常見的穆斯林人名。〔註17〕然而史料中對小雲石脫忽憐之父「的斤必里傑忽提」語焉不詳，則很可能是受到窩闊台系與拖雷系鬥爭的影響，志費尼提到的意欲謀反的高昌亦都護、巴而術阿而忒之子薩侖的（Salindi）及其主謀之一「仳理伽忽底」（Bilge Quti）在漢文史料中諱莫如深，該「仳理伽忽底」應即岳璘帖穆爾之兄仳俚伽帖穆

〔註15〕阿保機所過卜古罕城在漠北，則卜古罕／卜古可汗（若實有其人）應活動於阿保機之前數代的漠北，這無論在時間上還是在空間上都與已遷至西域才崛起的大酋僕固俊不相符合。

〔註16〕屠寄《蒙兀兒史記》卷四五云：「寫雲赤篤忽璘亦畏兀兒人。與岳璘帖穆爾同出曀欲谷之後。父的斤必里傑提，猶華言智福大相，寫雲赤篤忽璘仕其國爲吾魯愛兀赤，猶華言大臣也。」其看法與本文相同。

〔註17〕白壽彝：《中國伊斯蘭史存稿》，銀川：寧夏人民出版社，1983 年，第 284～285 頁。

爾，正因受此一事件牽連，在波斯史料中被腰斬的他理伽忽底在漢文史料中僅僅記載爲「歿」或「以疾卒」，〔註18〕其子小雲石脫忽憐先已託庇於拖雷帳內，劫後餘生，對其父之事跡及結局自會有所隱瞞，而其弟岳璘帖穆爾則依靠精通回鶻文字出任皇弟斡赤斤之師傅以週旋於元庭內外，相比之下，岳璘帖穆爾家族此後的發展更加趨於邊緣化及漢化（儒化），〔註19〕並出於避禍與忌諱刻意隱匿了與小雲石脫忽憐家族的關係，又出於漢化的需要抹掉了「世王高昌」的祖先記憶，改奉「本中國人」、「爲回鶻國相」且「討安祿山有功」的暾欲谷作爲祖先。〔註20〕

5. 從《暾欲谷碑》及漢文史料記載可知，暾欲谷爲後突厥開國元老，並且其女爲毗伽可汗之可敦即正妻，按照東突厥的傳統，阿史德與阿史那互爲姻族，共同構成東突厥汗國的核心統治階層，〔註21〕可汗必自阿史那氏出，而歷代可敦也多出自阿史德氏。漢文史料記載了另一位後突厥開國元老阿史德元珍，關於此人與暾欲谷可視爲同一人的看法至今仍爭論未定，新近的討論似乎更傾向於將其分別爲不同的兩人。〔註22〕然而，即使暾欲谷確實不是阿史德元珍，其出於阿史德部的可能性仍然相當之大，本文第 1 節中《高昌偰氏家傳》曾載暾欲谷之女爲毗伽可汗之可敦，於後突厥敗亡時率眾歸唐，此事在唐書及同時期史料中也多有記載，顏魯公撰寫的《康公神道碑》記載如下：

> 天寶元年，公與四男及西殺妻子、默啜之孫勃德支特勒、毗伽可汗女大洛公主、伊然可汗小妻余塞匐、登利可汗女余燭公主及阿布思、阿史德等部落五千餘帳，並駝馬羊牛二十餘萬，款塞歸朝。

〔註18〕 劉迎勝：《元憲宗朝的察合臺兀魯思》，《西北民族研究》1995 年第 1 期；熱依汗·卡德爾：《對湖南常德桃源維吾爾族高昌先祖哈勒的幾點考釋》，《中央民族大學學報（哲學社會科學版）》2007 年第 3 期。

〔註19〕 蕭啓慶：《蒙元時代高昌偰氏的仕官與漢化》，收入蕭啓慶《元朝史新論》，臺北：允晨文化，1999 年；後又收入蕭啓慶《內北國而外中國：蒙元史研究》，北京：中華書局，2007 年。

〔註20〕 歐陽玄：《高昌偰氏家傳》，載《圭齋文集》卷一一，四部叢刊，第 105～106頁。

〔註21〕 護雅夫：《突厥的國家構造》，《日本學者研究中國史論著選譯》第 9 卷，北京：中華書局，1993 年。

〔註22〕 羅新：《再說暾欲谷其人》，《文史》2006 年第 3 輯，收入羅新《中古北族名號研究》，北京：北京大學出版社，2009 年。

其中阿布思爲九姓鐵勒之同羅部落，阿史德部落當即毗伽可汗正妻所屬的暾欲谷家族所自出的東突厥可敦氏族阿史德部。這一推論與本文第 4 節中「小雲石脫忽憐家族出自迴紇阿史德部」的推論亦相契合。考暾欲谷約生於漠北薛延陀汗國覆亡之時，﹝註23﹞此後大漠南北全部納入唐朝的統治，直至三十餘年之後突厥第二汗國復興，這也是暾欲谷「本中國人」的眞實背景；而東突厥餘部與薛延陀餘部主體曾經同處漠南，阿史德時健家族餘部也被安排在薛延陀餘部之中。﹝註24﹞《舊唐書·李勣傳》載：

> （貞觀）二十年，延陀部落擾亂，詔勣將二百騎便發突厥兵討擊。至烏德鞬山，大戰破之。其大首領梯眞達官率眾來降，其可汗咄摩支南竄於荒谷，遣通事舍人蕭嗣業招慰部領，送於京師，磧北悉定。

《新唐書·北狄傳》載：

> （顯慶）五年，以定襄都督阿史德樞賓、左武候將軍延陀梯眞、居延州都督李含珠爲冷陘道行軍總管。

據此，則薛延陀餘部中的迴紇阿史德部與東突厥餘部中的阿史德部很可能在此一時期已開始有所接觸。其後，單于大都護府突厥叛亂餘黨骨咄祿、暾欲谷起事時，早期根據地在漠南的總材山及黑沙，﹝註25﹞亦曾招集附近的薛延陀餘部，﹝註26﹞其中的迴紇阿史德氏可能即於此時納入暾欲谷帳下，從而與突厥阿史德氏合流，至漠北迴紇第二汗國時期，留居色楞格河流域的阿史德氏餘部遂宗暾欲谷爲祖，這大約便是後世高昌偰氏家族詫爲暾欲谷後裔的主要淵源之一。

﹝註23﹞ 路易·巴贊：《突厥曆法研究》，耿昇譯，北京：中華書局，1998 年，第 223 頁。

﹝註24﹞ 段連勤：《隋唐時期的薛延陀》，西安：三秦出版社，1988 年，第 123～130 頁。

﹝註25﹞ 芮傳明：《古突厥碑銘研究》，上海：上海古籍出版社，1998 年，第 1～26 頁。

﹝註26﹞ 之前阿史那伏念叛亂時，即有薛延陀部落西行前往投靠，事見《冊府元龜》卷四四三；後突厥立國之後的默啜末年混亂時期，亦有薛延陀部落南下降唐，事見《冊府元龜》卷九七四。

第六篇　三十姓突厥考

在漢文載籍里，突厥三十姓的字樣最早出現在毗伽公主墓誌中。[註1] 毗伽公主爲後突厥汗國默啜可汗之女，墓誌中兩次提到三十姓可汗，分別指默啜可汗及骨咄祿之子毗伽可汗。關於這三十姓的含義及組成，國外學者頗有考論，但國內學者卻甚少關注，現不揣菲薄提出淺見，以求教於通博之人。

1. 三十姓中不包括十姓

雖然漢文載籍中從未出現過「三十姓突厥」的字樣，但從上下文判斷，「三十姓」當指漠北的突厥汗國，特別地，是指骨咄祿、默啜復興之後的東突厥汗國即突厥第二汗國。毗伽公主墓誌中提到其親兄爲右賢王墨特勤，此即默啜之子阿史那逾輪，[註2] 於默啜一系敗亡後來投大唐，被封爲右賢王，在此之前，另有一位後突厥高官已被封爲左賢王，此即「頡利突利可汗」之曾孫阿史那毗伽特勤，[註3] 這兩人曾經位列開元六年（718）討伐漠北突厥毗伽可汗的聯軍將領名單之中，[註4] 他們也出現在開元十三

〔註1〕參見陸心源輯《唐文拾遺》卷六六《唐故三十姓可汗貴女賢力毗伽公主雲中郡夫人阿那氏之墓誌（並序）》。

〔註2〕參見岑仲勉：《突厥集史》，北京：中華書局，1958年，第855頁，關於《史繼先墓誌》的討論。

〔註3〕《唐贈左驍衛大將軍左賢王阿史那毗伽特勤墓誌銘並序》，吳鋼：《全唐文補遺》第3輯，西安：三秦出版社，1996年，第59頁。

〔註4〕《冊府元龜》卷九八六載：「況默啜之子右金吾衛大將軍、右賢王墨特勒（勤）逾輪，自拔於亂，頃投於國，今不計其先人之僭，復加以右賢之寵。右威衛將軍、左賢王阿史那毗伽特勒（勤），……」另參見岑仲勉：《突厥集史》，北京：中華書局，1958年，第406頁。

年（725）玄宗封禪泰山的名單之中，〔註5〕此即漢文載籍中另一次提到突厥三十姓之處：

> 十三年十一月丙戌，至泰山，……戎狄夷蠻羌胡朝獻之國，突厥頡利發，契丹、奚等王，大食、謝䫻、五天十姓，崑崙、日本、新羅、靺鞨之侍子及使，內臣之番，高麗朝鮮王，百濟帶方王，十姓摩阿史那興昔可汗，三十姓左右賢王，日南、西竺、鑿齒、雕題、牂柯、烏滸之酋長，咸在位。〔註6〕

此處的突厥頡利發，當指毗伽可汗阿史那默棘連派往唐庭朝賀封禪兼請婚的使者阿史德頡利發，十姓可汗指唐朝冊立的西突厥可汗阿史那氏，三十姓左右賢王則顯然即為上述從後突厥汗國降唐的左賢王阿史那毗伽特勤及默啜之子右賢王墨特勤阿史那逾輪。據此可知，三十姓自三十姓，十姓自十姓，兩者並列，前者並不包括後者。「十姓」（「on oq」，即「十箭」）本為西突厥別稱，但在後突厥汗國時期，十姓故地已落入西突厥別部突騎施之手，雖然默啜曾一度征服控制該處，但為時甚短，十姓旋即復歸於黑姓突騎施。西突厥十姓與東突厥三十姓，分離既久，關係早已疏遠，復興的東突厥汗國肇基漠北鬱督軍山，應不會將遠處西垂的別部十姓納入其嫡系的三十姓之中。

2. 三十姓中不包括九姓

關於三十姓左賢王阿史那毗伽特勤，石見清裕曾就墓誌對其生平事跡加以考證，〔註7〕韓昇撰有是書書評，〔註8〕但對照墓誌分析，筆者頗感韓昇之書評存有誤解。〔註9〕據其墓誌，墓主生於682年左右，卒於724年，所

〔註5〕案左賢王阿史那毗伽特勤歿於開元十二年秋九月，封禪名單中之左賢王或為其襲爵之繼承者，或特為湊數之虛名，待考。

〔註6〕《舊唐書·禮儀三》；另參見岑仲勉：《突厥集史》，北京：中華書局，1958年，第424頁。

〔註7〕《唐の北方問題と國際秩序》（石見清裕著，東京汲古書院，1998年2月），轉引自韓昇之書評，見下一注釋。

〔註8〕韓昇：《評石見清裕〈唐の北方問題と國際秩序〉》，《唐研究》第5卷，北京：北京大學出版社，1999年。

〔註9〕據《唐研究縱橫談》（胡戟　主編，北京：中國社會科學出版社，1996年）之《我的唐史研究成果和方法&石見清裕》一文，「墓主：突厥王族。開元三年臣服於唐。統治突厥人降戶部落，擔當唐的國境警備的一部份。開元四年，參加唐的默啜遠征」，則原作者所論並無錯誤。

以當調露元年（679）單于大都護府二十四州突厥反叛時，墓主尚未出生，也就根本不可能「逃歸唐朝」。從墓誌看，阿史那毗伽特勤應是在默啜敗亡前夕投唐，才合於「曾未逾歲，舊國淪亡」之記敘，也就是說，阿史那毗伽特勤是從默啜手下的後突厥汗國中叛逃至唐朝的，而此事絕不可能發生在後突厥汗國建立之前，這也才可與阿史那毗伽特勤歸唐後被稱爲「三十姓左賢王」相印證。關於此事，尚有另一材料可茲佐證。萬歲通天年間契丹首領李盡忠、孫萬榮發動之「營州之亂」終被武周大軍平定，實得力於默啜突厥軍隊的配合，在事後報捷文書的將領名單之中，便有阿史那毗伽，〔註10〕時年十六歲，長於骨咄祿、默啜諸子，因此默啜對其特加倚重，其已成爲突厥軍隊中的高級將領。在墓誌中，接下來的一句尤爲重要：

> 開元三年，拜雲麾將軍、右威衛中郎將，賜紫袍金帶，便令招
> 慰三窟九姓，因與九姓同斬默啜，傳首京師。

此處之「三窟」，也出現在《太白陰經・關塞四夷篇》中：

> 河西道。自京西西北出蕭關、金城關。自河西節度去西京二千
> 一十里，去東京二千八百十一里。北海抵日亭海、彌娥山、獨洛河，
> 道入九姓、十箭、三窟故居地。〔註11〕

則「三窟」當是代指突厥本部，特別地，係指正宗嫡系之東突厥本部，結合阿史那毗伽特勤「三十姓左賢王」之身份，「三窟」在當時或即爲「三十姓」之同義代稱，〔註12〕據此可知，三十姓自三十姓，九姓自九姓，兩者並列，前者並不包括後者。「九姓」（「toquz oγuz」，即「九姓烏古斯」）本爲漠北鐵勒別稱，與突厥判然有別，本來就不可能被納入突厥嫡系之三十姓中；而在上引材料中，「三窟」與「十箭」（即西突厥「十姓」）並列，也進一步印證了本文第 1 節中之論點。

〔註10〕《爲河內郡王武懿宗平冀州賊契丹等露布》，《全唐文》卷二二五；又見於《文苑英華》卷六四七；參見毛漢光：《隋唐軍府演變之比較與研究》，《國立中正大學學報人文分冊》1995 年第 6 卷第 1 期，第 119～157 頁。

〔註11〕湯開建：《〈太白陰經・關塞四夷篇〉隴右、河西、北庭、安西、范陽五道部族、地理考證》，《青海社會科學》1986 年第 3 期。

〔註12〕「三窟」究係何義，尚無滿意之解釋，此處暫且提出一種猜測：突厥起源傳說中「先代所生之窟」，或有三處，故稱「三窟」；又突厥起源傳說中，阿史那爲始祖訥都六後代十姓之一，設若每窟十姓，則三窟正爲三十姓，或此即爲「三十姓」得名淵源之一？存疑待考。

3. 前賢看法之不能成立

國外學者考證三十姓突厥之具體部落組成，筆者所見，主要有如下三種看法：

（1）三十姓等於十二姓東突厥加上十八姓烏古斯部落（即九姓烏古斯加九姓迴紇）；[註13]

（2）三十姓等於十一姓東突厥（十二姓減去阿史那）加上十姓西突厥再加上九姓烏古斯；[註14]

（3）三十姓等於十二姓東突厥加上十姓西突厥加上五姓拔悉密再加上三姓葛邏祿；[註15]

其中之（2）既包括十姓，又包括九姓，卻將突厥可汗之姓阿史那排除在外；之（1）包括了兩個九姓，之（3）未包括九姓，卻包括了十姓，並且將與十姓、金山關係密切的三姓葛邏祿及拔悉密也包含在內，然而拔悉密之部數為五則明顯與漢文碑銘記載相矛盾。[註16]現根據本文第1節與第2節之討論，三十姓中不包括十姓，則可排除（2）、（3），三十姓中不包括九姓，則可排除（1）、（2），由此上述三種看法皆不能成立。然則三十姓究竟所指為何？

[註13] K. Czeglédy, On the Numerical Composition of the Ancient Turkish Tribal Confederations, *Acta Orientalia Academiae Scientiarum Hungaricae*, Tomus, XXV（1972）, pp. 280-281;芮傳明：《古突厥碑銘研究》，上海：上海古籍出版社，1998年，第232頁。

[註14] Mihály Dobrovits, The Thirty Tribes of the Turks, *Acta Orientalia Academiae Scientiarum Hungaricae*, Volume 57, Number 3, 12 October 2004, pp. 257-262（6）.

[註15] 鈴木宏節：《三十姓突厥の出現——突厥第二可汗国をめぐる北アジア情勢——》，《史学雑志》115-10, 2006, pp. 1-36.

[註16] 「拔悉密五部落」僅見於敦煌吐蕃語文獻 P. T. 1283-II 中，而《九姓回鶻可汗碑》漢文部份有「於時九姓回鶻、卅姓拔悉蜜、三姓[葛祿]、諸異姓僉曰」的記載，參照「三姓葛邏祿」之例，則此處拔悉密部數當為四十姓（原碑拓本中「卅」字為「卌」，參見《維吾爾族簡史》圖版第1頁，烏魯木齊：新疆人民出版社，1991年），兩者不合，相比之下，漢文碑銘的記載似更為可靠。鈴木宏節將《九姓回鶻可汗碑》中的「卌姓拔悉蜜」解釋作：已經推翻突厥第二汗國從而擁有三十姓部落的拔悉密，因為與迴紇、葛邏祿結成聯盟並為盟主而新增了迴紇的十姓部落，於是變為了擁有四十姓部落。這一解釋過於迂曲，且難以闡明為何三十姓突厥會將金山地區的邊緣部落拔悉密和葛邏祿包括在內，卻將漢北核心於都斤山地區的九姓部落排除在外。參見鈴木宏節：《三十姓突厥の出現——突厥第二可汗国をめぐる北アジア情勢——》，《史学雑志》115-10, 2006, pp. 19-20.

筆者以爲，當係後突厥汗國復興之中堅力量，具體來說，即是單于大都護府起事之突厥二十四州加上薛延陀六州，一州對一姓，正爲三十姓；而突厥二十四姓本身又以嫡系十二姓（即「突厥默啜十二部落」）爲核心。以下試申論之。

4. 單于府二十四州

單于大都護府的前身，本爲安置東突厥汗國覆亡後頡利可汗屬下的突厥降眾所設。其間建置經過多次演變，由於材料不足且相互矛盾，其詳細情形至今仍不明晰。﹝註17﹞從貞觀四年（630）頡利可汗降唐亡國，至調露元年（679）單于大都護二十四州突厥復叛，近五十年時間，其建置演變之來龍去脈不可盡知，但大致過程可勾勒如下：

貞觀四年（630），頡利降眾分置六州，定襄府三州：阿史德州、蘇農州、執失州，雲中府三州：舍利州、阿史那州、綽州；

貞觀二十三年（649），變爲兩府十一州，定襄府六州：增加郁射州、卑失州、藝失州，雲中府五州：增加賀魯州、葛邏州；

其後，變爲四府十六州，定襄府增加拔延州，分出桑乾府，增加叱略州，雲中府增加思壁州、白登州，分出呼延府，增加跌跌州。

至此，頡利之部眾已演變爲十六州，一州對一部：

定襄都督府（頡利左廂）：阿德州（阿史德部）、執失州（執失部）、蘇農州（蘇農部）、拔延州（拔延阿史德部）；

﹝註17﹞相關討論參見岑仲勉：《突厥集史》，北京：中華書局，1958年，第1070～1075頁；蘇北海：《唐朝在迴紇、東突厥地區設立的府州考》，《新疆大學學報（哲學人文社會科學版）》1987年第1期；林幹：《突厥史》，呼和浩特：內蒙古人民出版社，1988年，第137～139頁；薛宗正：《突厥史》，北京：中國社會科學出版社，1992年，第380～386、412～413、422～425頁；樊文禮：《唐代單于都護府考論》，《民族研究》1993年第3期；樊文禮：《唐貞觀四年設置突厥羈縻府州考述》，《中國邊疆史地研究》1994年第3期；吳玉貴：《突厥汗國與隋唐關係史研究》，北京：中國社會科學出版社，1998年，第227～264頁；艾沖：《唐代前期東突厥羈縻都督府的置廢與因革》，《中國歷史地理論叢》，2003年第2期；王世麗：《安北與單于都護府——唐代北部邊疆民族問題研究》，昆明：雲南人民出版社，2006年，第16～27、51～56頁；朱振宏：《突厥第二汗國建國考》，《歐亞學刊》，第10輯，北京：中華書局，2012年，第84頁；湯開建：《唐李荃〈太白陰經·關塞四夷篇〉西北諸道部族地理考證》，《唐宋元間西北史地叢稿》，北京：商務印書館，2013年，第69～79頁；朱振宏：《新見兩方突厥族史氏家族墓誌研究》，《西域文史》第8輯，北京：科學出版社，2013年，第193～199頁。等等。

　　雲中都督府（頡利右廂）：舍利州（舍利吐利部）、阿史那州（阿史那部）、綽州（綽部）、思壁州（思壁部）、白登州（奴剌部）；

　　桑乾都督府（分自定襄）：郁射州（郁射施部）、藝失州（多地藝失部）、卑失州（卑失部）、叱略州（叱略部）；〔註18〕

　　呼延都督府（分自云中）：賀魯州（賀魯部）、葛邏州（葛邏祿部）、跌跌州（跌跌部）。〔註19〕

　　此十六州幾乎肯定是調露元年叛亂的單于府二十四州的一部份，而且是最主要最核心的部份。另一方面，唐朝在貞觀四年爲頡利降眾設置六州之前已爲先期投降的其它東突厥部落設置了若干羈縻府州，主要有順州、祐州、長州、化州，又有北開州、北寧州、北撫州、北安州等，其間關係眾說紛紜，可存而不論，很可能其中一部份後已隨著大漠南北局勢的變化被撤廢合併到頡利降部十六州中，一部份則被分置於河曲六州之內，參照上述頡利降部羈縻州不斷擴置的情形，不排除另有一部份也發生了類似的擴置，只是史籍失載。從本文第 2 節可知，曾爲後突厥汗國默啜部下的阿史那毗伽特勤爲「頡利突利可汗」曾孫，單于大都護府起事時其尚未出生，然其父無論爲頡利之孫或突利之孫，而必爲骨咄祿之部下，由此推知單于府二十四州中當有啓民正支頡利或突利後裔之部眾。〔註20〕其餘州姓不可盡考，但大抵爲前突厥汗國之嫡系部落，除上述頡利可汗阿史那咄苾、突利可汗阿史那什缽苾部眾外，尚有郁射設阿史那摸末、西突厥沙缽羅可汗阿史那賀魯部眾等等，隨著漠南羈縻州之安置及穩固，不斷前來降附，爲其增設新州也是勢所必然。於是，至調露元年突厥叛亂前夕，漠南單于大都護府增至二十四州，然此數目似非任意設定，很可能有所比附，蓋唐人對北蕃之處置，處處追仿漢人，如單于、瀚海之名即是其例，案漢時匈奴有二十四長，〔註21〕單于府州之數或與此有關。

〔註18〕叱略部不見於他處，其簡略考證參見本書第十二篇《突厥十二姓考》（四）第4.5 節。

〔註19〕跌跌州置年不詳，可能係從葛邏州分出，《唐會要》卷七十三載貞觀二十三年以葛邏祿、悒怛二部置葛邏州，則跌跌當即悒怛，其部後獨立設州。

〔註20〕王義康認爲阿史那毗伽特勤是突利可汗什缽苾之曾孫，則後突厥復國有啓民子孫參與；而後突厥創建者骨咄祿爲「頡利之疏屬」，並非啓民可汗子孫。參見王義康：《唐代邊疆民族與對外交流》，哈爾濱：黑龍江教育出版社，2013年，第 19～23 頁。

〔註21〕李春梅：《匈奴政權中「二十四長」和「四角」、「六角」探析》，《內蒙古社會科學（漢文版）》2006 年第 2 期。

5. 薛延陀六州

薛延陀本為鐵勒諸部中最雄張者，原先應是九姓之一，但自從在漠北建立汗國之後，當已不再屬九姓之列。薛延陀汗國的滅亡，與親唐的迴紇藥羅葛部的崛起關係密切，而阿史德時健部則被排擠出迴紇，自是竟成為薛延陀餘眾之一，﹝註22﹞為安置此部，唐朝先後設置祁連州及東臯蘭州，其地當距薛延陀故牙之一的鬱督軍山不遠。﹝註23﹞對於薛延陀本部餘眾，唐朝設有達渾都督府，下轄五州：姑衍州、步訖若州、嵕彌州、鶻州和低粟州，從總章二年（669）平定延陀餘眾叛亂及設置嵕彌州一事的地點來看，上述五州應當都位於薛延陀故牙之一鬱督軍山不遠的區域，而當時漠北乃是安置鐵勒諸部的燕然－瀚海－安北都護府轄地，故延陀餘眾諸州當位於鬱督軍山以南的漠南西部一帶。突厥汗國的大可汗故牙也在鬱督軍山，但當時距頡利可汗亡國已近五十年，熟悉故地者肯定已經不多，突厥人要想恢復故國、達成「還都鬱督軍山」這一標誌性的舉措，勢必需要借助外部力量，在這方面，亡國才三十餘年、更加熟悉鬱督軍山地域，並且素為漠北九姓所憚服的薛延陀餘部自然就成了最好的盟友。早在顯慶年間，東突厥降眾與薛延陀降眾便已開始接近，﹝註24﹞經由阿史德時健部的中介，這一合流更加順暢，至單于府二十四州叛亂時，突厥－薛延陀的聯合行動正是由阿史德部發起，屢僕屢興，﹝註25﹞嗣後征服漠北九姓、還牙鬱督軍山時，很可能正是經由《太白陰經·關塞四夷篇》黃河北道中所說的「道歷陰山、牟（羊）那山、龍門山、牛頭山、鐵勒山、北庭山、（眞檀山）、木剌山、諾（洛）眞山，（涉黑沙），道入十姓部落故居地（三窟故地）」那條道路，﹝註26﹞而其嚮導及主力盟軍之一，

﹝註22﹞ 參見本書第一篇《薛延陀亡時迴紇首領易統探微》。
﹝註23﹞ 包文勝認為，薛延陀東遷漠北後至少有三次建牙，第一次「可能先落腳於庫蘇古爾湖之南」，第二次「向南或東南遷至杭愛山以北地區」，第三次「遷至土拉河之南一帶」。從史料記載的里程上看，也有跡可尋：第一次「在京師西北六千里」，第二次「距京師四千餘里」，第三次則「距京師三千三百里」。這三次建牙的位置都在杭愛山及其周邊一帶，亦即位於鬱督軍山地域。參見包文勝：《鐵勒歷史研究——以唐代漠北十五部為主》，內蒙古大學博士學位論文，2008年，第78～80頁。
﹝註24﹞ 《新唐書·北狄傳》載：「（顯慶）五年，以定襄都督阿史德樞賓、左武候將軍延陀梯眞、居延州都督李含珠為冷陘道行軍總管。」
﹝註25﹞ 阿史那伏念叛亂時，即有薛延陀部落西行前往投靠，事見《冊府元龜》卷四四三。
﹝註26﹞ 湯開建：《〈太白陰經·關塞四夷篇〉關內道、黃河北道、河東道部族、地理

則很可能正是稔熟鬱督軍山附近地形並素爲漠北九姓所憚服的薛延陀餘部。突厥三十姓包括薛延陀六姓（州）這一推測，在突厥盧尼文碑銘中也有所體現。《暾欲谷碑》中多次提及「突厥－薛」（türk sir），並將其置於烏古斯人之前；而《毗伽可汗碑》中位於「九姓烏古斯」（toquz oγuz）之前模糊不清的「[al]tï sir」更是直接對應於「六姓薛〔延陀〕」；如果將 sir 理解爲薛延陀在突厥盧尼文中的對應名稱，那麼這便是薛延陀部落在早期的後突厥汗國中具有舉足輕重之地位的有力證據。〔註27〕另外，漢文載籍表明，在默啜晚年大批突厥－鐵勒部落降唐時期，也有「達渾」部落及薛延陀餘眾的身影出現，〔註28〕而直至毗伽可汗歿後突厥第二汗國滅亡前夕的開元二十七年（739），仍有「突厥大首領延陁俱末啜刺達干來朝」。〔註29〕綜合上述考證，突厥三十姓中當包括薛延陀六姓（州），後者在突厥的復國運動中曾起過重要作用，也正因爲此，《毗伽可汗碑》及《闕特勤碑》中共同出現但又都模糊不清的、位於「九姓烏古斯」（toquz oγuz）之前的「otuz t…」就應相當於《暾欲谷碑》中的「突厥－薛」（türk sir），亦即包括薛延陀在內的建國元勳之「三十姓突厥」（otuz türk），而絕非外蕃疏屬之「三十姓韃靼」（otuz tatar）。

6. 三十姓與十二姓

除「九姓」、「十姓」、「三十姓」外，載籍中還有另一個與突厥－鐵勒有關的名稱：「十二姓」。上述《毗伽公主墓誌》中提到的「十二部」即可視爲較早的一例，稍後的《安祿山事跡》直接提到「十二姓」，從上下文分析，當是指後突厥本蕃部眾（與「九姓」即鐵勒部眾相對）；之後《康公神道碑》及《阿跌光進碑》中也曾提到「十二姓」，但康氏與阿跌氏並不是突厥，故其恐爲標榜冒認之舉，不能據其認爲突厥「十二姓」也包括粟特－胡部及烏古斯

考證》，《青海社會科學》1986 年第 1 期。

〔註27〕有學者將此處《毗伽可汗碑》中的「[al]tï sir」即六姓 sir 與《魏書·高車傳》中記載高車有六種相比較，參見 Б. Еженханұлы, Түцзюеши мен гаочэ：көне қытай жазбаларындағы қыпшақтар, *Түркологиялық жинақ*.–Астана：《Сарыарқа》баспа үйі, 2012, С. 325–326. 另參見本書第一篇《薛延陀亡時迴紇首領易統探微》第 8 節及第二篇《阿史德、舍利、薛延陀與欽察關係小考》第 4 節。

〔註28〕《冊府元龜》卷九七四：「十月己未，授北蕃投降九姓思結都督磨散爲左威衛將軍，大首領斛薛移利殊功爲右領軍衛將軍，契都督邪沒施爲右威衛將軍，匐利羽都督莫賀突默爲右驍衛將軍，首領延陀薛渾達都督爲右威衛將軍，……」「二月丁未，投降突厥延陀磨覽死，贈中郎將，依蕃法葬。」

〔註29〕《冊府元龜》卷九七五。

一鐵勒部。〔註30〕同一時期的敦煌吐蕃語文獻 P. T.1283-II 中提到的「突厥默啜十二部落」，很可能正是指上述突厥十二姓，從目前已經大致確認的「突厥默啜十二部落」中的八個部落來看，其範圍當不會超出本文第 4 節中頡利降眾之四府十六州：

（1）Zha-ma 可汗部＝阿史那部，

（2）Ha-li 部＝賀魯部，

（3）A-sha-sde 部＝阿史德部，

（4）Shar-du-livi 部＝舍利吐利部，

（5）Lo-lad 部＝奴剌部，

（6）Par-sil 部＝卑失部，

（7）So-ni 部＝蘇農部，

（8）He-bdal 部＝跋跌部。〔註31〕

其中定襄府二州：阿德、蘇農，雲中府三州：阿史那、舍利、奴剌，桑乾府一州：卑失，呼延府二州：賀魯、跋跌，而其餘未能考定的四部為：Rngi-kevi，Jol-to，Yan-ti 及 Gar-rga-pur，也很可能正對應雲中府之綽州、定襄府之執失州、桑乾府之郁射州及呼延府之葛邏州。〔註 32〕從載籍中提到的前後突厥汗國中首領姓名來看，上述十二姓部落在前後突厥汗國中的確佔據著最為核心的地位，〔註33〕很有可能，單于府二十四州正是以最初的突厥十二姓所對應的十二州為基礎擴充而來。二十四姓突厥聯合六姓薛延陀重新建立了三十姓的「漠北大國」，然而隨著突厥人的衰落，三十姓突厥汗國僅僅存在了五十餘年，「三十姓」的名號也成為曇花一現；其後繼者十姓迴紇及九姓烏古斯建立了新的汗國，他們連同不服從其統治而先後西遷的其它異姓突厥部

〔註30〕 參見鍾焓：《安祿山等雜胡的內亞文化背景——兼論粟特人的「內亞化」問題》，《中國史研究》2005 年第 1 期。對於阿跌與突厥之間的關係，筆者後來有新的考證，認為「阿跌／跋跌」應屬於「突厥十二姓」，並非標榜冒認，請參見本書第八篇《兩姓阿跌考》及第九～十二篇《突厥十二姓考》。

〔註31〕 參見本書第三篇《可薩卑失考》第 5 節；部落名轉寫參照王堯、陳踐譯文有所修訂。另請參見本書第九～十二篇《突厥十二姓考》。

〔註32〕 綽：*tɕʰiak（Pulleyblank 1991：63），執失：*tɕip-ɕit（Pulleyblank 1991：406, 282），郁射施：*ʔuwk-ziaʰ-ɕiɐ（Pulleyblank 1991：384, 279, 282），葛邏祿：qarluq，對音遠非確切，存疑待考。關於此四部的比勘，筆者後來有新的考證，請參見本書第九～十二篇《突厥十二姓考》。

〔註33〕 參見本書第九～十二篇《突厥十二姓考》。

落們，繼承了從匈奴、高車以來的內亞民族古老的「二十四姓」／「十二姓」觀念，敦煌于闐文書《使河西記》中提到河西回鶻分為十二部落，〔註34〕《記述的裝飾》中提到葛邏祿殺死可汗人民的十二個享有盛名的首領，〔註35〕《動物的自然性質》中提到古茲（Ghuzz，即烏古斯）有十二部落，〔註36〕《突厥語大詞典》及《史集》中提到土庫曼－烏古斯分為二十四部落等等，可能都與此不無關係。

〔註34〕 W. B. Henning, Argi and the "Tokharians", BSOS, Vol. 9, No. 3.（1938），pp. 545-571；黃盛璋：《敦煌于闐文書中河西部族考證》，《敦煌學輯刊》1990 年第 1 期。事實上從亨寧及哈密頓等學者的釋讀及考證來看，十二部應為十部，因其中兩部相當於「突利」與「達頭」，是其左廂與右廂之名稱；由此視之，則河西回鶻仍然保有其十姓劃分之傳統，只是其中的「內九姓」與「外九姓」已相互混雜了。

〔註35〕 瓦・弗・巴托爾德（B. B. Бартольд）著，王小甫譯：《加爾迪齊著〈記述的裝飾〉摘要》，《西北史地》1983 年第 4 期；馬爾丁奈茲（A. P. Martinez）著，楊富學、凱旋譯：《迦爾迪齊論突厥》，《回鶻學譯文集新編》，蘭州：甘肅教育出版社，2015 年，第 248 頁。

〔註36〕 V. Minorsky, Sharaf al-Zaman Tahir Marvazi on China, the Turks and India, London：The Royal Asiatic Society, 1942, p. 29.

第七篇　暾欲谷家世鉤沉

　　經過克利亞什托爾內與護雅夫的論證，〔註1〕暾欲谷與阿史德元珍爲同一人的觀點一度獲得壓倒性優勢，不過近來羅新根據其對北族官稱名號制度的系統研究，明確指出「暾欲谷不是阿史德元珍」，從而使這一至今爭論未定的話題再起波瀾。〔註2〕然在筆者看來，官稱與名號一成不變的假設往往是不能成立的，官號可能會發生改變，而本人和他人對其官號的全稱與簡稱的強調點也可能不同，這就經常導致同一個人以不同的名稱出現在相同或不同的載籍與碑銘中。本文舊話重提，並不是要對以往的爭論作出總結與評判，而是要憑藉筆者近年對迴紇－薛延陀阿史德時健家族事跡的新觀察，特別是對迴紇內部汗統變易及突厥第二汗國統治集團組成的新認識，重新考察暾欲谷及相關名號，從而對探究暾欲谷其人與阿史德元珍之間的關係，提供一個新的認識角度。

1. 暾欲谷出自阿史德部

　　前文曾論及暾欲谷可能出自阿史德部，其論據爲：

　　　　天寶元年，公與四男及西殺妻子、默啜之孫勃德支特勒、毗伽可汗女大洛公主、伊然可汗小妻余塞匐、登利可汗女余燭公主及阿

〔註1〕克利亞什托爾內（С. Г. Кляшторный）著，李佩娟譯：《古代突厥魯尼文碑銘——中央亞細亞原始文獻》，哈爾濱：黑龍江教育出版社，1991年，第24～27頁；護雅夫著，吳永明譯：《阿史德元珍與暾欲谷》，《民族譯叢》1979年第3期。

〔註2〕羅新：《再說暾欲谷其人》，《文史》2006年第3輯，收入羅新《中古北族名號研究》，北京：北京大學出版社，2009年。

布思、阿史德等部落五千餘帳，並駝馬羊牛二十餘萬，款塞歸朝。
〔註3〕

該材料的背景是後突厥內亂，〔註4〕值得注意的是，其中提到「阿布思、阿史德等部落」〔註5〕，而不提突厥可汗氏族「阿史那部落」，原因正是以突厥可敦氏族阿史德部爲後臺的毗伽可汗正妻娑匐可敦把持朝政，引發宗室諸阿史那氏不滿，群起而攻之，失勢的可敦氏族及其嫡系部落只好南下投唐，此即《九姓回鶻可汗碑》中所謂「阿史那革命」，〔註6〕參見本文第 7 節之討論。上述論證並不直接，然結合以下材料可進一步坐實。《冊府元龜》卷九七五載：

> （天寶四載）八月戊申，突厥（毗）伽可汗妻史氏內屬，封賓國夫人，仍每載賜錢百貫，以充妝粉。

此處之「史氏」當即暾欲谷之女娑匐可敦，考「阿史那氏」與「阿史德氏」都可簡稱爲「史氏」，然突厥可汗爲「阿史那氏」，其妻「史氏」絕不可能再爲「阿史那氏」，故此「史氏」必爲「阿史德氏」無疑，據此可知，暾欲谷確實出自阿史德部。

2. 暾欲谷的迴紇－薛延陀背景

在《暾欲谷碑》中，「sir（薛）」作爲後突厥汗國統治集團的兩大重要支柱之一，被多次提到，〔註7〕顯示出作者暾欲谷對該部族相當熟悉，並且刻意強調其重要地位，這一部族與薛延陀－迴紇阿史德餘部密切相關，〔註8〕由此推測，暾欲谷可能具有某種迴紇－薛延陀背景。

2.1.

暾欲谷稱號中的「暾」，在漢文史料中尚有「吞」、「頓」、「統」、「通」等

〔註3〕 參見本書第五篇《阿史德與迴紇汗統》第 5 節。
〔註4〕 其起因在《康公神道碑》中被總結爲「暾女滅國分」，意指暾欲谷之女擾亂朝綱，致國破家亡。
〔註5〕 王永興推測阿布思爲突厥本蕃部落，一度依附於漠北鐵勒的思結別部之中，在後突厥國中重又得勢。筆者案：這一點與阿史德的地位處境頗爲類似，都是介於突厥本部與別部鐵勒之間的強部，故而在後突厥內亂中持有相近的立場。參見王永興：《陳寅恪先生史學述略稿》，北京：北京大學出版社，1998年，第 229～236 頁。
〔註6〕 林梅村：《九姓回鶻可汗碑研究》，收入林梅村《古道西風——考古新發現所見中西文化交流》，北京：三聯書店，2000 年。
〔註7〕 參見本書第二篇《阿史德、舍利、薛延陀與欽察關係小考》第 4 節。
〔註8〕 參見本書第六篇《三十姓突厥考》第 5 節。

多種形式，在藏文史料中則有「ton」一詞，都對應古突厥語的「tun / ton」，意爲「第一個」，〔註9〕這一稱號在突厥－迴紇時代的使用情況，粗略考輯，計有如下例子：

暾：西突厥暾莫賀咄；〔註10〕

西突厥攝舍提暾啜；〔註11〕

西突厥拔塞幹暾沙缽俟斤；〔註12〕

後突厥暾欲谷；〔註13〕

後突厥阿史德暾泥熟；〔註14〕

〔註9〕護雅夫著，吳永明譯：《阿史德元珍與暾欲谷》，《民族譯叢》1979年第3期；克利亞什托爾内（С. Г. Кляшторный）著，李佩娟譯：《古代突厥魯尼文碑銘——中央亞細亞原始文獻》，哈爾濱：黑龍江教育出版社，1991年，第24～27頁；羅新：《再說暾欲谷其人》，《文史》2006年第3輯，收入羅新《中古北族名號研究》，北京：北京大學出版社，2009年。王小甫認爲，西突厥「統葉護」、「統吐屯」之「統」是對北族名號Kül（音譯爲「闕」）的意譯，其說難以成立，兹不取，參見王小甫：《回鶻改宗摩尼教新探》，《北京大學學報（哲學社會科學版）》2010年第4期；王小甫：《中國中古的族群凝聚》，北京：中華書局，2012年，第90頁。

〔註10〕《新唐書・西域傳》：「寧遠者，本拔汗那，……貞觀中，王契苾爲西突厥暾莫賀咄所殺，阿瑟那鼠匿奪其城。」此處「暾」當爲「暾」之訛，類似之例參見同傳中石國王之稱號「暾土屯攝舍提於屈昭穆都督」，其中「暾」亦爲「暾」之訛，參見下一條注解。另請參見岑仲勉：《西突厥史料補闕及考證》，北京：中華書局，1958年，第31頁。

〔註11〕《舊唐書・突厥傳》：「西突厥……其咄陸有五啜：一曰處木昆律啜；二曰胡祿居闕啜，賀魯以女妻之；三曰攝舍提暾啜；四曰突騎施賀邏施啜；五曰鼠尼施處半啜。」《新唐書・突厥傳》：「西突厥……咄陸有五啜，曰處木昆律啜、胡祿屋闕啜、攝舍提暾啜、突騎施賀邏施啜、鼠尼施處半啜。」據此可知「暾」爲攝舍提部酋稱號之常用前綴，也是突厥常見名號之一種，故《新唐書・西域傳》中石國王稱號「暾土屯攝舍提於屈昭穆都督」中「暾土屯」當爲「暾土屯」之訛。

〔註12〕《舊唐書・突厥傳》：「西突厥……弩失畢有五俟斤：一曰阿悉結闕俟斤，最爲強盛；二曰哥舒闕俟斤；三曰拔塞幹暾沙缽俟斤，四曰阿悉結泥孰俟斤；五曰哥舒處半俟斤。」；《新唐書・突厥傳》：「西突厥……弩失畢有五俟斤，曰阿悉結闕俟斤、哥舒闕俟斤、拔塞幹暾沙缽俟斤、阿悉結泥孰俟斤、哥舒處半俟斤。」

〔註13〕突厥盧尼文《闕利啜碑》中也有一位「čïqan tonyuquq」，漢譯可擬作「時健暾欲谷」，筆者傾向於認爲此人與後突厥元老毗伽暾欲谷爲同一人，參見本文第5節「《闕利啜碑》與暾欲谷」。

〔註14〕《冊府元龜》卷九七一：「（開元十二年）閏十二月，突厥遣其大臣阿史德暾泥孰來朝。」另見於《文苑英華》卷八八四，「孰」或作「熟」。夏德（Friedrich

迴紇暾葉護；〔註15〕

　　吞：西突厥吞阿妻拔奚利邲咄陸可汗；〔註16〕

　　　　迴紇俱羅勃吞莫賀咄拔固折；〔註17〕

頓：西突厥骨咄祿頓達度；〔註18〕

　　突騎施頓阿波；〔註19〕

　　突騎施頓啜護波支；〔註20〕

　　葛邏祿葉護頓毗伽；〔註21〕

　　葛邏祿毗伽葉護頓阿波移健啜；〔註22〕

Hirth）曾試圖證明此「阿史德暾尼孰」爲「阿史德暾尼郭」之訛，進而證明阿史德暾尼郭即阿史德暾欲谷，亦即阿史德元珍，但其說根據不足，未被學界接受，參見羅新：《再說暾欲谷其人》，《文史》2006 年第 3 輯，收入羅新《中古北族名號研究》，北京：北京大學出版社，2009 年，第 217 頁。

〔註15〕《唐會要》卷一〇〇：「葛祿與九姓部落復立迴鶻暾葉護爲可汗，朝廷尋遣使封爲奉義王，仍號懷仁可汗。」此人即迴紇第二汗國開國君主逸標苾，本號骨力裴羅，自立可汗號爲「骨咄祿毗伽闕可汗」。

〔註16〕《舊唐書・突厥傳》：「西突厥……貞觀七年，遣鴻臚少卿劉善因至其國，冊授爲吞阿妻拔奚利邲咄陸可汗。」

〔註17〕《冊府元龜》卷九七四：「（貞觀二十二年）八月，以回鶻忠武將軍兼大俟斤俱羅勃吞莫賀咄拔固折爲右武衛大將軍。」俱羅勃即兩唐書所記迴紇（回鶻）九姓部落之三的嗢羅勿或掘羅勿，相當於突厥盧尼文中的 küräbir 及于闐文中的 kurabīrä，參見哈密頓著，耿昇譯：《九姓烏古斯和十姓回鶻考（續）》，《敦煌學輯刊》1984 年第 1 期；Volker Rybatzki, Titles of Türk and Uigur Rulers in the Old Turkic Inscriptions, *Central Asiatic Journal*, Vol. 44, No. 2（2000）, pp. 205-292.

〔註18〕西突厥屬下吐火羅國主，《新唐書・西域傳》：「吐火羅……乃冊其君骨咄祿頓達度爲吐火羅葉護、挹怛王。」

〔註19〕突騎施可汗吐火仙骨啜之弟，《新唐書・突厥傳》：「突騎施……吐火仙棄旗走，禽之，並其弟葉護頓阿波。……嘉運俘吐火仙骨啜獻太廟，天子赦以爲左金吾衛員外大將軍、修義王，頓阿波爲右武衛員外將軍。」案其名中「頓」在其它史料中或又作「頡」、「頫」，難以定奪，此存疑，參見沙畹著，馮承鈞譯：《西突厥史料》，北京：中華書局，2004 年，第 186 頁。

〔註20〕突騎施黃姓纛官，見《賜安西管內黃姓纛官鐵券文》，《全唐文》卷四六四；參見岑仲勉：《西突厥史料編年補闕》，《西突厥史料補闕及考證》，北京：中華書局，1958 年，第 105 頁。案「頓啜」可視爲「暾啜」之異譯，原西突厥咄陸五啜之第三爲攝舍提暾啜，與此「頓啜」似爲同一名號，則此人同攝舍提暾啜部落之關係值得注意。

〔註21〕《新唐書・回鶻傳》：「（葛邏祿）久之，葉護頓毗伽縛突厥叛酋阿布思，進封金山郡王。」另見於《資治通鑒》卷二一六、《冊府元龜》卷九六五、《唐會要》卷一〇〇等。

〔註22〕《冊府元龜》卷九七五載：「（天寶）五載十月癸巳，三葛邏祿毗伽葉護頓阿

迴紇頓啜羅達干；〔註23〕

迴紇頓莫賀達干；〔註24〕

統：西突厥統葉護可汗；〔註25〕

西突厥眞珠統俟斤；〔註26〕

西突厥統吐屯；〔註27〕

東突厥統特勒；〔註28〕

薛延陀統特勒；〔註29〕

薛延陀統毗伽可賀敦延陁；〔註30〕

通：西突厥通設；〔註31〕

波移健啜遣使朝貢，授葉護爲左武衛大將軍員外置，依舊在蕃，其使賜二色綾袍金帶七事，放還蕃。」

〔註23〕《新唐書·回鶻傳》：「明年，裴羅又攻殺突厥白眉可汗，遣頓啜羅達干來上功，拜裴羅左驍衛員外大將軍」，另見於《冊府元龜》卷九七一。參見岑仲勉：《突厥集史》，北京：中華書局，1958 年，第 469 頁。

〔註24〕又作「暾莫賀達干」，迴紇第二汗國第四任可汗，本爲牟羽（登里）可汗宰相，後擊殺牟羽篡位，自立爲合骨咄祿毗伽可汗，後又加尊號爲長壽天親可汗，見《舊唐書·迴紇傳》、《新唐書·回鶻傳》。羅新認爲其人即新出《回鶻葛啜墓誌》中誌主葛啜特勤之兄 Bögü Bilge Tengri Khan（牟羽毗伽登里可汗），參見羅新：《葛啜的家世》，《唐研究》第 19 卷，北京：北京大學出版社，2013 年。

〔註25〕西突厥一代雄主，爲達頭可汗之孫，射匱可汗之弟，肆葉護可汗之父，見《舊唐書·突厥傳》、《新唐書·突厥傳》。

〔註26〕西突厥統葉護可汗部下，《舊唐書·突厥傳》：「貞觀元年，遣眞珠統俟斤與高平王道立來獻萬釘寶鈿金帶，馬五千匹。」《新唐書·突厥傳》：「帝乃許昏，詔高平王道立至其國，統葉護可汗喜，遣眞珠統俟斤與道立還，獻萬釘寶鈿金帶、馬五千匹以藉約。」

〔註27〕西突厥沙缽羅咥利失可汗部下，曾與阿悉吉闕俟斤起兵反叛，逐走咥利失可汗，欲另立欲谷設爲大可汗（即後來的乙毗咄陸可汗），而以咥利失可汗爲小可汗，見《舊唐書·突厥傳》、《新唐書·突厥傳》。

〔註28〕頡利可汗部下，主管胡部，《新唐書·突厥傳》：「頡利之立，用次弟爲延陀設，主延陀部，步利設主霫部，統特勒主胡部，斛特勒主斛薛部，以突利可汗主契丹、靺鞨部，樹牙南直幽州，東方之眾皆屬焉。」其中「特勒」皆爲「特勤」之訛。

〔註29〕薛延陀眞珠毗伽可汗夷男之弟，見《資治通鑒》卷一九三、《新唐書·回鶻傳》，其中「特勒」皆爲「特勤」之訛。

〔註30〕唐右武衛大將軍李思摩（即阿史那思摩）之妻，見《大唐故右武衛大將軍贈兵部尚書李思摩妻統毗伽可賀敦延陁墓誌並序》，吳鋼：《全唐文補遺》第 3 輯，西安：三秦出版社，1996 年，第 339 頁。

〔註31〕西突厥屬下挹怛國主，《隋書·西域傳》：「挹怛國……先時國亂，突厥遣通設字詰強領其國。」《通典》卷一九三、《文獻通考》卷三三八記載略同。

ton（吐蕃文）：西突厥 ton-ya-bgo-kha-gan；〔註32〕

tun（突厥文）：後突厥 tun bilgä 與 tun yigän irkin；〔註33〕

twn（波斯文）：迴紇 twn trx'n；〔註34〕

上述 26 例中，西突厥占 10 例，迴紇占 5 例，薛延陀占 2 例，葛邏祿占 2 例，突騎施占 2 例，後突厥占 4 例，東突厥只有 1 例，而西突厥的名號制度受屬下異姓突厥及諸鐵勒部落的影響較大，〔註35〕迴紇、薛延陀、突騎施、葛邏祿都是鐵勒中的強部，後突厥中的暾欲谷與阿史德暾泥孰則都屬阿史德部，本身即有出自迴紇－薛延陀的嫌疑，tun bilgä 與 tun yigän irkin 則可能是暾欲谷屬下迴紇等鐵勒部落之首領，〔註36〕因此「暾」這一稱號更像是來自

〔註32〕 漢譯可擬作「暾葉護可汗」（仿回鶻暾葉護之例），一說即西突厥興昔亡可汗阿史那元慶之子阿史那俀子，ton-ya-bgo-kha-gan 爲其在藏文史料中之稱號，此人並非西突厥雄主統葉護可汗，譯作「東葉護可汗」也不妥當，易致誤解。也有學者認爲，藏文中的「暾葉護可汗」所指未必僅爲阿史那俀子一人，而很可能是一種附蕃西突厥可汗的世襲名號，所指應包括阿史那俀子、僕羅及拔布等三人。參見楊銘：〈「東葉護可汗」考〉，《甘肅民族研究》1986 年第 3 期；楊銘：《唐代吐蕃與西域諸族關係研究》，哈爾濱：黑龍江教育出版社，2005 年，第 97～104 頁；白桂思（Christopher I. Beckwith）著，付建河譯：《吐蕃在中亞：中古早期吐蕃、突厥、大食、唐朝爭奪史》，烏魯木齊：新疆人民出版社，2012 年，第 42 頁注 1；王小甫：《唐、吐蕃、大食政治關係史》，北京：北京大學出版社，1992 年，第 154 頁注 23；薛宗正：《突厥史》，北京：中國社會科學出版社，1992 年，第 640 頁；薛宗正：〈噶爾家族與附蕃西突厥諸政權——兼論唐與吐蕃的西域角逐〉，《中亞內陸——大唐帝國》，烏魯木齊：新疆人民出版社，2005 年，第 69 頁。

〔註33〕 tun bilgä 與 tun yigän irkin 漢譯可擬作「頓毗伽」與「頓移健俟斤」，見於突厥盧尼文《崔林碑》，參見本文第 4 節「《崔林碑》中的迴紇－薛延陀痕跡」。

〔註34〕 twn trx'n 漢譯可擬作「統達干」或「暾達干」，見於吐魯番出土的中古波斯文《摩尼教讚美詩集》（Mahrnāmag，文書編號 M1）雙頁文書的第一頁，參見克利亞什托爾內伊（С. Г. Кляшторный）著，李佩娟譯：《古代突厥魯尼文碑銘——中央亞細亞原始文獻》，哈爾濱：黑龍江教育出版社，1991 年，第 26 頁；王媛媛：《從波斯到中國：摩尼教在中亞和中國的傳播》，北京：中華書局，2012 年，第 43、50～51、83 頁。

〔註35〕 從柔然叛逃西遷自立的高車國（五世紀後期～六世紀中期）與契苾、薛延陀反叛突厥泥撅處羅可汗聯合建立的鐵勒汗國（七世紀初）都位於後來西突厥汗國的領土範圍內，高車餘部與早期加入突厥部落聯盟的異姓突厥及鐵勒諸部關係極爲密切，其名號與政體也對留居突厥興故地的西突厥具有更深厚的影響力。參見小野川秀美：〈鐵勒考〉，《民族史譯文集》第 6 集，中國社會科學院民族研究所歷史研究室資料組，1978 年；錢伯泉：〈鐵勒國史鉤沉〉，《西北民族研究》1992 年第 1 期。

〔註36〕 參見本文第 4 節「《崔林碑》中的迴紇－薛延陀痕跡」。

鐵勒部落的傳統，與東突厥本部關係不大，而在後突厥統治集團中採用該稱號的成員，則很可能出自東突厥本系之外的迴紇－薛延陀系。

2.2.

《暾欲谷碑》為暾欲谷本人自撰，其中每次提到「暾欲谷」名諱時，無論是使用全稱還是簡稱，在「暾欲谷」之前必加「毗伽」一詞，而《毗伽可汗碑》在唯一一處提到「暾欲谷」時，使用了「暾欲谷裴羅莫賀達干」的全稱，卻唯獨沒有在前面加上「毗伽」字樣，可見「毗伽」的稱號是暾欲谷本人頗為看重的，而這一稱號在後突厥復國之前，更多地見於薛延陀等鐵勒部落之中，除前面提到的阿史那思摩妻統毗伽可賀敦延陁之外，尚有薛延陀汗國首任可汗真珠毗伽可汗夷男，這也是「毗伽」首次見於可汗號中，〔註37〕而在後突厥復國之前，無論東突厥還是西突厥，其可汗號中都從未出現「毗伽」一詞，〔註38〕可汗號之外的其它名號筆者所見僅有啓民可汗兄子「毗黎伽特勤」一例，〔註39〕然而在後突厥復國之後，「毗伽」的稱號開始大規模流行，如頡利突利可汗曾孫阿史那毗伽特勤、〔註40〕默啜女賢力毗伽公主、〔註41〕毗伽可汗默棘連、頡跌利施可汗骨咄祿之妻頡利毗伽可敦（il-bilgä qatun）、〔註42〕《翁金碑》碑主毗伽沙缽羅貪汗達干（bilgä ïšbara tamɣan tarqan）、《闕利啜碑》碑主沙缽羅毗伽闕利啜（ïšbara bilgä küli čor）、突騎施賀臘毗伽欽化可汗娑葛、堅昆都督骨篤祿毗伽可汗、〔註43〕同羅都督毗伽末啜、

〔註37〕漢人梁師都曾被始畢可汗封為「大度毗伽可汗」，意為「解事天子」，但其遠非突厥－鐵勒部落，且僅為隋末東突厥扶植的多個傀儡政權之一，為時甚短，影響甚微。

〔註38〕或以為達頭可汗在都藍可汗死後所自立的可汗號「步迦」即 bilgä（毗伽）之異譯，但其對音不夠精確，且缺乏其它有力證據，茲不取。參見劉義棠：《新唐書西突厥傳考注》，《突回研究》，臺北：經世書局，1990年，第671頁；薛宗正：《突厥史》，北京：中國社會科學出版社，1992年，第170頁；楊聖敏：《資治通鑑突厥迴紇史料校注》，天津：天津古籍出版社，1992年，第41頁；護雅夫著，余大鈞譯：《〈新唐書·西突厥傳〉箋注》，《北方民族史與蒙古史譯文集》，昆明：雲南人民出版社，2003年，第132頁；羅新：《中古北族名號研究》，北京：北京大學出版社，2009年，第7頁。

〔註39〕《隋書·帝紀第三》。

〔註40〕關於阿史那毗伽特勤，參見本書第六篇《三十姓突厥考》第1節和第2節。

〔註41〕關於默啜可汗之女賢力毗伽公主，參見本書第四篇《默啜諸婿考》第2節。

〔註42〕見於突厥盧尼文《闕特勤碑》東面第11行。參見耿世民：《古代突厥文碑銘研究》，北京：中央民族大學出版社，2005年，第123頁。

〔註43〕《新唐書·突厥傳》。

〔註44〕突騎施黑姓伊里底蜜施骨咄祿毗伽可汗等等，〔註45〕可汗、可敦、葉護、設、特勤、達干、啜等官號前都頻頻出現「毗伽」字樣，闕特勤葬禮上從突騎施可汗處前來的掌印官之一就叫做「烏古斯毗伽」（oγuz bilgä），〔註46〕汗國末期的拔悉密賀臘毗伽可汗阿史那施與左右葉護迴紇闕毗伽骨力裴羅與葛邏祿頓毗伽阿波移健啜也都偏愛此號，至漠北迴紇第二汗國時，「毗伽」更成爲可汗號中極常見之一部份，〔註47〕由此可見，暾欲谷對「毗伽」稱號的鍾愛很可能來自薛延陀－迴紇的傳統。

2.3.

《暾欲谷碑》第一石西面第三、四行云：〔註48〕

> türk sir bodun yärintä bod qalmadï. ïda tašda qalmïšï qubranïp yäti yüz boltï. äki ülügi atlïγ ärti. bir ülügi yadaγ ärti.

> 在突厥－薛（sir）人民的土地上沒有留下（國家的）機體。留在荒原（直譯：木、石）中的，聚合起來爲七百人。其中兩部份騎馬，一部份步行。

同碑同石東面第十八行云：〔註49〕

> äki bïŋ ärtimiz. äki sümü boltï.

> 我們是兩千人，我們有兩軍。

突厥、鐵勒等多數北族長於馬戰，唯薛延陀獨擅步戰，〔註50〕暾欲谷在碑中如此強調復國元勳中與騎馬者相對的步行者的比重，復云其有兩軍，結合後突厥汗國中薛延陀的重要地位，〔註51〕似可推想此處的步行者

〔註44〕《資治通鑒》卷二一二。

〔註45〕《新唐書・突厥傳》。

〔註46〕《闕特勤碑》北-13：「……oγuz bilgä tamγačï ……」. 耿世民：《古代突厥文碑銘研究》，北京：中央民族大學出版社，2005年，第135頁。

〔註47〕《舊唐書・迴紇傳》；《新唐書・回鶻傳》。

〔註48〕耿世民：《古代突厥文碑銘研究》，北京：中央民族大學出版社，2005年，第95頁。

〔註49〕耿世民：《古代突厥文碑銘研究》，北京：中央民族大學出版社，2005年，第98頁。

〔註50〕《舊唐書・北狄傳》：「先是，延陀擊沙缽羅及阿史那社爾等，以步戰而勝。及其將來寇也，先講武於國中，教習步戰；每五人，以一人經習戰陣者使執馬，而四人前戰；克勝即授馬以追奔，失應接罪至於死，沒其家口，以賞戰人，至是遂行其法。」

〔註51〕參見本書第六篇《三十姓突厥考》第5節。

與兩軍之一實指代其中的薛（sir）人，亦即薛延陀餘部，而暾欲谷本人很可能正是這一集團勢力的領袖人物。此外，元代畏兀兒僕氏家族以暾欲谷為其始祖，正暗示暾欲谷同迴紇之間具有某種密切關係，而諸多證據表明，僕氏家族的始祖實為藥羅葛家族上臺統治之前的迴紇首領，亦即阿史德時健俟斤家族，〔註52〕該家族在薛延陀汗國覆亡後發展為祁連州薛延陀餘部的核心，此點又一次表明了暾欲谷的迴紇－薛延陀背景。

3. 阿史德元珍的迴紇－薛延陀背景

3.1.

在投奔骨咄祿叛軍之前，元珍任職單于府檢校降戶部落，按照迴避與牽制的慣例，其出身於突厥阿史德部的可能性不大，當時有薛延陀部落前往投奔阿史那伏念叛軍，伏念被平定後，追隨骨咄祿的叛軍中可能即有薛延陀人，〔註53〕而在單于府下二十四州都已叛亂、突厥阿史德部為叛亂組織者與掌握實權者的情況下，單于府長史王本立不太可能再派一個出身突厥阿史德部的人去招降，所以實際情況很可能是：當時王本立並不瞭解叛軍中也有薛延陀人，也不甚清楚元珍所從出的阿史德部同突厥的阿史德部有何關係，〔註54〕而元珍很可能正是出身薛延陀餘部的阿史德時健俟斤部落，因此當其前往投奔叛軍時，「骨咄祿得之，甚喜，立為阿波大達干，令專統兵馬事」，即是因為其特殊的身份可以招攬更多的薛延陀人加入，有助於穩固與擴大突厥復國運動的統一戰線。

3.2.

《資治通鑒》卷二〇三云：

> 是歲，突厥餘黨阿史那骨篤祿、阿史德元珍等招集亡散，據黑沙城反，入寇并州及單于府之北境，殺嵐州刺史王德茂。右領軍衛將軍、檢校代州都督薛仁貴將兵擊元珍於雲州，虜問唐大將為誰，應之曰：「薛仁貴！」虜曰：「吾聞仁貴流象州，死久矣，何以紿我！」

〔註52〕參見本書第五篇《阿史德與迴紇汗統》。

〔註53〕《暾欲谷碑》提到最早追隨骨咄祿起事的七百人之中有「三分之一步行」，疑與薛延陀餘部有關，參見本文第2.3節。

〔註54〕當時元珍「嘗坐事為單于長史王本立所拘繫」，有可能是受到單于府管內突厥叛亂的牽連，出於隔離同謀嫌疑者而被暫時扣押，從張說《贈太尉裴公神道碑》中「伏念弟元珍擁其餘種復叛」的敘述來看，唐朝方面對元珍的族姓與身份始終沒有一個清楚的認識。

仁貴免冑示之面，虜相顧失色，下馬列拜，稍稍引去。仁貴因奮擊，

大破之，斬首萬餘級，捕虜二萬餘人。

據此，元珍所率軍隊對薛仁貴極其忌憚，顯然之前直接或間接吃過其苦頭，且程度頗高，故而記憶深刻。考薛仁貴之戰功著在安東與安北，「三箭定天山」威震漠北，仁貴還迎娶投降部族之女子爲妾，當時漠北的實際統治勢力是以藥羅葛迴紇爲首的九姓烏古斯－鐵勒部眾，這些鐵勒部落投降唐朝之後有可能協助傳播薛仁貴的威名；〔註 55〕而薛仁貴之前剛剛同漠南的突厥及薛延陀部落之間發生過接觸，彼此配合協同征伐過奚、契丹叛軍，〔註 56〕這也有助於拓廣薛仁貴的威名在漠南突厥－薛延陀部落中的流傳，因此，阿史德元珍麾下除突厥本蕃部落之外，很可能還雜有不少曾經從屬於迴紇－薛延陀的鐵勒部落。

3.3.

《元和姓纂》與《通志·氏族略》都提到元珍曾爲「瀚海侯」，〔註 57〕「瀚海」一名向與迴紇有關，〔註 58〕而與突厥本部無涉，是爲元珍出身迴紇的又一則旁證；此外，漢文載籍提到元珍時有「阿史德」／「阿史那」之異文，〔註 59〕

〔註 55〕 黃約瑟：《薛仁貴》，西安：西北大學出版社，1995 年，第 96～109 頁；任寶磊：《薛仁貴「三箭定天山」事跡考——兼論 7 世紀中葉唐與鐵勒之關係》，《西北民族論叢》第 9 輯，北京：中國社會科學出版社，2013 年。

〔註 56〕 《新唐書·薛仁貴傳》：「（薛仁貴）俄與辛文陵破契丹於黑山，執其王阿卜固獻東都」。《新唐書·北狄傳》：「（契丹）窟哥死，與奚連叛，行軍總管阿史德樞賓等執松漠都督阿卜固獻東都。……（顯慶五年，）以定襄都督阿史德樞賓、左武侯將軍延陀梯眞、居延州都督李含珠爲冷陘道行軍總管。」《新唐書·高宗本紀》：「（顯慶五年）五月辛丑，作八關宮。戊辰，定襄都督阿史德樞賓爲沙磚道行軍總管，以伐契丹，……十二月，阿史德樞賓及奚、契丹戰，敗之。」另可參見黃約瑟：《薛仁貴》，西安：西北大學出版社，1995 年，第 92～95 頁。

〔註 57〕 《通志·氏族略》：「阿史德氏：突厥始善可汗之裔，別號阿史德氏。通天司賓卿，瀚海侯阿史德元珍，右武衛大將軍阿史德覽，並其後也。」《元和姓纂》關於阿史德元珍的記載與之略同。岑仲勉認爲此處之阿史德元珍與附骨咄祿起兵叛亂之阿史德元珍爲同名異人，然並無根據，而其官號與「檢校降戶部落」有別，恰恰表明在漢人制度中官稱名號也不是一成不變的。參見林寶撰，岑仲勉校記：《元和姓纂》，北京：中華書局，1994 年，第 575 頁；鄭樵撰，王樹民點校：《通志二十略》，北京：中華書局，1995 年，第 184 頁。

〔註 58〕 迴紇在薛延陀汗國亡後漠北鐵勒部落歸降唐朝時期設有瀚海都督府，迴紇首領世襲瀚海都督。

〔註 59〕 《新唐書·王方翼傳》：「阿史那元珍入寇，被詔進擊。」《文獻通考》卷三四

而在提到時健俟斤時也存在類似現象，〔註60〕則進一步暗示：元珍可能出於
迴紇－薛延陀的時健俟斤家族，其族姓「阿史德」在當時常被誤記爲「阿史
那」。

4.《雀林碑》中的迴紇－薛延陀痕跡

　　《雀林碑》又稱《喬連碑》或《喬連石雕》，因其碑文簡短，又殘缺不全，
國內學者對其尚無研究，僅有耿世民及劉戈等人的簡要介紹。〔註61〕《雀林
碑》一般被認作是迄今爲止年代最早的突厥盧尼文碑銘，緣於其中提到的「頡
跌利施可汗」（ilteriš qaγan）正是後突厥汗國創建者骨咄祿的可汗號。克利亞
什托爾內是《雀林碑》較早期的研究者，他從中釋讀出了「暾〔欲谷〕」（ton[uquq]）
一詞，結合碑上的阿史德與阿史那印記，推論該碑銘可能是暾欲谷協助骨咄
祿統率後突厥人平定九姓鐵勒、重返漠北鬱督軍山之後不久建成的。〔註62〕
後來的研究表明，這一釋讀尚存爭議，ton[uquq]也可釋讀爲 tolqu 或 toluq，
〔註63〕若然，則《雀林碑》中就沒有出現「暾欲谷」之名，不過這對克氏關
於該碑創建背景的研究結論並無實質性影響，因爲其中出現的其它專名及印
記，已足以證明克氏的推論。

　　除「頡跌利施可汗」之外，《雀林碑》中還出現了「頓毗伽」（tun bilgä）
和「頓移健俟斤」（tun yigän irkin）等詞，關於「頓」與「毗伽」的稱號來自
以迴紇－薛延陀爲代表的鐵勒傳統的討論，已見於本文第 2.1 節及第 2.2 節，
此處的「移健」也與之類似，除見於參與反抗默啜的迴紇別部首領移健頡利

　　　○：「其後滋繁，分爲六州，至阿史那元珍叛還故地。」《文獻通考》卷三四三：
　　　　「至阿史那元珍習中國風俗，知邊塞虛實，在單于檢校降戶部落，嘗坐事爲
　　　　單于長史王本立所拘繫。」
〔註60〕參見本書第一篇《薛延陀亡時迴紇首領易統探微》。
〔註61〕耿世民：《古代突厥文碑銘研究》，北京：中央民族大學出版社，2005 年，第 45
　　　　頁；劉戈：《鄂爾渾突厥文碑銘與鄂爾渾回鶻史》，《新疆文物》1991 年第 3 期。
〔註62〕克里亞什托爾內依著，陳弘法譯：《喬連石雕上的古代突厥銘文》，《蒙古史研
　　　　究參考資料》第 22 輯，1982 年 7 月。
〔註63〕突厥盧尼文的硬/l/字母和硬/n/字母比較接近，不易辨識。參見塞爾特卡亞
　　　　（Osman Fikri Sertkaya）關於雀林碑的研究史的文章：Göktürk harfli Çoyr
　　　　Yazıtı // PIAC, XXXIX, Szeged, 1996 – Istanbul, 1996. 較新的相關研究還可參
　　　　見：İgor Kormuşin, Çoyr Runik Kitabesinin Yeni Okuma Yorumlaması Hakkında.
　　　　Orhon Yazıtlarının Bulunuşundan 120. Yıl Sonra Türklük Bilimi ve 21. Yüzyıl
　　　　Konulu III. Uluslararası Türkiyat Araştırmaları Sempozyumu Bildiriler Kitabı. Ed.
　　　　Ülkü Çelik Şavk. Ankara：Türk Dil Kurumu Yay, 2011, pp. 511-518.

發及推翻後突厥的葛邏祿頓毗伽阿波移健啜之外，還見於《闕利啜碑》中 šir 俟斤之子 yigän čor（移健啜），〔註64〕更頻繁地見載於後世西域出土的回鶻文文獻中，顯是極爲常見的回鶻人名號，〔註65〕則「頓毗伽」與「頓移健俟斤」很可能正是擁護、追隨以暾欲谷爲領袖的薛延陀－迴紇阿史德系的鐵勒部落的代表人物，而其中的「頓移健俟斤」即使不是後來的「迴紇別部首領移健頡利發」，也很可能是其父輩或同族人，「迴紇別部」一稱，正是相對於之前爲後突厥所逼南下投唐、遷徙到甘涼地區的瀚海都督迴紇藥羅葛系而言；關於「迴紇別部首領移健頡利發」與薛延陀及阿史德之關係，本文第 6 節中還會論及。

　　《雀林碑》中另一引人注目之點，是位於雕像左下部的一上一下兩個印記。其中下方的印記與見於盧尼文《闕特勤碑》、《毗伽可汗碑》及《翁金碑》上方的突厥可汗家族印記即公山羊形線圖的「阿史那印記」極爲相似，而上方的印記據克氏推測是「阿史德印記」。〔註66〕問題在於，究竟是哪個「阿史德」？是突厥阿史德還是迴紇－薛延陀阿史德？筆者認爲答案當是後者，《唐會要·諸蕃馬印》中的記載其實已經有所暗示，再結合《雀林碑》上的印記，則基本可以確認此一推論。在《唐會要·諸蕃馬印》中，關於「阿史德馬」的記載共出現三次，其對應的三個馬印也各不相同。關於「阿史德馬」的後兩次記載是位於「蘇農馬」與「執失馬」之間的「闌阿史德馬」和「拔延阿史德馬」，屬於「定襄府所管」，顯然這四種馬正對應《新唐書·地理志》中

〔註64〕　《闕利啜碑》東-21：「šir irkin oylï yigän čor kätli.」參見耿世民：《古代突厥文碑銘研究》，北京：中央民族大學出版社，2005 年，第 181 頁。

〔註65〕　「移健」的突厥－回鶻語原文爲 yigän、yägän 或 yegän，本義爲「侄、甥」，常用作回鶻人名號，今人也譯作「依干」或「葉干」，參見哈密頓著，耿昇、穆根來譯：《五代回鶻史料》，烏魯木齊：新疆人民出版社，1986 年，第 179～180 頁；張廣達、耿世民：《唆里迷考》，《西域史地叢稿初編》，上海：上海古籍出版社，1995 年，第 45 頁；楊富學、牛汝極：《沙州回鶻及其文獻》，蘭州：甘肅文化出版社，1995 年，第 85、95、105、108、113、114、119、124、194、209、228 頁；李經緯：《回鶻文社會經濟文書研究》，烏魯木齊：新疆大學出版社，1996 年，第 138 頁；楊富學：《西域敦煌宗教論稿》，蘭州：甘肅文化出版社，1998 年，第 239、261、262 頁；王媛媛：《從波斯到中國：摩尼教在中亞和中國的傳播》，北京：中華書局，2012 年，第 49、80、83 頁。

〔註66〕　克里亞什托爾内依著，陳弘法譯：《喬連石雕上的古代突厥銘文》，《蒙古史研究參考資料》第 22 輯，1982 年 7 月。還可參見護雅夫著，林慧芬譯：《游牧國家的「文明化」──突厥游牧國家》，《早期中國史研究》第 2 卷第 1 期，2010 年，第 234 頁。

關內道突厥府州之定襄都督府轄下四州：阿德州、執失州、蘇農州、拔延州，其中「闥阿史德馬」對應阿德州（阿史德州），則「闥阿史德」當爲突厥阿史德。關於「阿史德馬」的前一次記載則頗奇怪：「阿史德馬，與蘇農、執失同類，在陰山北庫延谷北，西政連州……」記載的相鄰位置，之前有赤馬、餘沒渾馬、苾羽馬、俱羅勒馬等，都與磧北迴紇馬同種或相類；之後有思結馬、匐利羽馬、契苾馬、奚結馬等，則都與磧南突厥馬同種或相類；唯獨此處的阿史德馬，介於磧北迴紇馬與磧南突厥馬之間，既「與蘇農、執失同類」，當更接近磧南突厥馬，然而其地理位置則頗特殊，「西政連州」一語，殊不可解，岑仲勉認爲係「今祁連州」之訛，〔註67〕所見甚是，聯繫到唐廷曾設祁連州安置薛延陀阿史德時健俟斤部落，〔註68〕又其馬印較定襄府管下之闥阿史德更接近《雀林碑》上之阿史德印記，〔註69〕故此阿史德當爲迴紇－薛延陀阿史德。

　　由此可知，後突厥汗國統治集團中的阿史德，其核心部份實並非突厥本部的阿史德，而是迴紇－薛延陀的阿史德，暾欲谷與元珍，無論其是否同一人，都屬此一集團，並且應爲其領袖之一，唐廷所記阿史德馬印，當爲其在後突厥時期交往獲知，與突厥本部之闥阿史德有所不同，正是這一情形的反映；而突厥本部阿史德的衰落，則可能與單于大都護府叛亂時期奉職、溫傅等突厥阿史德部酋對可汗阿史那伏念的背叛與離棄有關，另外也可能與唐廷對其首倡叛亂的殘酷鎮壓不無干係。

5. 《闕利啜碑》與暾欲谷

　　《闕利啜碑》中出現了另一個「暾欲谷」，即「čïqan tonyuquq」，耿世民譯爲「齊干‧暾欲谷」，〔註70〕芮傳明則譯爲「赤汗暾欲谷」，〔註71〕此人爲碑主毗伽闕利啜之父，故又稱「元老闕利啜」（uluɣ küli čor）。關於此暾欲谷與《暾欲谷碑》碑主毗伽暾欲谷之關係，至今爭議未定，不過據巴贊研究，《闕

〔註67〕　岑仲勉：《突厥集史》，北京：中華書局，1958 年，第 654 頁。

〔註68〕　參見本書第一篇《薛延陀亡時迴紇首領易統探微》。

〔註69〕　關於《唐會要‧諸蕃馬印》的較新整理與研究，參見羅豐：《規矩或率意而爲？——唐帝國的馬印》，《唐研究》第 16 卷，北京：北京大學出版社，2010 年，第 137〜138 頁。

〔註70〕　耿世民：《古代突厥文碑銘研究》，北京：中央民族大學出版社，2005 年，第 178 頁。

〔註71〕　芮傳明：《古突厥碑銘研究》，上海：上海古籍出版社，1998 年，第 302、305 頁。

利啜碑》的意識形態是最接近《暾欲谷碑》的，即都屬於保守的老突厥派，在碑文中有意識地拒絕使用新突厥派崇奉的漢人曆法，〔註72〕僅從這一點來說，元老闕利啜已存在與毗伽暾欲谷相似的背景；其次，《闕利啜碑》中提到元老闕利啜卒於八十歲時，〔註73〕這也與毗伽暾欲谷吻合；〔註74〕再次，根據大澤孝對《闕利啜碑》較新之錄文，元老闕利啜實卒於毗伽可汗時期，而非以往認為的骨咄祿或默啜時期，這就再一次與毗伽暾欲谷之卒年吻合。〔註75〕另外，根據碑銘的敘述，闕利啜家族為達頭部領袖，在毗伽可汗時期主要活動於汗國西部，這也與漢文載籍中暾欲谷出現的地域相接近，而由前述暾欲谷之迴紇－薛延陀背景可知，其故地本就位於西部一帶，故與達頭部亦相符合。

　　除此之外，尚有另一證據可將闕利啜家族與暾欲谷家族聯繫起來，這就是《闕利啜碑》中提到的元老闕利啜之稱號「čïqan」。筆者以為，「čïqan」正是漢譯「時健」之突厥語原文：「時健」的中古音，高本漢構擬為*ẓi-gʹien，〔註76〕蒲立本構擬為*dẓi-gianʰ，〔註77〕與「čïqan」基本接近，「時」、「健」二字中古分別屬於禪母與群母，用禪母的「時」和群母的「健」來對譯「č」音和「qan」音，在當時並不少見，前者的例子，可以舉出中亞粟特地區昭武九姓之一的石國，唐代漢譯別名又作「赭時」，其粟特語原文為「čač」，「時」正對譯「č」音；〔註78〕後者的例子，則可以舉出中亞地區的呾剌健國，《新

〔註72〕 路易・巴贊著，耿昇譯：《突厥曆法研究》，北京：中華書局，1998 年，第 217 頁。

〔註73〕 路易・巴贊著，耿昇譯：《突厥曆法研究》，北京：中華書局，1998 年，第 215～217 頁；芮傳明：《古突厥碑銘研究》，上海：上海古籍出版社，1998 年，第 302、305 頁。

〔註74〕 毗伽暾欲谷可能生於 646 年之前不久，卒於 726 年之後，享年 80 多歲，參見路易・巴贊著，耿昇譯：《突厥曆法研究》，北京：中華書局，1998 年，第 223 頁。

〔註75〕 Takashi ŌSAWA：《Who Was Apa Tarkan during the Reign of the Second Eastern Turkic Kaghanate in Mongolia?》，《歐亞學刊》第 6 輯，北京：中華書局，2007 年。

〔註76〕 高本漢著，潘悟雲等譯：《漢文典》，上海：上海辭書出版社，1997 年，第 429、112 頁。

〔註77〕 E. G. Pulleyblank（1991）：*Lexicon of Reconstructed Pronunciation in Early Middle Chinese, Late Middle Chinese, and Early Mandarin.* Vancouver：University of British Columbia Press. pp. 282, 147.

〔註78〕 慧超原著，張毅箋釋：《往五天竺國傳箋釋》，北京：中華書局，2000 年，第 125 頁。

唐書》作「多勒健」，其波斯語原文爲「talaqan」，「健」正對譯「qan」音。
〔註79〕然則漢文「時健」正可對譯突厥文「čïqan」。〔註80〕

　　「時健／čïqan」與「移健／yigän」相類似，都是鐵勒人喜愛的稱號之一，其本義分別爲「母系外甥、姨表兄弟」與「侄、甥」，〔註81〕見於漢文載籍的「時健」稱號有如下例子：〔註82〕

　　　　迴紇菩薩之父時健俟斤；

　　　　薛延陀阿史德時健俟斤；

　　　　同羅頡利發時健啜；〔註83〕

　　　　西突厥公主時健大官；〔註84〕

　　　　處密時健俟斤；〔註85〕

〔註79〕玄奘、辯機原著，季羨林等校注：《大唐西域記校注》，北京：中華書局，2000年，第127頁。

〔註80〕突厥語詞 čïqan 在鄂爾渾盧尼文碑銘中僅見於《闕特勤碑》和《闕利啜碑》，關於該詞的漢文對音及詞源，早期研究者如湯姆森等猜測其來自漢語「旗官」，韓儒林、耿世民、林幹等均沿襲其說，岑仲勉將「旗官」糾正爲「署官」，芮傳明對兩說均不贊同，認爲該詞在《闕特勤碑》中表示皇姨弟，在《闕利啜碑》中則表示類似「御弟」的榮耀性稱號，音譯作「赤汗」。參見岑仲勉：《突厥集史》，北京：中華書局，1958年，第906頁；韓儒林：《韓儒林文集》，南京：江蘇古籍出版社，1990年，第446頁；芮傳明：《古突厥碑銘研究》，上海：上海古籍出版社，1998年，第305頁；耿世民：《古代突厥文碑銘研究》，北京：中央民族大學出版社，2005年，第182頁；林幹：《突厥與迴紇史》，呼和浩特：內蒙古人民出版社，2007年，第322頁。在筆者之前，已有祖耶夫（Ю. А. Зуев）提出 čïqan 可復原爲阿史德時健俟斤中的「時健」，並將其與中亞穆格山出土粟特文書中的 chk'yn 相聯繫（見下文），不過祖耶夫關於該詞詞源的觀點卻是：其來自漢語「筮官」，即負責占卜的官員，以此論證其關於阿史德是專職負責占卜與監察的部落的主張，參見 Ю. А. Зуев, Каганат Се-яньто и кимеке（к тюркской этногеографии Центральной Азии в середине VII в.）, Shygys, 2004, № 1, c. 11-21, 2004, № 2, c. 3-26.

〔註81〕參見葛瑪麗（Annemarie von Gabain）著，耿世民譯：《古代突厥語語法》，呼和浩特：內蒙古教育出版社，2004年，第316，356頁。關於「čïqan」之本義，另參見芮傳明：《古突厥碑銘研究》，上海：上海古籍出版社，1998年，第261頁；耿世民：《古代突厥文碑銘研究》，北京：中央民族大學出版社，2005年，第182頁。

〔註82〕「時」或作「特」／「持」，「健」或作「健」，當爲異譯或訛寫。

〔註83〕《資治通鑑》卷一九八；《新唐書‧回鶻傳》。

〔註84〕姜伯勤：《敦煌吐魯番文書與絲綢之路》，北京：文物出版社，1994年，第102頁。

〔註85〕《舊唐書‧契苾何力傳》。

龜茲王蘇伐疊時健莫賀俟利發；〔註86〕

吐火羅使持健；〔註87〕

上述前兩人，根據本書第一篇《薛延陀亡時迴紇首領易統探微》的論證，已被考定為同一人；同羅為鐵勒強部，與迴紇－薛延陀關係密切，在後突厥汗國末期的「阿史那革命」中屬於阿史德一系；西突厥公主、處密、龜茲與吐火羅則均屬西突厥，其稱號受鐵勒影響強烈；另外還有一例，見於中亞穆格山出土粟特文書，其中提到迪瓦什梯奇（Dīvāshtīch）之前的噴赤干領主為「ck'yn cwr βylk"」，馬小鶴譯為「奇金啜毗伽」，並指出其為突厥式稱號，筆者案，「ck'yn cwr βylk"」的突厥語原文，應即「čïqan čor bilgä」，依唐代漢譯習慣可擬作「時健啜毗伽」，此人出自胡祿屋部，為西突厥十箭咄陸系部落之首領，〔註88〕此「時健啜」與薛延陀汗國覆亡時的同羅頡利發同名，而其稱號中兼有「毗伽」，再次佐證西突厥之稱號受到鐵勒的影響強烈。

根據大澤孝的較新錄文，〔註89〕元老闕利啜的稱號發生過三次變化，第一次是為「čïqan tonyuquq」即「時健暾欲谷」加上了「apa」即「阿波」的稱號，第二次是晉升為「ïsbara čïqan küli čor」，即「沙缽羅時健闕利啜」，第三次則是為「küli čor tonyuquq」即「闕利啜暾欲谷」加上了「čabïš」即「車鼻施」的稱號，由此可知，元老闕利啜的稱號並非一成不變，「時健暾欲谷」可能是其早期的稱號，而第一次所加的「阿波」稱號也許正可以和阿史德元珍投奔骨咄祿之後被立為「阿波大達干」一事相聯繫。若上述論證可從，則元老闕利啜又名時健暾欲谷，即為出自迴紇－薛延陀阿史德時健俟斤部落之暾欲谷，自號毗伽暾欲谷，其一子為沙缽羅毗伽闕利啜，其女則為毗伽可汗正妻娑匐可敦，這一勘同，或許可從其中找到更為堅實之論據；此外，《闕利啜碑》中所述闕利啜葬禮規格之高，凸顯可汗家族對其之倚重，而如此地位，似乎也只有阿史德暾欲谷這一可敦家族才能與之相配。

〔註86〕《新唐書・西域傳》：「龜茲……子蘇伐疊立，號時健莫賀俟利發」。

〔註87〕《冊府元龜》卷九七五：「（開元）十一月己卯，吐火羅遣使持健來朝，授中郎將，賜紫袍金魚袋」。

〔註88〕馬小鶴：《米國缽息德城考》，《中亞學刊》第 2 輯，北京：中華書局，1987年。

〔註89〕Takashi ŌSAWA：《Who Was Apa Tarkan during the Reign of the Second Eastern Turkic Kaghanate in Mongolia?》，《歐亞學刊》第 6 輯，北京：中華書局，2007年。

6. 迴紇二統之交嬗

　　見諸史籍的第一位迴紇首領，是隋末的時健俟斤，其子菩薩繼位後，率領迴紇擊敗東突厥大軍，成爲隨後建立的薛延陀汗國最重要的支柱，這一系統治氏族出自阿史德部，與突厥本部關係密切，其姻族則很可能爲霫／白霫部。〔註90〕在薛延陀汗國覆亡時，多彌可汗前去投奔唇齒相依的迴紇阿史德部，遭迴紇另一系首領胡祿俟利發吐迷度追殺，宗族被屠戮殆盡，迴紇阿史德部也傷亡慘重，此後迴紇的統治氏族便轉變爲吐迷度所從出的藥羅葛部。

　　藥羅葛部很可能是被突厥征服之前迴紇內部的傳統強部，爲從阿史德部手中奪取迴紇的統治權、進而稱霸整個漠北，吐迷度蓄謀已久，不惜勾結割據金山的東突厥餘部車鼻可汗阿史那斛勃，與其結爲姻親，〔註91〕而在漠北鐵勒歸順唐朝、設立六府七州之後，吐迷度對外爲唐朝之瀚海都督，統管漠北諸府州，對內自稱可汗，成爲漠北鐵勒諸部事實上的統治者，這便是藥羅葛氏所建的漠北迴紇第一汗國。

　　另一方面，殘存的迴紇阿史德部和白霫部與薛延陀餘部聯合起來，在唐朝的安撫下休養生息，在征討奚、契丹等蕃族叛亂的戰爭中，他們同先前投降唐朝的東突厥餘部也逐漸走到了一起，〔註92〕最終在調露年間的單于大都護府叛亂爆發之後，他們擺脫了唐朝的統治，回到漠北又征服了鐵勒諸部，迫使親唐的迴紇藥羅葛部及其盟友契苾、思結、渾三部渡磧南下，撤退到甘涼之間，至此，漠北三十姓的突厥第二汗國宣告成立，而迴紇阿史德部復成爲汗國中最重要的支柱，一如六十年前在薛延陀汗國中那樣。當此之時，漠

〔註90〕　參見本書第一篇《薛延陀亡時迴紇首領易統探微》及第五篇《阿史德與迴紇汗統》。貞觀年間薛延陀眞珠毗伽可汗夷男發動的侵唐戰爭中，其主力除本部薛延陀與迴紇及鐵勒傳統強部同羅、僕固外，即有霫部參加；薛延陀國亡之後，唐朝爲迴紇阿史德餘部設祁連州，爲白霫餘部設居延州，從州名上看，兩者地域相距當不遠，其間關係也非同一般。關於霫與白霫之關係，參見馮繼欽：《霫與白霫新探》，《社會科學輯刊》1995年第3期；周偉洲：《霫與白霫考辨》，《社會科學戰線》2004年第1期。

〔註91〕　吐迷度兄子烏紇與部下俱陸莫賀達官俱羅勃俱爲車鼻之婿，見《舊唐書·迴紇傳》、《新唐書·回鶻傳》。

〔註92〕　《新唐書·北狄傳》載：「（顯慶）五年，以定襄都督阿史德樞賓、左武候將軍延陀梯眞、居延州都督李含珠爲冷陘道行軍總管。」此三人分別爲突厥阿史德餘部、薛延陀餘部及白霫餘部之首領，能將此素無瓜葛之諸部聯繫起來之勢力，只能是迴紇阿史德餘部，因其與之分別爲同源部落、唇齒部落及通婚部落。

北迴紇的統治氏族遂又轉變回爲阿史德時健俟斤一系，而其首領毗伽暾欲谷很可能正是時健及菩薩之直系後裔。〔註93〕

在默啜統治時期，暾欲谷一度被貶抑，其部落氏族很可能也受牽連遭到排擠，本文第 4 節中曾提到《雀林碑》中有頓移健俟斤，與反抗默啜統治南下投唐的迴紇別部首領移健頡利發可能爲同一人或其父輩族人，而與移健頡利發一同南下的鐵勒四部中，除了以殺死默啜的頡質略爲首的拔野古和傳統強部同羅、僕固之外，又一次出現了以比言爲首的霫部。〔註 94〕毗伽可汗默棘連即位後，作爲其岳父的暾欲谷重新出山，其部落氏族也再度得勢，而當暾欲谷、默棘連歿後，以暾欲谷之女婆匐可敦爲首的阿史德部長期把持朝政，終於引發了後突厥汗國末年的內戰，此即《九姓回鶻可汗碑》中所謂「阿史那革命」。

7.「阿史那革命」與迴紇藥羅葛之二次建國

「阿史那革命」發生於漠北突厥第二汗國末期，初爲後突厥宗室諸阿史那氏起兵反對被可敦部族阿史德氏把持之汗廷，而內亂迅即擴大，局勢遂一發不可收拾，各方爭相招引外蕃及異族勢力介入助戰。至內亂後期，混戰各方逐漸形成兩大陣營，一方爲拔悉密、葛邏祿和迴紇，其盟主爲以阿史那施爲首領的拔悉密，另一方爲阿史德、阿布思等部及其把持下之毗伽可汗系阿史那汗室，亦即突厥本部與忠於其統治之鐵勒諸部。〔註95〕

這一對比頗耐人尋味，特別需要指出的是，此處與拔悉密、葛邏祿結盟的迴紇並非當時漠北迴紇的主部阿史德系迴紇（即唐人眼中的「迴紇別部」），而是十餘年前因不堪唐朝地方官吏打壓從甘涼叛亂北返之藥羅葛系迴紇，其首領護輸、骨力裴羅父子爲甘涼末代瀚海都督迴紇承宗之族人，俱出自吐迷度一系，而骨力裴羅在後突厥內亂之初選擇與拔悉密、葛邏祿結盟，也是淵

〔註93〕參見本文第 5 節及第 8 節之論證。

〔註94〕關於默啜覆亡之際南下投唐九姓五都督（即迴紇、拔野古、同羅、僕固與霫等鐵勒五部）之辨析，參見岑仲勉：《突厥集史》，北京：中華書局，1958 年，第 404～407 頁。另據《新唐書・回鶻傳》：「……獨解支死，子伏帝匐立。明年，助唐攻殺默啜，於是別部移健頡利發與同羅、霫等皆來，詔置其部於大武軍北。」雖撰史者並不明瞭「別部」（即阿史德）與藥羅葛部之關係，這一記載卻特別突出了同羅、霫與迴紇—薛延陀阿史德部之密切聯繫。

〔註95〕小野川秀美認爲後突厥末期九姓首領爲同羅阿布思，參見小野川秀美：《鐵勒考》，《民族史譯文集》第 6 集，中國社會科學院民族研究所歷史研究室資料組，1978 年。

源有自——當時把持汗室之阿史德系乃其宿敵，絕難接近，而早在百年之前，吐迷度謀建漠北迴紇第一汗國之時，曾先與割據金山之突厥車鼻可汗聯姻，其時車鼻國內之主要部落即爲拔悉密與葛邏祿，而車鼻之子羯漫陀統領拔悉密，降唐後置新黎州，車鼻治下之葛邏祿降唐後則置狼山州與渾河州，也都歸迴紇藥羅葛統領之磧北燕然都護府（即安北都護府之前身）管轄；〔註96〕另一方面，暾欲谷與闕利啜曾分別擊破過拔悉密與葛邏祿，〔註97〕是則後兩者對後突厥國家並不忠誠，甚至可以說是叛服無常，並且同阿史德部積怨甚深，正基於此，北返之後孤掌難鳴卻又處心積慮欲再建迴紇汗國之藥羅葛與之一拍即合，遂趁突厥內亂之機，建立聯盟，共同反對阿史德，先推拔悉密首領阿史那施爲盟主，利用其阿史那血統之號召力，推翻宿敵阿史德把持之後突厥汗室，待勝局已定後，便立即敗盟，聯合歸順之鐵勒諸部，將拔悉密與葛邏祿各個擊破，「數歲之間，復得我舊國」，〔註98〕於是，時隔百年之後，迴紇藥羅葛部又一次在漠北建立了汗國，此即《鐵爾痕碑》東面第三行中所謂「我們的可汗第二次登了位」。〔註99〕

〔註96〕參見李大龍：《有關唐安北都護府的幾個問題》，《北方文物》2004年第2期；艾沖：《關於唐代單于都護府的兩個問題》，《民族研究》2002年第3期。

〔註97〕暾欲谷曾於開元六年（716）率突厥軍隊擊敗孤軍深入的拔悉密，並將其尾追至北庭附近後全部擄獲，參見李宗俊：《開元六年〈征突厥制〉史事考辨》，《元史及民族與邊疆研究集刊》第20輯，上海：上海古籍出版社，2008年。關於闕利啜對葛邏祿的征討，參見克利亞什托內（С. Г. Кляшторный）著，李佩娟譯：《古代突厥魯尼文碑銘——中央亞細亞原始文獻》，哈爾濱：黑龍江教育出版社，1991年，第69頁；伯恩什達姆（Александр Натанович Бернштам）著，楊訥譯：《6至8世紀鄂爾渾葉尼塞突厥社會經濟制度（東突厥汗國和點戛斯）》，烏魯木齊：新疆人民出版社，1997年，第65～67頁；芮傳明：《古突厥碑銘研究》，上海：上海古籍出版社，1998年，第303～305頁；耿世民：《古代突厥文碑銘研究》，北京：中央民族大學出版社，2005年，第180～181頁。

〔註98〕此句緊接「〔阿〕史那革命」，參見《九姓回鶻可汗碑》第V行，林梅村：《九姓回鶻可汗碑研究》，《古道西風——考古新發現所見中西文化交流》，北京：三聯書店，2000年。

〔註99〕關於迴紇先後兩次建立漠北汗國一事，在迴紇盧尼文碑銘的記述中也有所體現，但因碑文殘缺漫漶，諸家解讀復原不同，故尚難獲得一致見解。耿世民早先曾將《磨延啜碑》北面第二行釋讀爲「（在那裏迴紇可汗）第二次（建國）登位」，後來又改譯爲「他在於都斤（山林）及其附近之間（建國）登位」，轉而將《鐵爾痕碑》東面第三行釋讀爲「在於都斤國家（el）及其周圍地區，在鄂爾渾河流域，我們的可汗第二次登了位」；對於《鐵爾痕碑》東面第三行到第五行，諸家釋讀不一，哈爾馬塔（János Harmatta）借助《磨延啜碑》、《鐵

正是在這樣的動亂背景之下，暾欲谷家族發生了分裂，由毗伽可敦率領的一支南下降唐，留處漠北色楞格河故地的一支，則與藥羅葛政權合作，代居高位，其後世輾轉高昌、內地，至或遠徙海東高麗，繁衍成爲僕氏等大族。〔註 100〕

8. 暾欲谷與阿史德元珍

《闕利啜碑》中出現的「暾欲谷」，使羅新認爲，「tonyuquq 作爲一組官號，在突厥第二汗國時代使用得並不罕見」，〔註 101〕而據本文第 5 節之論證，這兩者很有可能是同一人，即「毗伽暾欲谷」實爲「時健暾欲谷」的另一個稱號，後者即「元老闕利啜」，是沙鉢羅毗伽闕利啜之父。事實上，「tonyuquq」作爲一組官號，在突厥第一汗國時代當已出現，毗伽暾欲谷的「tonyuquq」一稱很可能正是從前人承襲而來。此處提出關於暾欲谷得名的一種推測：根據本文上述之論證，暾欲谷出自阿史德時健俟斤－菩薩家族，從年齡上看，暾欲谷生於薛延陀汗國覆亡前後，〔註 102〕當爲菩薩之孫輩，其父之出生時間則可能距東突厥汗國覆亡前後不遠，從闕利啜父子稱號中都帶有闕利啜來看，很可能暾欲谷這一稱號也出現在暾欲谷之父即菩薩之子的

茲碑》及《闕特勤碑》中對應位置的平行文本進行復原，將其釋讀爲：「之後因爲上面藍色天空和下面褐色大地的恩典和眷顧，我的先輩們統治了 80 年。在於都斤及其周圍地區，及鄂爾渾河中部統治著。在鄂爾渾河沿岸居住的人民，在十姓回鶻（On Uyγur）九姓烏古斯（Toquz Oγuz）之上統治著。之後突厥（和）欽察統治了 50 年。其後於〔鼠〕年，我父親在上面藍色天空和下面褐色大地的又一次〔擁戴下成爲了可汗……〕」，據此似可表明迴紇人確實保有先後兩次在漠北建立汗國的歷史記憶。參見耿世民譯《迴紇突厥文碑銘譯文》，收入林幹、高自厚：《迴紇史》，呼和浩特：內蒙古人民出版社，1994年，第 375 頁；耿世民：《古代突厥文碑銘研究》，北京：中央民族大學出版社，2005 年，第 194、212 頁；片山章雄：《タリアト碑文》，《モンゴル國現存遺蹟·碑文調査研究報告》，大阪：中央ユーラシア學研究會，1999 年；János Harmatta：Az onogur vándorlás, *Magyar Nyelv* LXXXVII（1992），257-272.

〔註 100〕參見尚衍斌：《元代畏兀兒研究》，北京：民族出版社，1999 年，第七章《畏兀兒僕氏家族研究》；田衛疆：《蒙古時代維吾爾人的社會生活》，烏魯木齊：新疆美術攝影出版社，1995 年，第二章第三節《維吾爾族僕氏譜系研究》；另請參見本書第五篇《阿史德與迴紇汗統》。

〔註 101〕羅新：《再說暾欲谷其人》，《文史》2006 年第 3 輯，收入羅新《中古北族名號研究》，北京：北京大學出版社，2009 年。

〔註 102〕巴贊認爲，暾欲谷可能生於 646 年之前不久，卒於 726 年之後，享年 80 多歲，參見路易·巴贊著，耿昇譯：《突厥曆法研究》，北京：中華書局，1998 年，第 223 頁。

稱號之中，考菩薩在馬鬃山一戰中大破東突厥之欲谷設（五千破十萬），威震大漠南北，迴紇由此而興盛，很可能菩薩正因此將所敗敵人之稱號作爲自己新生兒子之名，〔註103〕而「欲谷設」可能則是「暾欲谷設」（tonyuquq šad）之省稱。〔註104〕薛延陀汗國覆亡後，阿史德時健俟斤餘部內遷唐朝，被安置在新建之祁連州及東皐蘭州，暾欲谷便在這樣的環境之下出生成長，是以其在自撰碑銘中起首便說「我，毗伽暾欲谷，生長於唐朝」（bilgä tonyuquq bän özüm tabɣač iliŋä qïlïntïm）。〔註105〕

再看阿史德元珍，其出生時間難以確定，但從其事跡背景來推測，當與暾欲谷爲同時代人；元珍早年曾爲質於唐朝京城，對漢地人文及邊塞軍情都有一定瞭解，〔註106〕這也是骨咄祿起事後元珍前去投奔時骨咄祿得之大喜的重要原因之一；「元珍」顯然爲漢名，其蕃名原文，經克氏等人論證，已基本確認正是 tonyuquq，〔註107〕類似的例子還可以舉出骨咄祿起事前所屬之雲中都督舍利元英，「元英」顯然也是一個漢名，其蕃名原文當爲「ton alp」或「ton baɣa」，亦即漢文音譯之「吞阿婁拔」或「頓莫賀」，因當時隸屬於唐朝，不少突厥－鐵勒官員都有漢名，而在復國之後，民族主義意識迅即復活，其又恢復蕃名本稱，亦屬自然。

元珍之蕃名既與暾欲谷相同，其時代復相接近，其事跡與功勳又相匹敵，其在後突厥國中地位與尊寵又相吻合，加以本文上述諸方面之論證，其爲不同二人之可能性顯然已非常之小。是則漢文載籍中毗伽可汗時期復出之暾欲

〔註103〕北方民族首領有以所敗敵族首領之名作爲自己新生兒之名的慣例，例如成吉思汗之名鐵木眞，即得自其父也速該所敗之塔塔兒人首領鐵木眞兀格，參見韓儒林主編《元朝史》，北京：人民出版社，1986 年，第 65 頁。

〔註104〕此欲谷設爲頡利可汗之姪或子，頡利可汗有弟統特勤，可知「統／暾（ton / tun）」之稱號在頡利汗室子弟中並不罕見，而其漢譯則有可能被省略。關於此欲谷設之出身，史料記載不一，有頡利可汗之子、之弟及兄子等多種說法，朱振宏考訂其本爲頡利可汗之兄始畢可汗之子、突利可汗什鉢苾之弟，因收繼婚制度而成爲頡利可汗之子，參見朱振宏：《阿史那婆羅門墓誌箋證考釋》，《魏晉南北朝隋唐史資料》第 28 輯，武漢：武漢大學出版社，2012 年，第 133～139 頁。

〔註105〕耿世民：《古代突厥文碑銘研究》，北京：中央民族大學出版社，2005 年，第 94 頁。

〔註106〕《新唐書・薛登傳》：「時四夷質子多在京師，如論欽陵、阿史德元珍、孫萬榮，皆因入侍見中國法度，及還，並爲邊害。」

〔註107〕相關討論參見芮傳明：《古突厥碑銘研究》，上海：上海古籍出版社，1998 年，第 285～287 頁。

谷正是骨咄祿復國初期之重臣阿史德元珍，不過其時唐人已無法將漢名「元珍」與其蕃名「暾欲谷」相聯繫起來了。那麼，暾欲谷在自撰碑銘中爲何絕口不提曾經在唐朝爲官之經歷呢？羅新正是以此質疑同一人說，〔註108〕在筆者看來，這仍然可以用民族主義意識的復活與強化來解釋，作爲親身經歷亡國與唐朝統治的前突厥－迴紇－薛延陀貴族之餘部，又係「光復元勳」暨「國之支柱」，暾欲谷無疑屬於汗國統治集團中的保守派即「老突厥派」，在這樣的背景下，「曾經貴爲唐朝的官員」當然就不是什麼值得誇耀的經歷，而是不堪回首、需要刻意避諱的屈辱往事了。

〔註108〕羅新：《再說暾欲谷其人》，《文史》2006年第3輯，收入羅新《中古北族名號研究》，北京：北京大學出版社，2009年，第224頁。文中最後一句爲：「然而，不能忘記的是，暾欲谷碑在介紹暾欲谷時，只說他生長在中國，卻一點也沒有說到他曾經貴爲唐朝的官員」。

第八篇　兩姓阿跌考

1. 早期九姓中的阿跌

作爲漠北鐵勒之一部的阿跌，確切可靠的最早見諸漢文載籍之處，是在七世紀初年，契苾－薛延陀聯合建立的鐵勒汗國衰亡之時。《新唐書·回鶻傳下》云：

> 西突厥處羅可汗之殺鐵勒諸酋也，其下往往相率叛去，推契苾哥楞爲易勿眞莫賀可汗，據貪汗山，奉薛延陀乙失鉢爲野咥可汗，保燕末山。而突厥射匱可汗復強，二部黜可汗號往臣之。迴紇、拔野古、阿跌、同羅、僕骨、白霅在鬱督軍山者，東附始畢可汗；乙失鉢在金山者，西役葉護可汗。

《舊唐書·北狄傳》對此的記載稍有不同：

> 初，大業中，西突厥處羅可汗始強大，鐵勒諸部皆臣之，而處羅徵稅無度，薛延陀等諸部皆怨，處羅大怒，誅其酋帥百餘人。鐵勒相率而叛，共推契苾哥楞爲易勿眞莫賀可汗，居貪汗山北；又以薛延陀乙失鉢爲也咥小可汗，居燕末山北。西突厥射匱可汗強盛，延陀、契苾二部並去可汗之號以臣之。迴紇等六部在鬱督軍山者，東屬於始畢，乙失鉢所部在金山者，西臣於葉護。

顯然，《舊唐書·北狄傳》中所云「迴紇等六部」正是《新唐書·回鶻傳下》中的「迴紇、拔野古、阿跌、同羅、僕骨、白霅」等六部，這六部也出現在《新唐書·回鶻傳上》的「磧北鐵勒十五種」之中：

其部落曰袁紇、薛延陀、契苾羽、都播、骨利幹、多覽葛、僕骨、拔野古、同羅、渾、思結、斛薛、奚結、阿跌、白霫，凡十有五種，皆散處磧北。

「磧北鐵勒十五種」還出現在《舊唐書・北狄傳》開首部份（在時代上稍晚）：

至武德初，有薛延陀、契苾、迴紇、都播、骨利幹、多覽葛、僕骨、拔野古、同羅、渾部、思結、斛薛、奚結、阿跌、白霫等，散在磧北。

從上述記載可推知，契苾－薛延陀鐵勒汗國內的主要部落，除自稱可汗的統治部落契苾、薛延陀之外，當即「迴紇、拔野古、阿跌、同羅、僕骨、白霫」等六部；而在鐵勒汗國覆滅後，契苾部主支遠徙異域，[註1] 剩下的七部，自薛延陀東遷、與迴紇等六部匯合於漠北，配合唐軍共同推翻頡利可汗的東突厥汗國、建立起薛延陀汗國之後，繼續構成新興汗國的主體部落，如《舊唐書・北狄傳》云：

夷男大喜，遣使貢方物，復建牙於大漠之北鬱督軍山下，在京師西北六千里。東至靺鞨，西至葉護，南接沙磧，北至俱倫水，迴紇、拔野古、阿跌、同羅、僕骨、霫諸大部落皆屬焉。

《新唐書・回鶻傳下》對此的記載稍有不同：

夷男已受命，遣使謝，歸方物，乃樹牙鬱督軍山，直京師西北六千里，東靺鞨，西葉護突厥，南沙磧，北俱倫水，地大眾附，於是迴紇等諸部莫不伏屬。

顯然，《新唐書・回鶻傳下》中所云「迴紇等諸部」即是《舊唐書・北狄傳》中的「迴紇、拔野古、阿跌、同羅、僕骨、霫諸大部落」，而這些大部落也正好完全對應前述「迴紇、拔野古、阿跌、同羅、僕骨、白霫」等六部，[註2] 兩者連部落列舉順序都如出一轍，由此可見，這一時期的阿跌在鐵勒集團中佔有重要的地位，與迴紇、拔野古、同羅、僕骨、霫／白霫等同屬以薛延陀為首的鐵勒七部。關於此點，尚可參考其部落馬種之歸類，《唐會要・諸蕃馬印》云：

[註1] 參見馬馳：《鐵勒契苾部的盛衰與遷徙》，《中國歷史地理論叢》1999年第3期。
[註2] 關於霫與白霫之關係，參見馮繼欽：《霫與白霫新探》，《社會科學輯刊》1995年第3期；周偉洲：《霫與白霫考辨》，《社會科學戰線》2004年第1期。

杖曳固馬，與骨利幹馬相類，種多黑點驄，如豹文，在瀚海南，幽陵山東，杖曳固川。

同羅馬，與杖曳固川相類，亦出驄馬種，在洪諾河東南，曲越山北，幽陵山東，（印略。）

延陀馬，與同羅相似，出駱馬、驄馬種，今部落頗散，四出者多，今在幽州北，（印略。）

僕骨馬，小於杖曳固，與同羅相似，住在幽陵山南，（印略。）

阿跌馬，與僕骨馬相類，在莫賀庫寒山東南安置，今雞田州，（印略。）

已上部落，馬同種類，其印各別。

……

迴紇馬，與僕骨相類，同在烏特勒山北安置，（印略。）

上述「杖」為「拔」之訛，「杖曳固」即「拔野古」，則從馬種來看，阿跌與拔野古、同羅、薛延陀、僕骨及迴紇等亦同屬一類，其部落間關係當亦較密切，這六個部落很可能正是九姓（toquz oɣuz）的奠基部落，〔註3〕其中，拔野古、同羅、僕骨為傳統強部，〔註4〕迴紇（此時為時健－菩薩之阿史德系主導）為薛延陀汗國中僅次於薛延陀之強部，兩者關係密切，〔註5〕相比之下，阿跌最為弱小，〔註6〕可能依附於薛延陀；〔註7〕而在夷男統率鐵勒各大部落

〔註3〕另三個部落為契苾、思結、渾，即在突厥第二汗國復興於磧北之後與藥羅葛迴紇一同南遷甘涼之鐵勒部落。「九姓」之得名當源於此。關於九姓奠基部落之構成，參見 Edwin G. Pulleyblank：Some Remarks on the Toquzoghuz Problem, *Ural-Altaische Jahrbuecher 28, nos. 1-2. Wiesbaden, 1956.*

〔註4〕《隋書・鐵勒傳》：「獨洛河北，有僕骨、同羅、韋紇、拔也古、覆羅，並號俟斤。」《新唐書・回鶻傳上》：「大業中，處羅可汗攻脅鐵勒部，裒責其財，既又恐其怨，則集渠豪數百悉坑之，韋紇乃並僕骨、同羅、拔野古叛去，自為俟斤，稱迴紇。」

〔註5〕參見本書第一篇《薛延陀亡時迴紇首領易統探微》、第五篇《阿史德與迴紇汗統》及第七篇《暾欲谷家世鉤沉》。

〔註6〕據《通典》卷一九九記載，阿跌「勝兵千七百」，遠低於「勝兵萬餘」之拔野古、僕骨及同羅等強部。

〔註7〕哈密頓：《九姓烏古斯和十姓回鶻考》注13：在同一傳記下文不遠的地方，這一部落的名稱也作為「小可汗」部落的名稱而於605年出現。我傾向於認為「也咥」也代表著唐代史料中的「阿跌」或「跌跌」這同一個部族的名稱，在魯尼文的古突厥碑銘中，九姓部中的這一部族名稱寫作(A)d(i)z（參閱奧爾昆：

進攻漠南阿史那思摩的戰爭中，構成薛延陀汗國軍隊的部落中也未出現阿跌。

2. 突厥中的跌跌

　　貞觀二十年（646）薛延陀汗國覆滅後，唐朝在漠北設立六府七州，羈縻鐵勒各部，而實際則由藥羅葛迴紇稱汗立國施行統治，歷代迴紇首領既是唐朝的瀚海都督，同時又是漠北鐵勒諸部的可汗，此即漠北迴紇第一汗國。〔註8〕然而，此後漢文史料中關於「阿跌」的記載便異常罕見，代之而起的是「跌跌」。在迴紇第一汗國統治漠北期間，阿跌在漢文史料中完全消失了，其原因大約是此部相對於拔野古、同羅、僕骨等部來說過於弱小，尚不足以進入唐朝史家的視野；不過，另一種可能則是：阿跌追隨薛延陀及阿史德迴紇等部一起南下了，這些部落爲逃避藥羅葛迴紇的追殺，前往投奔唐朝，稍後，它們同漠南單于都護府的降唐突厥部落漸漸合流，當突厥第二汗國復興於漠北之後，它們才重現於載籍，並已進入統治集團的行列。〔註9〕在突厥第二汗國期間，「跌跌」取代「阿跌」出現在漢文載籍中，關於此二者的關係，正是本文的主要議題，此處暫不將其勘同，先單獨討論「跌跌」。

　　令人驚奇的是，當「跌跌」首次見諸漢文載籍時，其地位顯然已非常之高，此即開元三年（715）八月叛默啜來降唐的都督跌跌思太（又作跌跌思泰），其同來者有高麗王莫離支高文簡、吐渾大首領刺史慕容道奴、郁射施大首領鶻屈利斤、大首領刺史苾悉頡力、高麗大首領拱毅等，其中高文簡地位最高，「可封遼西郡王食邑三千戶行左衛大將軍員外置同正員賜宅一區馬四匹物六百段」，其次便是跌跌思太，「可特進行右衛大將軍員外置兼跌跌都督封樓煩國公食邑三千戶賜宅一區馬三匹物五百段」。〔註10〕緊接著同年十月，又有一批北蕃部落叛默啜來降：

《古代突厥碑銘集》，第4卷，第156頁），即Adiz。然而，adiz的意思是「高、加高」，還有另外一種半圓音的變形字yitiz（參閱：《古突厥語語法》中idiz一條目中的解釋；《吐魯番突厥文獻》第10卷，第55頁），同樣，還有iraq／yiraq, urun／yurur, lncga／yincga等詞。因此，「也咥」是Yadiz的對音，即名詞Adiz的半元音化形式。

耿昇譯，載《敦煌學輯刊》1983年第0期。

〔註8〕秦衛星：《關於漠北回鶻汗國早期歷史中的兩個問題》，《新疆大學學報》1988年第3期。

〔註9〕參見本書第六篇《三十姓突厥考》。

〔註10〕此事又見於《舊唐書》卷二〇四及《通典》卷一九八等，而以《冊府元龜》卷九七四記載最詳。

十月己未，授北蕃投降九姓思結都督磨散爲左威衛將軍，大首領斛薛移利殊功爲右領軍衛將軍，契都督邪沒施爲右威衛將軍，匐利羽都督莫賀突默爲右驍衛將軍，首領延陀薛渾達都督爲右威衛將軍，奴賴大首領前自登州刺史奴賴孝爲左領軍將軍，跌跌首領刺史裴艾爲右領軍，並員外置依舊兼刺史，賜紫袍金帶魚袋七事絲帛各三百段，放還蕃。〔註11〕

由封賞級別可知此次來降之各首領在默啜國中地位大不如高文簡、跌跌思太等，而這些部落卻都與九姓鐵勒有所關聯，《唐會要·諸蕃馬印》緊接阿跌馬之後記載：「契馬，與阿跌馬相似，在閻洪達井已北，獨樂水已南，今榆溪州，（印略。）」然後是康國馬、突厥馬、迴紇馬及阿史德馬等；而緊接阿史德馬之後則載：

恩結馬，磧南突厥馬也，煴漫山西南，閻洪達井東南，於貴摩施岑盧山都督，（印略。）

匐利羽馬，磧南突厥馬也，剛摩利施山北，今蹛林州，（印略。）

契苾馬，與磧南突厥相似，在涼州關氏岑，移向特勒山住，（印略。）

奚結馬，與磧南突厥馬相類，在雞服山南，赫連枝川北住，今雞祿州，（印略。）

已上部落，馬同種類。

斛薛馬，與磧南突厥同類，今在故金門城北陰山安置，今皋蘭門，（印略。）

奴剌馬，與磧南馬相類，今曰登州，（印略。）

蘇農馬，（印略。）

閭阿史德馬，（印略。）

拔延阿史德馬，（印略。）

熱馬，（印略。）

已上定襄府所管。

舍利叱利等馬，（印略。）

〔註11〕此事僅見於《冊府元龜》卷九七四。

阿史那馬，（印略。）

葛羅枝牙馬，（印略。）

綽馬，（印略。）

賀魯馬，（印略。）

已上雲中府管。

上述榆溪州、盧山都督（府）、蹛林州屬於貞觀二十年唐朝在漠北鐵勒諸部所設六府七州，分別對應契苾、思結、思結別部，由此可知：

2.1.

「契都督」之「契」即「契馬」之「契」，皆指磧北之契苾部落，有別於涼州之契苾部落，唐人係有意區別兩者，故譯名亦略有不同；

2.2.

「恩結」爲「思結」之訛，如同契苾一樣，思結也並未全部隨迴紇藥羅葛獨解支南下甘涼附唐，九姓思結都督磨散所部即爲磧北之思結部落；

2.3.

「匐利羽」即蹛林州所對應的「思結別部」；

於是，開元三年十月降唐之北蕃部落中，思結與斛薛分別爲磧北鐵勒十五種之一，契與匐利羽則分別爲磧北之契苾分部與思結別部，亦在磧北十三府州鐵勒諸部之列，而餘下三部略顯特殊，以下試分析之：

2.4.

薛延陀餘部降唐後設有達渾都督府，故「渾達」當爲「達渾」之訛，薛延陀則本爲九姓鐵勒，後與突厥合流，〔註12〕故爲一介於九姓鐵勒與突厥之間的部落；

2.5.

「奴賴」即「奴剌」，「自登州」及「曰登州」皆訛，應爲「白登州」，奴剌／奴賴也是一個介於九姓鐵勒與突厥之間的部落：

2.5.1.

《資治通鑑》卷一九八載：「（貞觀二十一年）冬，十月，庚辰，奴剌啜

〔註12〕參見本書第六篇《三十姓突厥考》。

匐俟友帥其所部萬餘人內附。」此即指貞觀末奴剌部內附一事，而據《新唐書・地理志》，白登州於貞觀末內附後，本來隸屬安置鐵勒降部的燕然都護府，後又劃歸安置突厥降部的雲中都督府；

2.5.2.

鐵勒州與突厥州的命名慣例不同，鐵勒州一般採用古時（多為漢代）地名，突厥州則以部落命名，故從羈縻州命名慣例來看，稱「白登州」而不稱「奴剌州」，當更接近鐵勒系統；然而從白登州後劃歸雲中都督府來看，似乎其部落又與突厥本蕃關係密切；

2.5.3.

《唐會要・諸蕃馬印》中，奴剌馬介於斛薛馬與蘇農馬之間，都歸定襄府所管，然而斛薛是不折不扣的鐵勒部落，絕無可能歸突厥的定襄府管，而奴剌雖然後來從鐵勒的燕然都護府中劃出，但卻是歸雲中府管，也不歸定襄府管，因此，《唐會要・諸蕃馬印》中所謂「已上定襄府所管」不應包括斛薛馬與奴剌馬，然則奴剌當與斛薛等鐵勒部落更為接近；

2.5.4.

敦煌古藏文史料 P. T.1283-II 中的「突厥默啜十二部落」，相當於《毗伽公主墓誌》中的「十二部」及《安祿山事跡》中的「十二姓」，也即是突厥第二汗國後期的統治集團核心——突厥十二姓，〔註 13〕其中第五個部落為「lo-lad」，可比定為「奴剌」，由此則奴剌屬突厥十二姓，與突厥本蕃部落關係密切；〔註 14〕

2.6.

與跌跌思太一同降唐的除高麗、吐渾貴族外，尚有郁射施大首領，屬突厥本部貴族，而緊隨其後與跌跌裴艾一同降唐的則是鐵勒九姓部落首領以及介於鐵勒與突厥之間的部落首領，由此推之，跌跌可能也介於突厥與鐵勒之間，與兩者都有密切聯繫；上述材料進而表明，跌跌內部可能又分為兩個支系，跌

〔註13〕參見本書第六篇《三十姓突厥考》第 6 節；關於《李光進碑》中的「南單于左廟十二姓」與突厥十二姓之關係，參見本文第 4 節；關於《康阿義碑》中的「北蕃十二姓」／「十有二姓」與突厥十二姓之關係，參見本書第九篇《突厥十二姓考》（一）。

〔註14〕關於奴剌屬於突厥十二姓集團的進一步討論，參見本書第十篇《突厥十二姓考》（二）第 3.5 節。

跌思太一系更接近突厥，跌跌裴艾一系則更接近鐵勒。

開元八年，跌跌又見諸載籍，這一次依然是跌跌思太，不過卻是率部叛歸磧北——毗伽可汗默棘連即位後，突厥第二汗國中興，大批降唐部落又回歸磧北。之後，還有兩例跌跌族人作爲後突厥遣唐使者，《冊府元龜》卷九七五載：

> （開元）十四年正月壬午，突厥遣其大臣臨河達干康思琮來朝，授將軍，放還蕃。……突厥遣首領跌跌裴啜等七千餘人來朝，並授折衝，放還蕃。辛亥，突厥遣使執失頡利發等三百餘人來賀東封，並授果毅，放還蕃。

> （開元二十九年）四月丙寅，突厥登利可汗死，遣首領跌跌末思頡斤來告哀，授頡斤果毅，賜紫袍金帶，放還蕃。

案後突厥遣唐使者中頻見阿史那、阿史德、執失、蘇農等姓氏，可知其大多出身突厥本部，跌跌名列其中，則進一步增強了其屬突厥十二姓貴種之可能性。此外，當後突厥汗國覆滅後，安祿山叛亂兵臨潼關之際，前往勤王的河隴朔方諸蕃部落中，以奴剌爲首，緊隨其後便是頡跌，當爲跌跌之異譯，值得注意的是，此處奴剌與跌跌又同時出現，一如開元三年十月隨北蕃九姓降唐之時。〔註15〕

3. 突厥盧尼文碑銘中的 ädiz

ädiz 是突厥盧尼文中出現的部族名，學界多將其比定爲漢文記載中的「阿跌」，〔註16〕在對音上固可說通，然而在時間上尚有齟齬不合之處，因漢文中提到「阿跌」基本都在突厥第二汗國復興之前，之後則多稱「跌跌」，而「跌跌」與「阿跌」、ädiz 之間關係尚存疑問，欲將其勘同尚需進一步分析。

3.1.

在鄂爾渾盧尼文碑銘中，ädiz 首先出現於《闕特勤碑》，其北面第 4～6 行載：〔註17〕

〔註15〕姚汝能《安祿山事跡》卷下云：「（哥舒）翰爲副元帥，領河、隴諸蕃部落奴剌、頡跌、朱邪、契苾、渾、蹛林、奚結、沙陀、蓬子、處蜜、吐谷渾、思結等十三部落，督蕃、漢兵二十一萬八千人，鎮於潼關。」

〔註16〕早期學者如湯姆森、沙畹等均持此說，參見岑仲勉：《跋突厥文闕特勤碑》，收入林幹編：《突厥與迴紇歷史論文選集》，北京：中華書局，1987年，第561頁。

〔註17〕耿世民：《古代突厥文碑銘研究》，北京：中央民族大學出版社，2005年，第

... toquz oγuz bodun käntü bodunum ärti. täŋri yir bulγaqïn üčün yaγï boltï. bir yïlqa biš yolï süŋüšdimiz. ... äkinti qušlaγaqda ädiz birlä süŋüšdimiz. kül tigin az yaγïzïn binip oplayu tägip bir ärig sančdï, toquz ärig ägirä toqïdï. ädiz bodun anta ölti. ...

　　……九姓烏古斯人民本是我自己的人民。由於天地混亂，乃（與我們）爲敵。一年中我們交戰五次。……第二次在 qušlaγaq 與 ädiz 人交戰，闕特勤騎 az 的褐色（馬）衝擊，刺殺一人，圍擊九人。ädiz 人民在那裏被消滅了。……

　　本此，則 ädiz 在突厥人心目中屬九姓烏古斯之部落。而在一年五戰九姓烏古斯之後，《闕特勤碑》北面第 8 行提到：〔註18〕

amγï qurγan (q)ïšlap yazïŋa oγuzγaru sü tašïqdïmïz.

　　我們在 amγï qurγan 過冬之後，於春天出征烏古斯。

　　此處的 amγï qurγan 又釋讀作 maγa qurγan，馬長壽與岩佐精一郎均將其比定爲「莫賀庫寒」，〔註19〕由本文第 1 節可知，此即《唐會要·諸蕃馬印》中阿跌牧地（貞觀中降唐曾設雞田州）西北之山名，本此，則突厥盧尼文中屬於九姓烏古斯之 ädiz 似確可與漢文中屬於九姓之阿跌相聯繫，然而從本文第 2 節可知，同一時期漢文史料中與 ädiz 部族相對應的主要形式是「跌跌」，由此似可認爲，跌跌與阿跌的確存在密切聯繫，從對音上看，ädiz 顯然更接近「阿跌」——「阿跌」應爲早期漢人對 ädiz 一名之翻譯，而此一時期漢人改用「跌跌」來對譯突厥盧尼文之 ädiz，當另有緣故。

3.2.

　　在比《闕特勤碑》稍晚三年的《毗伽可汗碑》中，記載同一事件即默啜可汗統治末期內亂中突厥一年數戰九姓烏古斯的文本稍有不同，一年交戰五次變成了一年交戰四次，兩相比較，《毗伽可汗碑》中漏記的一次交戰正是《闕特勤碑》中消滅 ädiz 人民的第二次交戰，〔註20〕然而令人驚奇的是，《毗伽可

　　　 133 頁。
〔註18〕耿世民：《古代突厥文碑銘研究》，北京：中央民族大學出版社，2005 年，第 134 頁。
〔註19〕岩佐精一郎：《突厥毗伽可汗碑文の紀年》，和田清編輯《岩佐精一郎遺稿》，三秀舍，1936 年，第 203 頁；馬長壽：《突厥人和突厥汗國》，上海：上海人民出版社，1957 年，第 75 頁。
〔註20〕勒內·吉羅：《東突厥汗國碑銘考釋》，耿昇譯，新疆社會科學院歷史研究所，

汗碑》在此處對 ädiz 的遺漏卻在同碑中另一處得到了彌補，在通常認為是碑文起首的東面第 1 行這樣寫道：〔註21〕

> tängri täg täŋri yaratmïš türk bilgä qaγan sabïm：qaŋïm türk bilgä qaγan ... ...（al）tï sir toquz oγuz äki ädiz käräkülüg bägläri bodunï（... ...tü）rk t（äŋ）ri ... ...

> 像天一樣的、從天所生的突厥毗伽可汗，我的話。我父突厥毗伽可汗……（六）姓 sir、九姓烏古斯、兩姓 ädiz 諸重要官員和人民……（由於）突厥上天……

此處的「(al)tï sir」即漢文史料中的薛延陀，在突厥第二汗國中處於突厥與鐵勒之間，是汗國前期統治集團核心「三十姓突厥」的重要組成部份，〔註22〕而 ädiz 在三年前的《闕特勤碑》中還是九姓烏古斯的一部份，對突厥叛服無常，此處卻已單獨提出，與薛延陀、九姓鐵勒並列為汗國強藩，其間必有某種重大變故導致這一變化。注意到上述 ädiz 前有「äki（兩姓）」字樣，而從本文第 2.6 節可知，跌跌內部可能又分為兩個支系，在開元三年分別南下投唐的跌跌部落中，跌跌思太一系更接近突厥，跌跌裴艾一系則更接近鐵勒，這兩個支系正好對應「兩姓」，則跌跌裴艾一系正可與《闕特勤碑》中一年五戰九姓烏古斯之第二戰中之 ädiz 相對應，此即突厥第二汗國建立之前漢文史料中之「阿跌」，又由本文第 1 節可知，這一支系本為九姓之奠基部落，與薛延陀也具有某種特殊的密切關係，這有可能即是 ädiz 在突厥第二汗國後期地位提高、脫出九姓之列的原因之一，而另一更為重要之原因，則在於跌跌思太一系。

由本文第 2 節可知，當跌跌思太投唐之時，其地位已非常之高，而與其同時投唐之突厥貴族，或為可汗姻親（高文簡、苾悉頡力），〔註23〕或為突厥十二姓之貴種（郁射施、苾悉／卑失），〔註24〕又或為高麗、吐谷渾等已亡國

1984 年，第 65、250 頁。路易·巴贊認為，《毗伽可汗碑》對此戰的漏記說明毗伽可汗本人並未參與其中，參見路易·巴贊：《突厥曆法研究》，耿昇譯，北京：中華書局，1998 年，第 248 頁。

〔註21〕耿世民：《古代突厥文碑銘研究》，北京：中央民族大學出版社，2005 年，第 149 頁。

〔註22〕參見本書第六篇《三十姓突厥考》。

〔註23〕高文簡為默啜之婿，苾悉頡力可考證為俾失十囊，亦為默啜之婿，參見本書第三篇《可薩卑失考》及第四篇《默啜諸婿考》。

〔註24〕關於郁射施、卑失屬於突厥十二姓集團的進一步討論，參見本書第九～十二篇《突厥十二姓考》。

家王室之遺族（高文簡、高拱毅、慕容道奴），則跌跌思太很可能亦具有類似背景。從對音上看，「跌跌」頗與「嚈噠／挹怛」相近，〔註25〕故其來源很可能與挹怛有關。突厥興起後，前內亞霸主柔然、挹怛相繼覆滅，挹怛餘部散居吐火羅，而在隋末東西突厥內亂時，挹怛一度與波斯、于闐等國復叛，〔註26〕其後叛亂被平定，有一支挹怛餘部或即於此時被納入西突厥部落，後又隨阿史那賀魯之一部流入降唐之東突厥部落中，此即下述與降唐賀魯所部的葛邏／葛邏祿同時提到的挹怛／悒怛，《新唐書・地理志》中載：

> 呼延都督府（貞觀二十年置），領州三（貞觀二十三年分諸部置州三）：賀魯州（以賀魯部置，初隸雲中都督，後來屬），葛邏州（以葛邏、挹怛部置，初隸雲中都督，後來屬），跌跌州（初爲都督府，隸北庭，後爲州，來屬）。

《唐會要》卷七三載：

> （貞觀）二十三年十月三日。諸突厥歸化。以舍利吐利部置舍利州。阿史那部置阿史那州。綽部置綽州。賀魯部置賀魯州。葛邏祿悒怛二部置葛邏州。並隸雲中都督府。以蘇農部落置蘇農州。阿史德部置阿史德州。執失部置執失州。卑失部置卑失州。郁射部置郁射州。多地藝失部置藝失州。並隸定襄都督府。

　　據此可知，貞觀二十三年所置葛邏州中包含葛邏祿與挹怛兩部，其中之挹怛分部有可能追隨東突厥及薛延陀餘部起事，在單于府叛亂之後復興磧北，成爲突厥第二汗國之開國元勳，或因薛延陀之特殊關係，得與九姓中之阿跌合居，遂形成爲突厥盧尼文碑銘中所稱之兩姓 ädiz，而當其重新與漢人接觸時，唐廷譯者以其位高權重，且與舊挹怛有別，復與從前九姓之阿跌有別，乃以新名「跌跌」[*γɛp-dɛt]稱之，〔註27〕實兼顧「挹怛」[*ʔjip-tat]與「阿跌」[*ʔa-dɛt]兩者，〔註28〕恰可視爲 äki ädiz 之絕妙漢譯。

〔註25〕岑仲勉指出：「跌」字《通典》未作音，《集韻》奚結切，但跌從夾聲，應「奚給切」（γiəp）之訛，參見岑仲勉：《突厥集史》，北京：中華書局，1958 年，第 744 頁；嚈噠／挹怛之原文轉寫爲 Abdal／Habdal，參見同書第 669 頁。

〔註26〕《隋書・突厥傳》：「達頭前攻酒泉，其後于闐、波斯、挹怛三國一時即叛。」

〔註27〕跌字不見於《廣韻》，《集韻》作奚結切，然此音與其諧聲部首不合，當是後人混淆跌跌、阿跌之後所補，跌字從「夾」得聲，在《古今姓氏書辯證》中，「跌跌」正被收在「葉」部或「帖」部中，均收[-p]聲，參見鄧名世：《古今姓氏書辯證》，王力平點校，南昌：江西人民出版社，2006 年，第 637 頁。

〔註28〕「挹」、「怛」、「阿」、「跌」諸字的早期中古音參見 Pulleyblank 1991：371, 69,

　　上述《新唐書·地理志》所載跌跌州的情況正好為這一推測提供了一個旁證：括號中注解云「初為都督府，隸北庭，後為州，來屬」，考北庭都護府設置於 702 年，則初隸北庭之跌跌州的設置不可能早於 702 年，因而也就不可能是貞觀年間為前突厥汗國降唐部落而設，只能是在後突厥汗國時期設置，從其初為都督府來看，地位較高，很有可能正是為開元三年降唐之都督跌跌思太所部設置，而後來唐廷將其劃歸從前包含挹怛部之葛邏州所屬的呼延都督府，或正表明當事者心中隱含的一種觀念：現在的跌跌與過去的挹怛存有某種關聯。

　　可以作為另一個旁證的是：漢文史籍記載，開元三年八月跌跌思太率部降唐之前的年初，葛邏祿及胡祿屋、鼠尼施等西突厥十姓部落前往北庭降唐，此事在《闕特勤碑》與《毗伽可汗碑》中也有所反映，﹝註 29﹞唐廷將來降之葛邏祿首領裴達干封為「葛州長史」，﹝註 30﹞此葛州當即上述《新唐書·地理志》中貞觀年間所置呼延都督府轄下之葛邏州，而其中原有之挹怛部則對應隨後為來降的地位更高的跌跌思太部落專設的跌跌都督府及跌跌州。

　　敦煌古藏文史料 P. T.1283-II 則為上述推測提供了又一個旁證：其中提到「突厥默啜十二部落」的第十一個部落為 he-bdal，關於此「突厥默啜十二部落」與漢文中突厥「十二姓」關係之討論，參見本書第九～十二篇《突厥十二姓考》，此處僅需揭出，he-bdal 正是指突厥十二姓中的跌跌，﹝註 31﹞而吐蕃人採用這一接近「挹怛」的名稱來表示「跌跌」，﹝註 32﹞很可能緣於其與挹怛曾有所接觸，﹝註 33﹞故而相對熟悉，且跌跌中之挹怛分部地位更高，遂以其

23, 79.

﹝註 29﹞《毗伽可汗碑》在描述一年四戰九姓烏古斯人之前提到：「當我三十一歲時，葛邏祿人民當其無憂無慮自主時，與我們為敵。我戰於 Tamay 聖泉（Iduq Baš），殺葛邏祿人，並在那裏獲取其國家。當我（三十二）歲時，葛邏祿人民集合起來（反對我們），我消滅了他們。」見《毗伽可汗碑》東面第 28～29 行。

﹝註 30﹞《冊府元龜》卷九七四。

﹝註 31﹞關於跌跌位列突厥十二姓之論證，尚可參考本文第 4 節。

﹝註 32﹞「挹怛」異名繁多，大體與 he-bdal 相近：在拜占庭史籍中寫作 Abdelai，敘利亞史籍中寫作 Abdel，亞美尼亞史籍中寫作 Hep't'l，波斯史籍中寫作 Heftal，《魏書》中寫作嚈噠，《隋書》《唐書》等寫作悒怛或挹怛等，參見馬小鶴：《嚈噠族屬伊朗說》，《歐亞學刊》第 4 輯，北京：中華書局，2004 年，第 102～103 頁。

﹝註 33﹞一方面，吐蕃與吐火羅鄰近，其在進軍中亞時與吐火羅地區之部落曾廣泛接觸，而挹怛與吐火羅雜居（參見馬小鶴：《吐火羅與挹怛雜居考》，《歐亞學刊》第 6 輯，北京：中華書局，2007 年），故吐蕃對挹怛之名不會陌生；另一方面，吐蕃有可能同挹怛發生過直接的聯繫，據塔巴里記述，兩者曾與突厥聯軍進攻怛蜜的大食叛將穆薩，參見王小甫：《唐·吐蕃·大食政治關係史》，北京：

名指代十二姓中之第十一姓，是則跌跌與挹怛確有淵源。

現在回過頭來再看《毗伽可汗碑》中關於 ädiz 的記述相對於《闕特勤碑》發生明顯變化的原因，雖然兩者出自同一人即毗伽可汗之侄藥利特勤之手，但在撰寫《毗伽可汗碑》時，一個最重大的變故即是毗伽可汗的去世，隨著新可汗的繼位，後突厥朝廷內外各種勢力必然進行重新組合，跌跌部族雖有此前南下降唐之舉，但其勢力一向雄厚，在默啜朝即已位高權重，此後又反正復歸磧北，至此重新站到了得勢的一方，極有可能正是這一變化導致新碑文中拔高了 ädiz 的地位，並刪去了對其討伐的記述，而從本文第 4 節的考證可知，自思太率眾北返後，跌跌部族此時確實已經重新崛起，並同可汗家族即阿史那氏結為姻親。

4. 阿跌光進家世索隱

阿跌光進及其弟光顏是唐後期中興名將，其父良臣曾參與平定安史之亂，後被朝廷追封為太保，憲宗以光顏居功至偉，賜姓李氏，列籍宗正，三人之墓在今山西榆次，光進、光顏之墓碑至今猶存，然而這一家族從何而來則頗令人困惑——自貞觀末年薛延陀汗國滅亡之後，「阿跌」便基本不再出現於載籍，取而代之的是「跌跌」，雖然上文之考證表明，突厥第二汗國時期的「跌跌」之稱已經涵蓋之前的阿跌部在內，但光進家族崛起後，刻意擯棄時人習用之「跌跌」名號，轉而重新起用另一與太宗有淵源之「阿跌」名號，並以阿跌部在貞觀末年降唐時所設州名「雞田」為郡望，其中必有蹊蹺。《新唐書‧回鶻傳下》載：

> 阿跌，亦曰訶咥，或為跌跌。始與拔野古等皆朝，以其地為雞田州。開元中，跌跌思泰自突厥默啜所來降。其後，光進、光顏皆以戰功至大官，賜李氏，附屬籍，自有傳。

岑仲勉指出，此處之「其後」，可以有兩種理解：一謂「此時已後」，一謂「其後人」，而光進、光顏等與跌跌無關，有碑、傳可考，則應取前一種理解，[註34] 對此，他人也有取後一種理解者，例如王永興即認為思泰為光顏之曾祖，[註35] 而本文隨後之考證將揭出，光進家族源出跌跌，屬突厥十二姓集團，其

北京大學出版社，1992 年，第 138 頁。
〔註34〕岑仲勉：《突厥集史》，北京：中華書局，1958 年，第 744 頁。
〔註35〕王永興：《陳寅恪先生史學述略稿》，北京：北京大學出版社，1998 年，第 297頁。

先祖曾於玄宗朝降唐，後又叛回突厥，應即思泰一族，與太宗朝降唐設雞田州之鐵勒阿跌部並無直接關係，其後來改稱阿跌實爲攀附暨避嫌之舉。

《舊唐書‧李光進傳》云：

> 李光進，本河曲部落稽阿跌之族也。父良臣，襲雞田州刺史，隸朔方軍。光進姊適舍利葛旃，殺僕固瑒而事河東節度使辛雲京。光進兄弟少依葛旃，因家於太原。

《新唐書‧李光進傳》云：

> 李光進，其先河曲諸部，姓阿跌氏。貞觀中內屬，以其地爲雞田州，世襲刺史，隸朔方軍。光進與弟光顏少依舍利葛旃，葛旃妻，其女兄也。初，葛旃殺僕固瑒，歸河東辛雲京，遂與光進俱家太原。

上述關於光進先祖的記載相對簡略，似並無破綻，然而問題出在光進姊夫舍利葛旃身上，葛旃顯然出自舍利吐利部，此部確鑿無疑屬於突厥十二姓集團，名列其第四姓，〔註36〕按照慣例，突厥十二姓集團多在內部互通婚姻，〔註37〕而依此處記載若認爲光進屬阿跌部，則將出現突厥十二姓之舍利氏與鐵勒九姓之阿跌氏通婚，於理不甚相合，令人懷疑。《李良臣碑》對光進先祖的情況提供了更爲詳細的記載，〔註38〕然而令人懷疑之處也更多，其中提到良臣先代世爲阿跌部大人，其祖父賀之於唐初率部人內附，被太宗「拜爲銀青光祿大夫雞田州刺史，充定塞軍使」，此處便存在諸多疑點：

其一，「定塞軍使」一名，暴露出其時代不可能早於開元初年，因「自玄宗開始，羈縻州府，始有軍名」，〔註39〕而定塞軍所對應之雞田州無疑正是羈縻州。

其二，良臣出生於 728 年左右，〔註40〕按二十五年一代計，其祖父賀之當出生於 678 年前後，而太宗貞觀一朝爲 627～649 年，當時賀之遠未出生（甚至其祖、父也嫌年幼或尚未出生），絕不可能以部酋身份率眾附唐，倒是玄宗開元初年時，賀之約四十歲上下，率眾附唐更合情理；或以爲北族之世系未必按二十五年一代計算，則亦可參照同時代其它蕃將之世系加以推論：從年代上看，良臣之父與僕固懷恩、渾釋之等朔方軍鐵勒系蕃將屬同輩中人，其

〔註36〕參見本書第十篇《突厥十二姓考》（二）第 3.4 節。

〔註37〕參見本書第十二篇《突厥十二姓考》（四）第 6 節。

〔註38〕《李良臣碑》，李宗閔撰，收入《金石萃編》卷一〇七；又見於《全唐文》第八部卷七一四《御史中丞贈太保李良臣墓碑》。

〔註39〕章群：《唐代蕃將研究》，臺北：聯經出版事業公司，1986 年，第 138 頁。

〔註40〕據《李良臣碑》記載推算可知。

主將郭子儀生於 697 年，李光弼生於 708 年，渾釋之生於 716 年，僕固懷恩之生年雖無法確知，然其必介於郭子儀、李光弼與渾釋之之間，則良臣與僕固懷恩之子僕固瑒、渾釋之之子渾瑊屬同輩中人，〔註 41〕良臣之祖父賀之當亦與僕固懷恩之父設之及渾釋之之父大壽屬同輩中人，而無論僕固設之還是渾大壽，均活動於開元初年，〔註 42〕與貞觀年間相距懸遠。

　　由此看來，良臣祖父賀之率部內附的時代更有可能是在玄宗朝的開元初年，而不太可能是在比其早約七十年的太宗朝的貞觀末年。據本文第 2 節和第 3 節分析可知，玄宗開元初年叛離突厥默啜南下投唐的有先後兩支跌跌部落（即突厥盧尼文碑銘中所謂「兩姓阿跌」äki ädiz），賀之所部當即其中之一。那麼賀之家族究竟屬於思泰一系還是裴艾一系？若將《新唐書‧回鶻傳下》中「其後」作後代理解，則自當屬思泰一系，而《李良臣碑》中的記載還暴露了另一個關鍵的證據：

> 太保少爲阿史那可汗所重，以其貴女妻之，實生三子。長曰光玭，爲朔方都將，不幸早夭。次曰光進，朔方節度使刑部尚書，薨贈左僕射。少即司徒也，元和中，憲宗章武皇帝以僕射司徒功在第一，賜姓李氏，屬籍於宗正，追封公爲太保。夫人史氏爲燕國太夫人。

　　「太保」即良臣，「少爲阿史那可汗所重，以其貴女妻之」，說明賀之家族內附之後並非一直在唐朝羈縻之下，而是後又北返突厥第二汗國，才可能有其孫良臣成爲突厥國中阿史那可汗駙馬之事，從年代上推斷，此「阿史那可汗」不可能是毗伽可汗（卒於 734 年，其時良臣年僅六歲），很可能是其子登利可汗，〔註 43〕則良臣之祖父賀之適與良臣岳父之父毗伽可汗默棘連屬同一輩份，其生年亦當相近，考默棘連生於 684 年，此正與前述關於賀之生年之推斷所距不遠。如此一來，賀之與思泰姓氏相同，事跡相合，年齡亦相符，在突厥國中地位亦復相近，是足以勘同爲一人，然則此正與王永興關於思泰爲光顏曾祖之推測相吻合。

〔註 41〕巧合的是，渾釋之爲僕固懷恩所殺，而據舊新唐書《李光進傳》的說法，僕固瑒又死於良臣之婿舍利葛旃之手。

〔註 42〕僕固設之事見顏眞卿《臧懷恪碑》，渾大壽事見《舊唐書‧渾瑊傳》。

〔註 43〕登利可汗去世時，至唐廷告哀之使者爲突厥首領跌跌末思頡斤，很可能正是良臣部落中人，而這也從一個側面證明登利可汗時期跌跌部在突厥統治集團中樞的再度興起，參見《冊府元龜》卷九七五及本文第 3 節。

　　證據尚不止於此。《李光顏碑》中記載「夫人隴西縣太君阿史那氏」，〔註44〕是則光顏之妻及之母皆出自阿史那部，可見其家族與突厥可汗家族世代通婚，門第的確高貴，而其姊夫出自舍利吐利部，與阿史那部同屬唐朝羈縻統治時期的雲中都督府，則阿史那、舍利吐利、跌跌此三部落互相聯姻，亦正合於突厥十二姓集團內部通婚之慣例；此外，唐人在提到光顏之姓氏「阿跌」時，也時有「跌跌」之異文，〔註45〕可視爲良臣一族出自跌跌思泰一系之補證。

　　基於上述考論，再來看《李光顏碑》中所謂「其先出軒轅，因部爲姓，號阿跌氏，陰山貴種，奕代勳華」，〔註46〕及《李光進碑》中所謂「公之先本阿跌氏，出於南單于左廂十二姓」，〔註47〕便可知其並非假託高門貴種，而實本出於突厥十二姓之跌跌，只因思泰對唐之降而復叛，由是在後突厥亡國之餘重投唐廷之良臣一族才不得不曲附阿跌名號，並遠託太宗接納之淵源，自稱源出雞田州之九姓鐵勒阿跌部，與大唐關係源遠流長，便於攀附。

　　由上可知，漢文載籍中之北蕃部落「跌跌」，內部實包含來源不同的兩個支系──「挹怛」與「阿跌」，兩姓合居，在後突厥汗國佔據重要地位，屬「十二姓」集團，突厥人沿用舊稱「阿跌」（ädiz）或稍有不同之「兩姓阿跌」（äki ädiz），吐蕃人則採用其相對熟悉的名稱「挹怛」（he-bdal）。默啜末期，北蕃離亂，國中重臣跌跌思泰率部南下投唐，後又於毗伽可汗即位後復歸漠北；至後突厥汗國末期內亂時，思泰之孫跌跌首領良臣再次率部南下投唐，被安置於河曲一帶，隸朔方軍，參與平定安史之亂，僕固懷恩叛亂時，良臣新卒，其婿舍利葛旃於時殺僕固瑒投奔河東辛雲京，則光進、光顏及其族人亦遷往河

〔註44〕《李光顏碑》，李程撰，收入《金石萃編》卷一一三；又見於《全唐文》第七部卷六三二《河東節度使太原尹贈太尉李光顏神道碑》。

〔註45〕《全唐詩》李涉：「昨夜大梁城下宿，不借跌跌光顏看。」《新唐書·列傳第三十五·諸夷蕃將》：「至渾瑊、跌跌光顏輩，烈垂無窮，惟其諒有餘故也。瑊、光顏自有傳，今類其人著之篇。」

〔註46〕僅見於《金石萃編》碑文中，《全唐文》中無此句。「陰山貴種」之稱在有唐一代另見於狄仁傑《請罷百姓西戍疏勒等四鎮疏》，喻指阿史那斛瑟羅出身正宗，爲突厥名門；此外，開元三年八月降唐之跌跌思太尚有「陰山寵裔」之稱，同樣係出身突厥本蕃正宗嫡系之意，此與《李光顏碑》中「陰山貴種」之稱互爲呼應，正是光顏出自思太部族之絕好旁證。

〔註47〕《李光進碑》，令狐楚撰，收入《金石萃編》卷一〇七；又見於《全唐文》第六部卷五四三《大唐故朔方靈鹽等軍州節度副大使知節度事管內支度營田觀察處置押蕃落等使銀青光祿大夫檢校刑部尚書兼靈州大都督府長史御史大夫安定郡王贈尚書左僕射李公神道碑銘》。

東，此後其部作爲忠武黃頭軍主力轉戰東西南北，爲中晚唐朝廷之削藩平叛立下大功；〔註 48〕此當爲跌跌中源出挹怛之分部。而跌跌尚有另一支留居漠北之餘部爲迴紇吸納，此即後來篡奪藥羅葛政權之懷信可汗跌跌骨咄祿及其族人，其時代與光進、光顏相近，而漠北跌跌控制下的回鶻雖表面與唐親善，實則桀驁不馴，頻頻擾邊，仍爲唐廷心腹大患，然則光進、光顏之諱稱「跌跌」，或許與之亦不無關係。

〔註 48〕王永興：《有關黃頭軍札記疏證》，《陳寅恪先生史學述略稿》，北京：北京大學出版社，1998 年，第 288～318 頁。

第九篇　突厥十二姓考（一）

1. 漢文史料中的突厥十二姓

在漢文史料中，與突厥十二姓有關的記載最早出現在默啜統治突厥第二汗國的時代。《唐故三十姓可汗貴女賢力毗伽公主雲中郡夫人阿那氏之墓誌並序》載：

> 駙馬都尉故特進兼左衛大將軍雲中郡開國公踏沒施達干阿史德覓覓。漠北大國有三十姓可汗愛女建冊賢力毗伽公主，比漢主公焉。自入漢，封雲中郡夫人。父、天上得果報天男突厥聖天骨咄祿默啜大可汗，天授奇姿，靈降英德，君臨右地，九姓畏其神明，霸居左衽，十二部忻承美化。〔註1〕

墓主毗伽公主為默啜之女，由其墓誌可知，在默啜時代突厥國內已經存在十二個部落的劃分，這一劃分有異於別部鐵勒的九姓部落，當是指突厥本蕃部落而言。〔註2〕在默啜之後相當長一段時間，史料中未再出現與十二姓相

〔註1〕岑仲勉：《突厥集史》，北京：中華書局，1958年，第809頁。

〔註2〕蒲立本指出，《安祿山事跡》中提到的十二姓顯然是指北突厥即東突厥，對於東突厥十二姓的劃分在八世紀中期之前似未曾見載，則其可能是在突厥第二汗國中的某一時間才出現的；策格雷迪（K. Czeglédy）則根據毗伽公主墓誌及 P. T. 1283-II 等材料提出，默啜可汗時期的突厥國內的部落聯盟「三十姓」由十二個突厥部落和十八個烏古斯即鐵勒部落組成，由此也將突厥十二姓的出現時限提前到了默啜在位的七世紀末至八世紀初。參見 E. G. Pulleyblank, A Sogdian Colony in Inner Mongolia, *T'oung-Pao*, Second Series, Vol. 41, Livr. 4/5（1952）, pp. 339-340, n. 2; K. Czeglédy, On the Numerical Composition of the Ancient Turkish Tribal Confederations, *Acta Orientalia Academiae Scientiarum*

關的記載，〔註3〕直至突厥第二汗國滅亡前後，突厥內憂外患，變亂頻繁，與
唐朝軍隊的接觸增多，史料中才又開始出現「十二姓」的字樣。

歐陽修《唐汾陽王廟碑（貞元二年）》云：

> 右《郭子儀廟碑》，高參文。其敘子儀功業不甚詳，而載破墨
> 姓處木、討沙陀處密事，則《唐書》列傳無之。蓋子儀微時所歷，
> 其後遂立大勳，宜乎史略不書也。然《唐書》有處密、處月、朱耶、
> 孤注等，皆是西突厥薛延陀別部名號。余於《五代史》爲李克用求
> 沙陀種類，卒不見其本末，而參謂「處密」爲「沙陀」，不知其何所
> 據也。按陳翃《子儀家傳》亦云討沙陀處墨十二姓，與參所書頗同。
> 《唐書》轉「蜜」爲「密」，當以碑爲正。治平甲辰七月十三日，以
> 服藥家居書。〔註4〕

高參之碑文流傳至今，其中相關部份之記載爲：

> 在玄宗時，破墨姓處木，討沙陀處密，城橫塞而鎮地絡，開陘
> 關以走天驕。雷行朔隴，夷落如蟄。〔註5〕

從高參碑文的記敘來看，郭子儀征討十二姓的時間大致在其出任橫塞軍
使（天寶八載，749年）前後，〔註6〕而在742～744年間，後突厥內部大亂，
時任朔方節度使的王忠嗣曾率大軍擊破之，後突厥在唐軍與漠北拔悉密、迴
紇、葛邏祿聯合夾擊下亡國，餘部有數支南下投唐，漠北則由迴紇藥羅葛部
統一，建立起迴紇第二汗國；那麼此處郭子儀所征討的十二姓，應爲後突厥
餘部之一支，與其一同提到的沙陀、處密等西突厥部落分佈在天山東部至河
西北部一帶，故此支後突厥餘部十二姓之分佈地可能也在這附近，〔註7〕而其

Hungaricae, Tomus, XXV（1972），pp. 280-281.

〔註3〕鍾焓曾指出，1983年西安發現的俾失十囊墓誌中有提到「北蕃十二部」，但細
檢俾失十囊墓誌，通篇並無提到任何與十二部或十二姓有關的詞語，故此說
不確，參見鍾焓：《安祿山等雜胡的內亞文化背景——兼論粟特人的「內亞化」
問題》，《中國史研究》2005年第1期。

〔註4〕《歐陽修集》卷一四一《集古錄跋尾》卷八。

〔註5〕高參：《唐故汾陽郡王尚父郭公廟碑銘並序》，載《明弘治〈長樂縣志〉點校
本》，收入高宇彤主編：《長樂市志》附錄之四，福州：福建人民出版社，2001
年。據文意對標點略有改訂。

〔註6〕《新唐書·郭子儀傳》：「天寶八載，木剌山始築橫塞軍及安北都護府，詔即
軍爲使。」

〔註7〕這與森安孝夫對 P. T. 1283-II 中突厥默啜十二部落分佈位置的推測也基本符
合，參見森安孝夫：《伯希和敦煌藏文寫本第 1283 號新釋》，載耿昇譯：《敦

中部份部落可能正是在此時此地降附唐朝，或進入朔方軍中，或變身河西城傍，嗣後又在安史之亂爆發後成為平叛的有生力量。〔註8〕

　　另一支十二姓出現在東部。據《安祿山事跡》卷中記載，天寶十三載（754）元月，安祿山「奏前後破奚、契丹部落，及討招九姓、十二姓等應立功將士，其跳蕩、第一、第二功，並請不拘，付中書門下批擬。」此處九姓當指隨後突厥餘部一同南下投唐之阿布思等鐵勒系部落，所部同羅精兵天下無敵，後為安祿山招降，至成為其發動叛亂之重要軍事力量；十二姓則可能包括後突厥殘餘貴族勢力之可汗阿史那部、可敦阿史德部以及宰相康阿義屈達干所部等，〔註9〕這些部落中有一部份也輾轉歸入安祿山手下，成為其叛亂後所建朝廷倚重的上層核心。《唐故薛突利施匐阿施夫人墓誌銘並序》載：

　　　　十二姓阿史那葉護可寒順化王男、左羽林軍上下左金吾衛大將軍阿史那從政，番名藥賀特勤。夫人薛突利施匐阿施，元年建卯月十八日，染疾終於布政里之私第，春秋卅有八，以其年建辰月五日，遷厝於萬年縣長樂鄉之原，禮也。嗚呼哀哉！法倫等痛當擗踊，泣血難任。恐陵谷之遷變，示以刻雕貞石，用記徽猷。其銘曰：皇天無親，殲我良人。占卜宅兆，而安其神。嗚呼哀哉，有去無來。冥冥何往，魂歸夜臺。元年建辰月五日建。〔註10〕

　　墓主薛突利施匐阿施夫人，其夫為藥賀特勤阿史那從政，從政之父為突厥之葉護可寒，唐封順化王，並明確標示出自「十二姓阿史那」一族；由此可證阿史那的確屬於十二姓集團。葉護可寒順化王名諱失載，然可從其它史料考出，《冊府元龜》卷一六四載：

　　　　乾元元年三月丁巳，逆賊軍將幽州節度副使特進獻誠王阿史

煌譯叢》第1輯，蘭州：甘肅人民出版社，1985年，第234頁。

〔註8〕安祿山兵臨潼關之際，河隴諸蕃前來勤王的十三部落中，十二姓之兩個部落奴剌、頡跌位於最前，阿跌良臣家族可能正是於此進入朔方軍。參見李錦繡：《「城傍」與大唐帝國》，收入李錦繡《唐代制度史略論稿》，北京：中國政法大學出版社，1998年。

〔註9〕安祿山所部中明確自稱屬十二姓的有阿史那從禮與康阿義，考詳見後；而安祿山之母為阿史德氏屬十二姓，故不排除有後突厥阿史德部人投附之。

〔註10〕圖版見《隋唐五代墓誌彙編》陝西卷第一冊，天津：天津古籍出版社，1991年；錄文見吳鋼：《全唐文補遺》第2輯，西安：三秦出版社，1995年，第565頁。據文意對標點略有改訂。

那承慶、特進左威衛大將軍安守忠、左羽林大將軍順化王阿史那從禮、蔡希德、李庭訓、符敬等使人齎表狀歸順，詔曰：承慶可太保，封定襄王，守忠可左羽林大將軍，封歸德郡王，從禮可太傅，封歸義郡王，希德可德州刺史，庭訓可邢州刺史，敬可雒州刺史。

同一事件也見於《新唐書・列傳第一百五十上・逆臣上》：

（安慶緒）以相州爲成安府，太守爲尹，改元天和，以高尚、平洌爲宰相，崔乾祐、孫孝哲、牛廷玠爲將，以阿史那承慶爲獻城郡王，安守忠左威衛大將軍，阿史那從禮左羽林大將軍。……慶緒懼人之貳己，設壇加載書、歃血與群臣盟。然承慶等十餘人送密款，有詔以承慶爲太保、定襄郡王，守忠左羽林軍大將軍、歸德郡王，從禮太傅、順義郡王，蔡希德德州刺史，李廷讓邢州刺史，符敬超洺州刺史……

乾元元年爲 758 年，此事件背景爲安祿山之子安慶緒弒父即位，安氏叛軍內部尚未穩固，遂有部份高級將領向李唐朝廷密送降款，冀留後路自保。《新唐書》中記朝廷封阿史那從禮爲「太傅、順義郡王」，《冊府元龜》中則記其封號爲「太傅、歸義郡王」，而《冊府元龜》中還記載阿史那從禮在受封之前的稱號除「左羽林大將軍」之外，尚有「順化王」一稱，這很可能就是上述《唐故薛突利施匐阿施夫人墓誌銘並序》中提到的「十二姓阿史那葉護可寒順化王」，考薛突利施匐阿施夫人卒葬於唐肅宗元年（762），〔註 11〕從時間上看兩者正相符合，而其墓誌出土於長安東郊「萬年縣長樂鄉之原」，且墓誌中稱墓主「染疾終於布政里之私第」，則「阿史那葉護可寒順化王」當亦居住於長安。由此可知，十二姓阿史那葉護可寒順化王即是安史叛軍中的突厥首領阿史那從禮。阿史那從禮在送密款之後情形如何史籍失載，而從上述材料結合視之，其很可能不久便從叛軍陣營成功投向李唐朝廷，舉家入居長安之布政里。從阿史那從禮的突厥稱號「葉護可寒」來看，其在突厥中地位頗高，〔註12〕很可能是阿史那汗室嫡系正支，在突厥及其屬部中具有較

〔註11〕周曉薇：《〈唐薛突利施匐阿施夫人墓誌〉卒葬年份考》，《文博》1997 年第 4 期。

〔註12〕「葉護」在突厥官號中地位極高，一般以可汗之弟或儲君當之，本高於「設」；在突厥第二汗國中「葉護」地位有所下降（稍低於「設」），但仍居於核心重臣地位，如汗國初期開國君主骨咄祿封其弟默啜匐爲葉護，汗國末期則有自

強的號召力，安史之亂初期甚至一度有率部北上、糾結九姓及六州胡諸部、割據邊地、圖謀恢復突厥舊國之舉，〔註13〕由此可見其「十二姓」之前綴絕非浪得虛名。另外，排位在阿史那從禮之前的幽州節度副使特進獻誠王阿史那承慶，當亦出自十二姓阿史那一族，且地位更高，在安史朝廷中居於更核心的位置；其後史思明二子相殘時尚有一將領阿史那玉參與史朝義殺史朝清之事，〔註14〕當亦為阿史那從禮及阿史那承慶之同族，同屬十二姓之餘部投靠安祿山者。

　　安史叛軍中還有另一個明確標示出自「北蕃十二姓之貴種」的家族，同樣來自後突厥，後其主動逃出叛軍，歷盡艱辛，投奔朝廷，此即後突厥宰相康阿義屈達干家族，據顏真卿《康阿義屈達干碑》（即康公神道碑）記載：

> 　　公諱阿義屈達干，姓康氏，柳城人。其先世為北蕃十二姓之貴種。曾祖頡利，部落都督，祖染，可汗駙馬都知兵馬使，父頡利發，墨啜可汗衛衙官、知部落都督，皆有功烈，稱於北陲。公即衙官之子也，正直忠鯁，以信行聞，為國人所敬。長於謀略，工騎射，其弓十鈞。年二十三，為阿史那頡跌施默啜等九可汗宰相。……天寶元年，公與四男及西殺妻子、默啜之孫勃德支特勒、毗伽可汗女大洛公主、伊然可汗小妻余塞匐、登利可汗女余燭公主及阿布思、阿史德等部落五千餘帳，並駝馬羊牛二十餘萬，款塞歸朝，朔方節度使王忠嗣具以上聞。……銘曰：北方之強歟，十有二姓強哉矯。部落之雄者，康執兵柄緬乎眇。〔註15〕

　　康阿義為後突厥宰相，於突厥內亂亡國之際率領大批阿史那、阿史德及

立為可汗的骨咄葉護。

〔註13〕《資治通鑑》卷二一八：「（756年）同羅、突厥從安祿山反者屯長安苑中，甲戌，其酋長阿史那從禮帥五千騎，竊廄馬二千匹逃歸朔方，謀邀結諸胡，盜據邊地。上遣使宣慰之，降者甚眾。……阿史那從禮說誘九姓府、六胡州諸胡數萬眾，聚於經略軍北，將寇朔方，上命郭子儀詣天德軍發兵討之。」同羅首領本為阿布思，其辛後部落為安祿山所得，阿史那從禮本為突厥首領，後來兼領同羅部落，又北上召集朔方之九姓府、六胡州諸突厥舊部圖謀復興，其影響力可見一斑。參見加莫洛夫（Ablet Kamalov）：《安史之亂中的突厥與回鶻》，楊富學譯，《回鶻學譯文集》，蘭州：甘肅民族出版社，2012年。

〔註14〕《新唐書・列傳第一百五十上・逆臣上》。

〔註15〕顏真卿：《康阿義屈達干碑》，《全唐文》卷三四二。轉見岑仲勉：《突厥集史》，北京：中華書局，1958年，第851、853頁。

阿布思等部落南下投附唐朝，可見其地位極高，而康阿義之祖母與兒媳俱為阿史那氏，則其家族似與阿史那等十二姓關係極為密切，數代通婚，確有屬於突厥十二姓之可能，但有研究者指出，康阿義雖以突厥人自居，然其家族本為粟特胡部，不在突厥十二姓之列，康氏自謂出於「北蕃十二姓之貴種」應被視作一種抬高血統、誇耀門閥之舉。〔註16〕康氏究竟是否屬突厥十二姓尚可再議，不過從上述分析來看，康阿義一族在當時為突厥高門卻是不爭的事實，康阿義本人也以突厥貴族自居，因此安祿山才要千方百計對其進行拉攏。〔註17〕

與康阿義家族類似，漢文史料中還記載有一例自稱出於「十二姓」的家族，此即阿跌光進家族，其碑文《李光進碑》中稱「公之先本阿跌氏，出於南單于左廂十二姓，代有才傑，繼為酋帥」，〔註18〕其弟之碑文《李光顏碑》則稱「其先出軒轅，因部為姓，號阿跌氏，陰山貴種，奕代勳華」，〔註19〕鍾焓同樣指出其本為九姓鐵勒，打出「十二姓」的耀眼招牌純為攀附貴種，但據筆者考證，此「阿跌」並非早期那個純粹的九姓鐵勒中的小部落，而是已經改頭換面、被吸納入突厥核心貴族集團的新「阿跌」，漢文中又稱「跌跌」，

〔註16〕 鍾焓：《安祿山等雜胡的内亞文化背景——兼論粟特人的「内亞化」問題》，《中國史研究》2005 年第 1 期。

〔註17〕 安祿山本姓康氏，母阿史德氏屬十二姓，若康氏亦屬十二姓，則安祿山也可標榜出自「北蕃十二姓之貴種」；無論如何，因母系之關聯，安祿山可能會對十二姓持有某種親近感。蒲立本指出，《安祿山事跡》中提到的十二姓顯然是指北突厥即東突厥，如果認同康氏是十二姓之一，那麼看來令人驚訝的就是當時粟特人已經如此緊密地融入了突厥的部落結構；可以確定的是在頡利可汗時代「胡」部還只是一個附屬的族群，並不算正統的突厥，對於東突厥十二姓的劃分很可能是在突厥第二汗國中的某一時間才出現的，而在康阿義生活的時代，「胡」部或其中的一部份，可能已經充分突厥化從而被包含進十二姓了，參見 E. G. Pulleyblank, A Sogdian Colony in Inner Mongolia, *T'oung-Pao*, Second Series, Vol. 41, Livr. 4/5（1952），pp. 339-340, n. 2.

〔註18〕 《李光進碑》，令狐楚撰，收入《金石萃編》卷一〇七；又見於《全唐文》第六部卷五四三《大唐故朔方靈鹽等軍州節度副大使知節度事管内支度營田觀察處置押蕃落等使銀青光祿大夫檢校刑部尚書兼靈州大都督府長史御史大夫安定郡王贈尚書左僕射李公神道碑銘》。

〔註19〕 《李光顏碑》，李程撰，收入《金石萃編》卷一一三；又見於《全唐文》第七部卷六三二《河東節度使太原尹贈太尉李光顏神道碑》。「陰山貴種」之稱在有唐一代另見於狄仁傑《請罷百姓西戍疏勒等四鎮疏》，喻指阿史那斛瑟羅出身正宗，為突厥名門；此外，開元三年八月降唐之跌跌思太尚有「陰山寵裔」之稱，同樣係出身突厥本蕃正宗嫡系之意，此與《李光顏碑》中「陰山貴種」之稱互為呼應，正是光顏出自思太部族之絕好旁證。

在突厥文中稱「äki ädiz」（兩姓阿跌），在藏文中則稱「he-bdal」（挹怛／跌跌），確實屬於突厥十二姓，並非冒認與僞託。〔註20〕阿跌光進光顏家族數代與阿史那可汗家族通婚，這一點也與康阿義家族類似，基於此，對康阿義家族屬於十二姓的質疑也許還需要再作研究。

如果單純基於漢文史料，將難以得到一份完整的突厥十二姓的名單，以上的分析只能大致確定這份名單中有阿史那氏，有阿跌／跌跌氏，也許還有康氏，然而離完整的名單還差很遠。現存的突厥文史料也幾乎未提供任何與十二姓直接相關的記載和線索。不過幸運的是，這份完整的突厥十二姓的名單竟然意外地出現在一份敦煌古藏文寫本中，這就是伯希和敦煌藏文寫本第1283號——《北方若干國君之王統敍記》。

2. 藏文史料中的突厥十二姓

伯希和敦煌藏文寫本第1283號，簡稱 P. T.1283，位於漢文佛經《菩薩見實三昧經淨飯王諸佛品第二》寫卷的背面，包含兩篇文書，〔註21〕第一篇爲《禮儀問答寫卷》，現存532行，〔註22〕第二篇才是《北方若干國君之王統敍記》，以故也簡稱爲 P. T.1283-II，現存109行，有關「突厥默啜十二部落」的記載出現在其中第7～12行：

> 某地，漢語稱爲室韋（ji-vur），突厥語稱之爲莫賀婆力（ba-ker-pa-lig）。以此爲主體，在其上，有突厥默啜（vbug-chor）十二部落：王者阿史那部（rgyal-po-zha-ma-mo-ngan），頡利部（賀魯 ha-li），阿史德部（a-sha-sde），舍利突利部（shar-du-livi），奴剌部（駮馬 lo-lad），卑失部（par-sil），移吉部（rngi-kevi），蘇農部（so-ni），足羅多部（jol-to），阿跌部（yan-ti），悒怛部（嚈噠，頡跌，he-bdal），葛邏歌布邏部（gar-rga-pur）。諸小部落中無國君，勝兵六千人。〔註23〕

〔註20〕參見本書第八篇《兩姓阿跌考》。

〔註21〕王堯：《近十年敦煌吐蕃文書研究簡況述評》，收入王堯《藏學零墨》，高雄：臺灣佛光文化事業有限公司，1992年。

〔註22〕王堯、陳踐：《敦煌古藏文〈禮儀問答寫卷〉譯解》，《敦煌吐蕃文書論文集》，成都：四川民族出版社，1988年，第123頁。

〔註23〕王堯、陳踐：《敦煌古藏文本〈北方若干國君之王統敍記〉文書介紹（附譯文）》，《中國史研究動態》1979年第12期；王堯、陳踐：《P. T. 1283 號——北方若干國君之王統敍記文書》，《敦煌學輯刊》1982年第2期；王堯、陳踐：《P. T.

據此，這十二個突厥部落的漢文譯名及藏文轉寫是：

（1）王者阿史那（rgyal-po-zha-ma-mo-ngan）

（2）頡利（賀魯 ha-li）

（3）阿史德（a-sha-sde）

（4）舍利突利（shar-du-livi）

（5）奴剌（駁馬 lo-lad）

（6）卑失（par-sil）

（7）移吉（rngi-kevi）

（8）蘇農（so-ni）

（9）足羅多（jol-to）

（10）阿跌（yan-ti）

（11）悒怛（嚈噠，頡跌，he-bdal）

（12）葛邏歌布邏（gar-rga-pur）

關於這十二個突厥部落的漢文譯名及藏文轉寫，還有另一個版本：〔註24〕

（1）夏瑪莫岸王部落 rgyal po zha ma mo ngan sde

（2）哈里部落 ha li sde

（3）阿沙德部落 a sha ste'i sde

（4）夏杜里部落 shar du li'i sde

（5）洛拉部落 lo lad gyi sde

（6）巴爾斯部落 par sil sde

（7）額格部落 rngi ke'i sde

（8）蘇尼部落 so ni sde

（9）足里道部落 jol to sde

1283 號 北方若干國君之王統敘記文書》，《敦煌吐蕃文獻選》，成都：四川民族出版社，1983 年，第 161 頁；王堯、陳踐：《北方若干國君之王統敘記文書》，《吐蕃文獻選讀》，成都：四川民族出版社，2003 年，第 198，199 頁，第 209 頁；王堯：《敦煌本吐蕃文書〈北方若干國君之王統敘記〉譯解》，《西藏文史探微集》，北京：中國藏學出版社，2005 年，第 64 頁。上述各篇譯文基本一致，唯「悒怛」只有第一篇（1979 年）正確，其它各篇均作「悒恒」，當為排印錯誤。

〔註24〕〔美〕張琨著，李有義、常鳳玄譯：《敦煌本吐蕃紀年之分析》，《民族史譯文集》第 9 集，1981 年，第 69 頁；也摘載於常霞青：《麝香之路上的西藏宗教文化》，杭州：浙江人民出版社，1988 年，第 274 頁。

（10）言地部落　yan ti sde

（11）赫達部落　he bdal sde

（12）扎噶布部落　gra rga pur sde

可以看出，後一個版本的漢譯名稱是根據藏文發音用現代漢語文字直譯的，未作任何考訂與比勘；前一個版本則包含了若干與古代漢文史料中部落名稱的比定與勘同，然而其比勘缺乏考證，存在不少問題。對於這十二個突厥部落，巴科（J. Bacot）於 1956 年發表的關於 P. T.1283-II 的文章中，曾附有伯希和對其中九個部落名的箋注，分別是：〔註25〕

（1）Zha-ma-mo-ngan：Zha-ma＝《翁金碑》中的 Yamï 可汗＝Bumïn 可汗？Mo-ngan? 參考漢文中的「木汗可汗」〔關於 Zha-ma 也許可參考 Yimäk？〕；

（2）A-sha-ste：阿史德？

（3）Shar-du-li：沙陀？

（4）Lo-lad：？＝奴剌

（5）Par-sil：Barsîlq＝Βαρσιλτ

（6）rngi-ke：？Nilqāz

（7）So-ni：突厥蘇尼部

（8）He-bdal：＝古代的 Hephthalites

（9）Gar-rga-pur：＝*Qarγal？

這當然只是一種極為初步的研究，尚停留在簡短札記的形態，未及深入伯希和即已去世。在此基礎之上，著名突厥學家克洛松（S. G. Clauson）於 1957 年在漢學家蒲立本（E. G. Pulleyblank）的協助之下，對其作了進一步的比勘，確定了其中八個部落的古代漢譯名，分別是：〔註26〕

（a）Zha-ma 可汗部＝阿史那部

（b）Ha-li 部＝頡利部

（c）A-sha-ste 部＝阿史德部

（d）Shar-du-li 部＝舍利吐利部

〔註25〕 J. Bacot,（notes par P. Pelliot）, Reconnaissance en Haute Asie Septentrionale par cinq envoyés ouigours au VIIIe siècle, *Journal Asiatique*, 1956, p. 151.

〔註26〕 G. Clauson, À propos du manuscript Pelliot tibétain 1283, *Journal Asiatique*, 1957, pp. 11-24; 漢譯文見克洛松:《論伯希和敦煌藏文寫本第 1283 號》，耿昇譯，《西北民族文叢》1984 年第 1 期。

（e）Par-sil 部＝卑失部

（f）He-bdal 部＝悒怛部

（g）Lo-lad 部＝奴剌部

（h）So-ni 部＝蘇農部

　　森安孝夫在 1977 年研究這份文書時，基本同意克洛松對於上述八個突厥部落漢譯名稱的比勘，只是認爲將（b）Ha-li 比定爲「賀魯」似乎更好（但未作具體論證），此外對其中將（f）He-bdal 比定爲「悒怛」的注釋存有異議——克洛松認爲《新唐書·地理志》中「葛邏州以葛邏·悒怛部置」中的「葛邏悒怛」應即相當於 Qara He-bdal（黑エフタル），此州只由エフタル一個部落構成，而不是由カルルク和エフタル兩個部落構成——這一結論過於武斷，不明所以，在森安孝夫看來，還不如簡單地將其釋讀爲葛邏州由カルルク和エフタル兩個部落構成，如此則將本文書中與 He-bdal 一同出現的 Gar-rga-pur 釋讀爲其中包含カルルク之名稱的嘗試也許是不無道理的。〔註27〕

　　克洛松只考定了十二個部落中的八個，餘下的四個則難以確定：rngi-kevi，jol-to，yan-ti，gar-rga-pur；森安孝夫對 gar-rga-pur 可能的比定作了猜測，但沒有進行論證，而在 2007 年關於 P. T.1283-II 的新譯文中，他將 rngi-kevi 比定爲「綽」，同樣未作論證。〔註28〕另一方面，在二十世紀六十年代，前蘇聯突厥學家古米廖夫（Л. Н. Гумилёв）也曾對這一名單進行過較全面的研究，其見解先後發表在 1965 年《可薩的鄰族》一文和 1967 年《古代突厥》一書中。〔註29〕在《古代突厥》第十二章《西部汗國》中，古米廖夫詳細討論了 P. T.1283-II 中的這份突厥部落名單，不過由於他將該名單視爲西突厥內部部落之構成，並將其時代斷在西突厥統葉護可汗之末期，遂導致其研究存在較大偏頗。他認爲，文中向北方派出五位使臣偵探的「霍爾」係指吐谷渾，文書原先是以一種南部蒙古方言（可能指吐谷渾語）寫成，並且在術語使用上受到漢語的強烈影響，報告的作者受過良好的教育並熟悉漢語地理文獻，因此其中提到的部落名稱大都遭受漢語語音的影響而發生變形，然後，這些已經變形的部

〔註27〕森安孝夫：《チベット語史料中に現われる北方民族：Dru-Gu と Hor》，《アジア・アフリカ言語文化研究（Journal of Asian and African Studies）》（14），1977，pp. 13-14.

〔註28〕森安孝夫：《シルクロードと唐帝國》，東京：講談社，2007 年，p. 319.

〔註29〕Л. Н. Гумилёв, Соседи хазар, Опубликовано в журнале Страны и народы Востока, 1965; Л. Н. Гумилёв, Древние Тюрки // М.：1967, C. 160-163.

落名稱在轉譯爲藏語的過程中再一次走樣，導致其中一部份已難以還原。古米廖夫對突厥默啜十二部落的具體分析是：

（1）「皇室部落 Азма Муганя」，這是指阿史那氏；

（2）「хали」，可以同「附離」相聯繫，該詞在漢文史料中指突厥可汗的侍衛，出自突厥語「бури」（狼）；

（3）「а-са-стэ」——突厥貴族阿史德氏；

（4）「сар」——無疑即「сир」，也就是薛延陀部落的統治氏族，該詞後接「дули」，可以看作是「толис」一詞；

（5）「ло-лад」——具有蒙古語複數詞尾的阿蘭，在文書寫作的時代位於吐谷渾；

（6）「парсил」——保加爾（болгар）部落 барсил，位於裏海西北岸；

（7）「нги-ке」，參見阿史那達曼之稱號——「泥撅處羅可汗」，泥撅是突厥部落名，位於「烏孫故地」，亦即巴爾喀什湖沿岸；

（8）「суни」——準噶爾的突厥部落，位於東西汗國交界處；

（9）「джолто」，尚未考出，懷疑是「тардуш」一詞之訛變，用以指所有汗國右廂部落；也許在文書撰寫的時代，「толис-тардуш」兩者的並立已經不復存在了；

（10）「янь-ти」，可以同薩爾馬特（сармат）部落「奄蔡」相聯繫，在 1965 年《可薩的鄰族》中曾認爲也許是「延陀」，即薛延陀部落的一部份；

（11）「хе-бдал」，無疑即恹怛（эфталиты）；

（12）「гар-рга-пур」，該詞由兩部份組成，「пур」是波斯語的「兒子」，「гар-рга」則相當於「карга」，是突厥語的「烏鴉」；該詞又可以追溯到波斯語的「烏鴉」——「чубин」，也即是薩珊波斯帝國霍爾木茲沙時代大將巴赫蘭‧楚賓（Бахрам Чубин）的綽號，巴赫蘭死後其後裔定居於巴里黑（Балх），在七世紀時屬於西突厥汗國；他們被認爲是後來薩曼王朝的祖先；〔註30〕

〔註30〕這一看法後來被加莫里丁（Shamsiddin S. Kamoliddin）加以引申和發展，參見其《薩曼起源考》一文：To the Question of the Origin of the Samanids, *Transoxiana 10*, Julio 2005.

　　古米廖夫認為，這份名單中只有前九個才是眞正的突厥部落，且第九個
疑爲右廂達頭（тардуш）集團之統稱，並非某一特定部落名稱，而後三個則
位於統葉護可汗時代的中亞西部地區，屬伊朗語部落。總體來看，由於基本
認識框架的錯誤，古米廖夫的分析無疑存在大量問題，P. T.1283-II 文書中的「突
厥默啜」明顯是指東部突厥，但卻被古米廖夫當成西部突厥來理解，導致其
認爲這份突厥十二姓的名單中竟然出現了若干中亞西部地區的伊朗語部族名
稱，不過，古米廖夫的研究也有其獨到之處，如其將第（4）姓和第（10）姓
與薛延陀聯繫起來的設想便極富創見，〔註31〕展現出了非凡的史識。

〔註31〕筆者之前曾提出第（4）姓「Shar-du-livi（舍利吐利）」的名稱或可分析爲「Shar
　　　　（舍利）」和「du-livi（吐利）」，其原文爲「Shari-Tölis」，即「舍利族」的「吐
　　　　利部」，「薛延陀」的原文則爲「Sir-Tarduš」，即「薛族」的「延陀部」（「延陀」
　　　　爲「達頭」之異譯），而「舍利（Shari）」又和薛延陀的族稱「薛（Sir）」關係
　　　　密切，當時尚未讀到古米廖夫的論文，故此一論點可謂與古氏暗合，參見本
　　　　書第二篇《阿史德、舍利、薛延陀與欽察關係小考》第 3 節。關於第（10）
　　　　姓「Yan-ti」可比定爲「延陀」即漢文史料中對薛延陀的常用名稱的分析，詳
　　　　見本文第 3.10 節。

第十篇　突厥十二姓考（二）

3. 突厥十二姓的名單構成

從克洛松已經考定的八個部落來看，這份名單顯然出自東部突厥，而非西部突厥，稍加分析便可發現，這八個部落都包括在突厥第一汗國滅亡後唐朝爲安置東部突厥降眾而設置的四府十六州之中：〔註1〕

定襄都督府（頡利左廂）：阿史德州（阿史德部）、執失州（執失部）、蘇農州（蘇農部）、拔延州（拔延阿史德部）；

雲中都督府（頡利右廂）：舍利州（舍利吐利部）、阿史那州（阿史那部）、綽州（綽部）、思壁州（思壁部）、白登州（奴剌部）；

桑乾都督府（分自定襄）：郁射州（郁射施部）、藝失州（多地藝失部）、卑失州（卑失部）、叱略州（叱略部）；

呼延都督府（分自云中）：賀魯州（賀魯部）、葛邏州（葛邏祿部）、跌跌州（跌跌部）。

其中，定襄府二部：阿史德、蘇農；雲中府三部：阿史那、舍利吐利、奴剌；桑乾府一部：卑失；呼延府二部：賀魯、跌跌。由本文第1節的分析可知，「突厥十二姓」的劃分至少在默啜時代已經存在，而突厥第二汗國的基本部眾來自於唐朝單于大都護府轄下二十四州突厥部落，其中核心部眾即是上述東部突厥降眾之四府十六州部落，則突厥十二姓的產生也與這十六州部落密切相關。目前的史料尚無法完全否定突厥十二姓在突厥第一汗國時代已經

〔註1〕參見本書第六篇《三十姓突厥考》第4節與第6節。

產生的可能性，不過更爲合理的看法是：這一部落集團係在突厥第二汗國成立之後才開始形成並穩定，其產生的根基則是單于大都護府轄下二十四州突厥部落，而後者又可上溯於降唐東部突厥餘眾之四府十六州部落。對突厥十二姓名單的具體分析將有助於加深這一認識。

從唐朝與突厥、鐵勒等北族的密切關係及熟悉程度來分析，筆者傾向於認爲，當時的唐朝人必定掌握著這樣一份突厥十二姓構成的名單——正如西突厥十姓（「十箭」）的名單曾經被詳細記錄載諸史乘那樣，只是由於某種原因，這一東突厥十二姓的名單未能被記錄入官方正史中。不過這一名單也未必是唯一和固定的，如像鐵勒九姓與迴紇九姓以及葛邏祿三姓等，其構成名單在漢文史料中便有多個版本，並且還隨時代有所變化。〔註2〕從 P. T.1283-II 中記錄的突厥十二姓部落名稱來看，藏文史料中的這一名單很可能也參考了唐朝人記錄的突厥十二姓名單，其中受到漢文史料名稱影響的痕跡相當明顯，克洛松和古米廖夫都指出過這一點，〔註3〕儘管少數名稱由於轉譯和傳抄發生的變形和扭曲而變得難以復原，但仍能感受到其原始版本的漢語語音因素。茲以 P. T.1283-II 文書中藏文突厥十二姓名單爲基礎，結合漢文相關史料分析，並參考諸前賢成果，擬對漢文突厥十二姓名單作一初步復原，這一嘗試當然遠非定論，只是冀望對此項研究之推進有所裨益。

3.1. rgyal-po-zha-ma-mo-ngan（ རྒྱལ་པོ་ཞ་མ་མོ་ངན ）

王堯、陳踐譯爲「王者阿史那」，李有義、常鳳玄譯爲「夏瑪莫岸王」，而據克洛松、森安孝夫考訂，該詞在 P.T.1283-II 中首次出現的形式「zha-ma-mo-ngan」實爲「zha-ma-kha-gan」（ ཞ་མ་ཁ་གན ）之訛寫，後者還出現於同

〔註2〕如根據《舊唐書·迴紇傳》及《新唐書·回鶻傳》，迴紇九姓的名單是：藥羅葛、胡咄葛、啒羅勿（咄羅勿）、貊歌息訖、阿勿嘀、葛薩、斛嗢素、藥勿葛、奚耶勿；而《唐會要·迴紇傳》中則認爲是：迴紇、僕固、渾、拔曳固（拔野古）、同羅、思結、契苾、阿布思、骨侖屋骨。葛邏祿的三姓在漢文史料中也有兩種版本，一爲：謀落（謀剌）、熾俟、踏實力，一爲：謀落（謀剌）、婆匐（婆匐）、踏實力。

〔註3〕克洛松認爲從回鶻（突厥）文譯本到藏文譯本之間可能存在一個漢文過渡譯本；古米廖夫雖未提到漢文中介，但也認爲其專名受到漢語語音的強烈影響而發生訛變。參見 G. Clauson, À propos du manuscript Pelliot tibétain 1283, *Journal Asiatique*, 1957, pp. 11-24; 漢譯文見克洛松：《論伯希和敦煌藏文寫本第 1283 號》，耿昇譯，《西北民族文叢》1984 年第 1 期；Л. Н. Гумилёв, *Древние Тюрки* // М.：1967, С. 161.

一文書的第 49～50 行與第 69～70 行兩處，意爲「Zha-ma 可汗」。〔註4〕作爲突厥十二姓之首，「Zha-ma 可汗」部落固然屬於突厥汗室阿史那氏，但嚴格來說，兩者並不完全等同，將「Zha-ma 可汗」譯爲「阿史那」是不準確的，前者應係特指東部汗國之始祖暨創建者阿史那染干，漢文稱號爲「啓民可汗」，而突厥語稱號則爲「Yama Qaɣan」，見於鄂爾渾盧尼文突厥碑銘《翁金碑》，「zha-ma-kha-gan」當爲突厥語「Yama Qaɣan」轉譯爲藏語之後的形式。〔註5〕從《翁金碑》起首的敘事背景來看，筆者傾向於認爲 Yama 可汗是分裂之後的東部突厥汗國的創建者啓民可汗即阿史那染干，其突厥語稱號 Yama /

〔註 4〕 森安孝夫：《チベット語史料中に現われる北方民族：Dru-Gu と Hor》，《アジア・アフリカ言語文化研究（*Journal of Asian and African Studies*）》（14），1977，pp. 3, 5, 6; Federica Venturi, An Old Tibetan Document on the Uighurs：A New Translation and Interpretation, *Journal of Asian History*, Vol. 42, No. 1（2008），pp. 20-21, 27, 29. 克洛松認爲「Zha-ma 可汗」就是突厥第二汗國最後一位可汗「Ozmïš Qaɣan」即漢文之「烏蘇米施可汗」，此說顯然有誤，參見 G. Clauson, À propos du manuscript Pelliot tibétain 1283, *Journal Asiatique*, 1957, p. 13; 漢譯文見克洛松：《論伯希和敦煌藏文寫本第 1283 號》，耿昇譯，《西北民族文叢》1984 年第 1 期，第 236 頁。森安孝夫在 2007 年的新譯文中，將此名譯作「射摩可汗王族（即阿史那部）」，參見森安孝夫：《シルクロードと唐帝國》，東京：講談社，2007 年，p. 319.

〔註 5〕 對於《翁金碑》正面第一行突厥祖先可汗的名號釋讀，向來爭議未定。早期通行的讀法 Yamï 因僅此一見不時受到質疑，芮傳明將其比定爲《酉陽雜俎》中記載的突厥傳說中的祖先名號「射摩」；芮跋辭（Volker Rybatzki）則認爲 Yamï 的讀法不可靠，應當訂正爲 Yoluɣ，即迴紇盧尼文碑銘中提到的祖先可汗名號之一，並懷疑《翁金碑》的立碑年代並非傳統認爲的突厥第二汗國時期，而是在漠北迴紇汗國初期，然而在筆者看來，這一懷疑根據不足，因其無法解釋《翁金碑》上的阿史那可汗氏族印記；大澤孝（Takashi ŌSAWA）經過實地考察，新近提出 Yamï 應修正爲 Yama，並從歷史語音比較上證明其漢文對音正是「射摩」，且可勘同於 P. T. 1283-II 中 3 次出現的 Zha-ma，這一結論也得到阿特伍德（Christopher P. Atwood）的認同和支持，然而大澤孝卻認爲射摩可汗（Yama Qaɣan）的真實身份是突厥汗國創建者布民可汗（Bumïn Qaɣan）。參見芮傳明：《古突厥碑銘研究》，上海：上海古籍出版社，1998 年，第 297～298 頁；Volker Rybatzki, Titles of Türk and Uigur Rulers in the Old Turkic Inscriptions, *Central Asiatic Journal*, Vol. 44, No. 2（2000），pp. 208-213; Takashi ŌSAWA, Revisiting the Ongi inscription of Mongolia from the Second Turkic Qaganate on the basis of the rubbings by G. J. Ramstedt, *Suomalais-Ugrilaisen Seuran Aikakauskirja / Journal de la Société Finno- Ougrienne*, 93, 2011, s. 176-177; Christopher P. Atwood, Some Early Inner Asian Terms Related to the Imperial Family and the Comitatus, *Central Asiatic Journal*, Vol. 56（2012/2013），pp. 78-81.

Zha-ma 的漢文音譯則爲「射摩」。「啓民」的早期中古音爲*kʰɛj'-mjin，〔註6〕「染干」的早期中古音爲*ɲiam'-kan，〔註7〕從對音的角度看，Yama / Zha-ma 的漢譯不可能是「啓民」或「染干」，「染干」應爲啓民可汗之突厥語本名，「啓民」則是隋朝所封可汗號，且「啓民」應爲漢語義譯稱號，類似唐封回鶻可汗號中「懷仁」、「英武威遠」、「英義建功」、「武義成功」、「長壽天親」、「忠貞」、「奉誠」、「懷信」、「保義」、「崇德」、「昭禮」、「彰信」之類，而非突厥語音譯；將 Yama / Zha-ma 的漢語音譯考定爲「射摩」，在對音上非常貼合，〔註8〕該名號應爲啓民之突厥語可汗號，賴《酉陽雜俎》之記載，得以保留其漢譯名號「射摩」。

啓民可汗創建的東部汗國傳了二代四位可汗而亡，末主頡利可汗爲啓民可汗第三子，嗣後復興第二汗國的骨咄祿、默啜兄弟出自阿史那氏哪一支系一直懸而未決，漢文史料只說其爲「頡利之疏屬」或「頡利族人」，但這一記載並不能證明其出自啓民一系。〔註9〕《翁金碑》碑主以 Yama Qaɣan（即啓民可汗阿史那染干）爲始祖，且其碑上之印記與《闕特勤碑》及《毗伽可汗碑》上之印記幾乎相同，一度使人相信後突厥始祖骨咄祿也應出自啓民一系，然而由於《翁金碑》碑主之身份難以確定，其與骨咄祿、默啜之關係未可遽斷，且《闕特勤碑》與《毗伽可汗碑》都不提曾提及 Yama Qaɣan，遂使這一難題仍無定論。〔註10〕筆者以

〔註6〕Pulleyblank 1991：247, 216.

〔註7〕Pulleyblank 1991：264, 102.

〔註8〕Takashi ŌSAWA, Revisiting the Ongi inscription of Mongolia from the Second Turkic Qaganate on the basis of the rubbings by G. J. Ramstedt, *Suomalais-Ugrilaisen Seuran Aikakauskirja / Journal de la Société Finno-Ougrienne*, 93, 2011, s. 176-177; Christopher P. Atwood, Some Early Inner Asian Terms Related to the Imperial Family and the Comitatus, *Central Asiatic Journal*, Vol. 56（2012/2013）, pp. 78-81.

〔註9〕阿史那思摩同樣被漢文史傳記爲「頡利族人」，但據其墓誌，其祖父「達拔可汗」應即漢文史傳中之「佗缽可汗」，而啓民支系則出自他缽可汗之兄乙息記可汗，兩者分屬不同支系，可見「頡利族人」未必就出自啓民系。參見王義康：《突厥世系新證——唐代墓誌所見突厥世系》，《民族研究》2010年第5期。

〔註10〕王義康認爲，後突厥汗國創建者骨咄祿爲「頡利之疏屬」，並非啓民可汗子孫，故後突厥可汗皆非出自啓民一系；而在骨咄祿之前叛唐稱汗的阿史那伏念，也不是啓民可汗子孫；後突厥汗國中的阿史那毗伽特勤是突利可汗阿史那什缽苾曾孫，此人才是啓民可汗直系子孫，但其在後突厥國中已非實力派人物，故可推知參與後突厥復國的啓民系子孫已屈從於非啓系的突厥可汗後裔。參見王義康：《唐代邊疆民族與對外交流》，哈爾濱：黑龍江教育出版社，2013年，第19~23頁。

爲，在漢文史料中並未出現對後突厥汗室正統性質疑記載的情況下，骨咄祿出自啓民系的可能性是不應輕易否定的；前述已經表明，藏文史料 P. T.1283-II 中突厥十二姓名單之首的「Zha-ma 可汗」可以考定爲漢文中的「啓民可汗」，這就從另一角度佐證，後突厥汗室的確出自啓民系，而啓民系又是突厥第一汗國之正統嫡系，因此突厥第二汗國確爲第一汗國之繼承者，兩者同出於啓民系。

那麼《闕特勤碑》與《毗伽可汗碑》爲何宗布民可汗（Bumïn Qaɣan，即漢文之土門／伊利可汗）與室點密可汗兩人爲民族祖先呢？一方面，這可以通過突厥第二汗國統治者擁有重新統一東西兩部份汗國的雄心來解釋，另一方面，從下文 3.2 中的考證可知，十二姓之第二姓爲賀魯，出自西部突厥之阿史那氏，其始祖爲室點密，〔註11〕有別於東突厥啓民系之始祖布民，故而以突厥創建時期東西兩部之始祖爲後突厥始祖，兼有籠絡汗國內其它阿史那系、增強內部凝聚力之意圖。屬於十二姓啓民可汗部的族人，除本文第 1 節中提到的阿史那從禮、阿史那承慶及阿史那玉家族之外，尚有眾多突厥第二汗國中的阿史那氏，此處不再贅述。

3.2. ha-li（ㄅ·ས）

王堯、陳踐譯爲「頡利（賀魯）」，李有義、常鳳玄譯爲「哈里」，克洛松考訂爲「頡利」，森安孝夫建議修訂爲「賀魯」，但未作論證；而古米廖夫考訂爲「附離」，顯然不確。從讀音上看，將「ha-li」比定爲「頡利」或「賀魯」都有一定道理，〔註12〕然而，基於下述論證可以確定，「ha-li」應比定爲「賀魯」，是一個來自西突厥賀魯餘部、而後進入東部突厥的阿史那部落。

第一，「頡利」在漢文史料中是突厥第一汗國末主阿史那咄苾之可汗號，並非一個姓氏，史乘中也從未見以「頡利」爲姓氏或部落名稱之突厥族人；第二，若將「ha-li」比定爲「頡利」，勢必與十二姓之首「zha-ma-kha-gan（啓民可汗）」產生齟齬，因頡利爲啓民之子，本就從屬於「啓民系」，且頡利是亡國之君而非開國始祖，不太可能再自立爲一部；第三，也是最重要的一點，「賀魯」在漢文史料中的確以姓氏和部落名稱的面目出現過，並且在突厥第二汗國中居於上層貴族集團。《冊府元龜》卷一三一載：

〔註11〕 《新唐書·突厥傳》：「賀魯者，室點蜜可汗五世孫，曳步利設射匱特勒劫越子也。」

〔註12〕 「頡利」的早期中古音爲*ɣɛt-liʰ（Pulleyblank 1991：153, 188），「賀魯」的早期中古音爲*ɣaʰ-lɔ'（Pulleyblank 1991：123, 200），在與 ha-li 的接近程度上，兩者各有千秋。

代宗寶應元年十二月，封朔方節度使僕固懷恩妻賀魯氏爲涼國
夫人，賜實封二百户，以功寵之也。

據此，則僕固懷恩之妻即爲賀魯氏，代宗寶應元年爲 762 年，考僕固懷
恩約生於七世紀末至八世紀初年間，〔註 13〕其娶妻之時突厥第二汗國應仍健
在或滅亡未久，此賀魯氏當爲降唐後進入朔方軍中之突厥賀魯部落中人。《舊
唐書·渾瑊傳》載：

渾瑊本名曰進，年十餘歲即善騎射，隨父戰伐，破賀魯部，下石
堡城，收龍駒島，勇冠諸軍，累授折衝果毅。後節度使安思順遣瑊
提偏師深入葛祿部，經狐媚磧，略特羅斯山，大破阿布思部；又與
諸軍城永清柵、天安軍，遷中郎將。

《新唐書·渾瑊傳》載：

瑊年十一，善騎射，隨釋之防秋，朔方節度使張齊丘戲曰：「與
乳媼俱來邪？」是歲立跳盪功。後二年，從破賀魯部，拔石堡城、
龍駒島，其勇常冠軍。署折衝果毅。節度使安思順授瑊偏師，入葛
祿部，略特羅斯山，破阿布思，與諸軍城永清及天安軍。遷中郎將。

案渾瑊出生於 736 年，哥舒翰奉旨攻拔吐蕃石堡城在天寶八年（749），
〔註 14〕則渾瑊從破賀魯部當在 747～749 年間，其時後突厥新亡，此處出現的
「賀魯部」當然不可能是前西突厥沙鉢羅可汗阿史那賀魯本人（卒於 659 年），
而當爲貞觀末年降唐後進入東部突厥之賀魯餘部，且位於朔方軍征討範圍之
內，疑此事件與本文第 1 節中郭子儀征討十二姓爲同一事件，是則賀魯部在
後突厥亡後當有餘衆南下投唐。從賀魯氏能與大唐重臣朔方節度使僕固懷恩
聯姻一事來看，其家族在突厥第二汗國中地位似應較高，而這在漢文史料中
同樣有跡可尋。《冊府元龜》卷九八六載：

（開元）六年二月，大舉蕃漢兵北伐突厥，下制曰：「……右
威衛將軍左賢王阿史那毗伽特勒、左武衛大將軍燕山郡王火拔石失
畢、左領軍衛大將軍阿婆啜阿史那褐多、右驍衛大將軍賀魯室合眞
阿婆囑等，或彼貴種，應係人思；或彼信臣，已歸邦化。」〔註 15〕

〔註 13〕參見本書第八篇《兩姓阿跌考》第 4 節。
〔註 14〕《冊府元龜》卷九九二：「天寶八年六月，隴右哥舒翰率河東、河西、靈武及
突厥阿布思等兵士六萬三千，攻吐蕃石保城。」另可參見舊新唐書哥舒翰傳
之記載。
〔註 15〕岑仲勉：《突厥集史》，北京：中華書局，1958 年，第 406 頁；吳玉貴：《突厥
第二汗國漢文史料編年輯考》，北京：中華書局，2009 年，第 1040 頁。

《冊府元龜》卷九七七載：

> （開元）六年四月，突厥賀魯阿波屬下首領倍羅賀魯曳辭等投
> 降。〔註16〕

　　開元六年為 718 年，岑仲勉認為後一記載中之「賀魯阿波屬」應即前一記載中之「賀魯窒合真阿婆囑」，其與屬下首領倍羅賀魯曳辭等都出於後突厥中的賀魯部，而其南下投唐之時間正在默啜可汗末年至毗伽可汗初年之間。從賀魯窒合真阿婆囑在降唐後被封為右驍衛大將軍且與同時降唐的阿史那毗伽特勤、火拔石失畢等一併被唐朝視為後突厥國中之「貴種」、「信臣」來看，〔註17〕賀魯部在突厥第二汗國中確實具有較高地位；而從活動年代考之，僕固懷恩妻賀魯氏之先人很可能正是賀魯窒合真阿婆囑或其屬下首領。

　　賀魯部在後突厥中居於統治集團內部核心，排列在突厥十二姓之第二位，除了其為原西部汗國阿史那支系後裔、出身貴種之因素外，尚有另一重要因素。《冊府元龜》卷一一九載：

> 永淳二年十一月，命將軍程務挺為單于道安撫大使，以招討總
> 管材山賊元珍、骨篤祿、賀魯等。〔註18〕

　　永淳二年為 683 年，其時尚未進軍規復磧北的阿史那骨咄祿、阿史德元珍等單于大都護府叛亂餘黨還在漠南的總管材山一帶活動，此處一同出現的「賀魯」當然也不可能是前西突厥沙缽羅可汗阿史那賀魯本人，而只能是其在貞觀末年降唐後進入東部突厥的西突厥餘部，是則賀魯部不但參與了後突厥的復國運動，而且其首領還曾經於早期在漠南堅持抵抗唐軍、與阿史那骨咄祿和阿史德元珍等復國元勳一同並肩作戰，因此才會在第二汗國建立之後居於上層貴族集團。至於原為西突厥的賀魯部何以會出現在東突厥的單于大都護府叛亂之中，也可在漢文史料中找到解釋，《新唐書·地理志》載：

> 呼延都督府（貞觀二十年置），領州三（貞觀二十三年分諸部
> 置州三）：賀魯州（以賀魯部置，初隸雲中都督，後來屬），葛邏州
> （以葛邏、抱怛部置，初隸雲中都督，後來屬），跌跌州（初為都督

〔註16〕岑仲勉：《突厥集史》，北京：中華書局，1958 年，第 407 頁。

〔註17〕關於阿史那毗伽特勤，參見本書第六篇《三十姓突厥考》第 1 節和第 2 節；火拔石失畢即火拔石阿失畢，參見本書第四篇《默啜諸婿考》第 1 節。

〔註18〕也見於《冊府元龜》卷九八六及《舊唐書·高宗紀》；參見岑仲勉：《突厥集史》，北京：中華書局，1958 年，第 306 頁；吳玉貴：《突厥第二汗國漢文史料編年輯考》，北京：中華書局，2009 年，第 505 頁。

府，隸北庭，後爲州，來屬）。

《唐會要》卷七三載：

> （貞觀）二十三年十月三日。諸突厥歸化。以舍利吐利部置舍
> 利州。阿史那部置阿史那州。綽部置綽州。賀魯部置賀魯州。葛邏
> 祿悒怛二部置葛邏州。並隸雲中都督府。以蘇農部落置蘇農州。阿
> 史德部置阿史德州。執失部置執失州。卑失部置卑失州。郁射部置
> 郁射州。多地藝失部置藝失州。並隸定襄都督府。

《唐會要·諸蕃馬印》載：

> 賀魯馬，（印略。）
>
> 已上雲中府管。

據此可知，賀魯部降唐之後，[註19]於貞觀二十三年（649）設置賀魯州，初屬雲中都督府，後與葛邏州從中分出，另隸呼延都督府，而無論雲中都督府還是呼延都督府，都隸屬於後來的單于大都護府。[註20]上述分析表明，將「ha-li」比定爲「賀魯」有足夠多的證據支持，賀魯部名列突厥十二姓之第二位係實至名歸，令人信服。至於漢文中「魯」何以對譯藏文中的「li」，則可以用轉譯、傳抄中的訛變來解釋：藏文字母元音標符的「o」（ོ）與「i」（ི）較爲接近，「ha-li」（ཧ་ལི）可能是「ha-lo」（ཧ་ལོ）之訛變，而從敦煌漢藏對音材料來看，漢文「魯」正好對應藏文「lo」，[註21]漢文「賀」則正好對應藏文「ha」，[註22]故藏文「ha-lo」與「賀魯」正相對應。

3.3. a-sha-sde（ཨ་ཤ་སྡེ）

此部各家均比勘爲阿史德部，不存在爭議，但其藏文釋讀與漢文對音考訂卻頗有疑問。巴科、克洛松和森安孝夫將該名讀作 a-sha-ste（ཨ་ཤ་སྟེ），[註23]

〔註19〕阿史那賀魯於貞觀二十二年（648）四月率眾降唐，參見吳玉貴：《阿史那賀魯降唐諸説考異》，《新疆大學學報》1989 年第 1 期。

〔註20〕艾沖：《唐代前期東突厥羈縻都督府的置廢與因革》，《中國歷史地理論叢》2003年第 2 期。

〔註21〕周季文、謝后芳：《敦煌吐蕃漢藏對音字彙》，北京：中央民族大學出版社，2006 年，第 34 頁「盧」。

〔註22〕周季文、謝后芳：《敦煌吐蕃漢藏對音字彙》，北京：中央民族大學出版社，2006 年，第 22 頁「荷」。

〔註23〕J. Bacot,（notes par P. Pelliot）, Reconnaissance en Haute Asie Septentrionale par cinq envoyés ouigours au VIIIe siècle, *Journal Asiatique*, 1956, p. 141; G. Clauson, À propos du manuscript Pelliot tibétain 1283, *Journal Asiatique*, 1957, p. 18; 森安

王堯、文杜里（Federica Venturi）和阿特伍德（Christopher P. Atwood）則將其讀作 a-sha-sde（ཨ་ཤ་སྡེ），〔註24〕鑒於藏文 d（ད）與 t（ཏ）字形接近，在手稿中不易辨認也屬正常，不過問題在於，無論讀作 a-sha-ste 還是 a-sha-sde，均不能與「阿史德」的中古讀音十分吻合——後者末音節還有一個入聲韻尾-k/-g沒有在藏文拼寫中體現出來。〔註25〕阿特伍德注意到，a-sha-sde 在原文中後面緊接的詞是 vi sde，其中後面的 sde 是一個藏文實詞，意爲「部落」，前面的 vi（འི）則是一個屬格助詞，〔註26〕該詞在這十二個部落名稱中的出現屬少數情況，可能由於後面的 sde 引起了混同，導致藏文原文的第三音節 teg（ཏེག）訛變成了 sdevi（སྡེའི），而第二音節 sha（ཤ）也可能係由 shi（ཤི）訛變而來，於是 a-sha-sdevi（ཨ་ཤ་སྡེའི）可以復原爲 a-shi-teg（ཨ་ཤི་ཏེག），如此便與「阿史德」的晚唐藏文對音"a-shi-tig 幾乎完全貼合。〔註27〕

　　安置阿史德部的阿史德州也是東部突厥降眾十六州之一，阿史德部爲頡利左廂強部——定襄都督即曾由阿史德部首領出任，〔註28〕而啓民可汗之阿史那部則保持著與阿史德部通婚的傳統。〔註29〕案阿史德本爲鐵勒強部，〔註30〕時健俟斤家族一度爲迴紇之統治部族，〔註31〕突厥第二汗國建立後，迴紇阿史德與突厥阿史德合流，暾欲谷即爲其部落中代表人物。

孝夫：《チベット語史料中に現われる北方民族：Dru-Gu と Hor》，《アジア・アフリカ言語文化研究（*Journal of Asian and African Studies*）》（14），1977，p. 3.

〔註24〕王堯：《敦煌本吐蕃文書〈北方若干國君之王統敘記〉譯解》，《西藏文史探微集》，北京：中國藏學出版社，2005 年，第 64 頁；Federica Venturi, An Old Tibetan Document on the Uighurs：A New Translation and Interpretation, *Journal of Asian History*, Vol. 42, No. 1（2008），p. 21; Christopher P. Atwood, Some Early Inner Asian Terms Related to the Imperial Family and the Comitatus, *Central Asiatic Journal*, Vol. 56（2012/2013），p. 75.

〔註25〕「阿史德」的早期中古音爲*ʔa-ṣ̌ʼ-tək（Pulleyblank 1991：23, 283, 74）；其敦煌吐蕃藏文對音爲 ཨ་ཤི་ཏིག（a-shi-tig），參見周季文、謝后芳：《敦煌吐蕃漢藏對音字彙》，北京：中央民族大學出版社，2006 年，第 3、51、12 頁。

〔註26〕格桑居冕：《實用藏文文法》，成都：四川民族出版社，1987 年，第 9 頁。

〔註27〕Christopher P. Atwood, Some Early Inner Asian Terms Related to the Imperial Family and the Comitatus, *Central Asiatic Journal*, Vol. 56（2012/2013），pp. 74-75.

〔註28〕《新唐書・本紀第三・高宗》：「（顯慶五年）戊辰，定襄都督阿史德樞賓爲沙磚道行軍總管，以伐契丹。」

〔註29〕頡利可汗曾孫阿史那感德妻阿史德氏；後突厥默啜可汗之婿阿史德覓覓（阿史德胡祿）；後突厥毗伽可汗妻娑匐可敦，暾欲谷之女，亦爲阿史德氏。

〔註30〕參見本書第二篇《阿史德、舍利、薛延陀與欽察關係小考》。

〔註31〕參見本書第七篇《暾欲谷家世鈎沉》。

史料中出現最早的突厥阿史德部人，是在頡利可汗朝代，《舊唐書‧突厥傳》載：

> （武德）四年四月，頡利自率萬餘騎，與馬邑賊苑君璋將兵六千人共攻雁門。……至是爲大恩所挫，於是乃懼，仍放順德還，更請和好。獻魚膠數十斤，欲充二國同於此膠。高祖嘉之，放其使者特勒熱寒、阿史德等還蕃，賜以金帛。〔註32〕

這是在621年發生之事，此阿史德氏名諱失載，其與特勒熱寒並非一人，後者出自執失部。〔註33〕《舊唐書‧突厥傳》復載：

> （武德）九年七月，頡利自率十餘萬騎進寇武功，京師戒嚴。己卯，進寇高陵，行軍總管左武候大將軍尉遲敬德與之戰於涇陽，大破之，獲俟斤阿史德烏沒啜，斬首千餘級。〔註34〕

此俟斤阿史德烏沒啜亦爲頡利可汗部下，事在626年，頡利大舉入寇唐朝。四年後，頡利汗國滅亡，有阿史德氏爲雲中城降唐突厥餘部之首領。《資治通鑑》卷二〇一載：

> （麟德元年，664）初，李靖破突厥，遷三百帳於雲中城，阿史德氏爲其長。至是，部落漸眾，阿史德氏詣闕，請如胡法立親王爲可汗以統之。上召見，謂曰：「今之可汗，古之單于也。」故更爲單于都護府，而使殷王遙領之。

此詣闕請立可汗之阿史德氏名諱失載，然其爲雲中城首領，與四年前（顯慶五年，660）見載史籍之定襄都督阿史德樞賓當非同一人，是則頡利餘眾降唐後在雲中與定襄兩處皆有阿史德部，且處於領導地位。另有頡利曾孫阿史那感德，其墓誌載：

> 夫人阿史德，即鎮軍大將軍、行右武衛大將軍兼定襄都督、五州諸軍事、右羽林軍上下、五原郡開國公之第二女也。

有研究者指出，此阿史德氏之父當即顯慶五年之定襄都督阿史德樞賓，〔註35〕案阿史那感德年僅27歲卒於天授二年（691），故從時代上看並無矛盾，

〔註32〕《冊府元龜》卷九八〇所記略同，《新唐書‧突厥傳》則刪去了「阿史德」字樣。

〔註33〕參見本書第十一篇《突厥十二姓》（三）3.9中的考證。

〔註34〕《冊府元龜》卷九八〇及《資治通鑑》卷一九一、《通典》卷一九七記載略同，《新唐書‧突厥傳》則刪去了「阿史德」字樣。

〔註35〕趙振華：《唐阿史那感德墓誌考釋》，《史林》2004年第5期。

不過，阿史德氏出任定襄都督者也未必僅樞賓一人，故阿史那感德之岳父也有可能爲另一阿史德氏。因阿史德部在頡利餘衆中勢力強盛，處於領導地位，故而在後突厥復國運動中，可以看到多個阿史德部酋之身影，最初起事者之領袖即爲阿史德溫傅與阿史德奉職，嗣後，阿史德元珍加入骨咄祿部隊，被封爲阿波大達干，總領兵馬，更成爲後突厥最終復國成功的關鍵因素之一。

突厥第二汗國建立之後，默啜一朝亦見阿史德部人身影若干。萬歲通天年間（696～697），契丹首領李盡忠、孫萬榮發動「營州之亂」，最終被武周大軍艱難平定，實甚得力於默啜突厥軍隊之協助與配合，在事後報捷文書的將領名單之中，便有多名阿史德部人，如「右武衛中郎將阿史德奉職」、「右武威衛郎將東河察使左豹韜衛高城府長上果毅阿史德伏麀支」、「左金吾衛長上阿史德伏麀支」等，〔註36〕此阿史德奉職與調露年間單于府起事之阿史德奉職同名，難以遽斷是否同一人，因後者之下落在史料中失載。另在默啜朝末年，有默啜女婿阿史德胡祿（覓覓）南下投唐，其子名懷恩。〔註37〕

默啜之後的朝代，後突厥中見諸史籍的阿史德部人主要爲毗伽可汗派赴唐廷之使臣，如開元十二、十三年之阿史德暾泥熟，〔註38〕開元十三年從玄宗東巡之阿史德頡利發。〔註39〕此外，安祿山之母爲阿史德氏，安祿山帳下有阿史那從禮等突厥十二姓遺族，則安祿山叛軍中也有可能存有投唐之突厥十二姓阿史德部之遺族。

3.4. shar-du-livi（ཤར་དུ་ལིའི）

此部當爲舍利吐利部，古米廖夫未能識別出該部，然將其分解爲「shar」＋「du-livi」，並認爲「shar」即「sir」，亦即薛延陀之統治氏族，「du-livi」即「tölis」，頗有眼識，是則「shar-du-livi」當爲一與薛延陀部關係密切之部落。〔註40〕鑒

〔註36〕《爲河內郡王武懿宗平冀州賊契丹等露布》，《全唐文》卷二二五；又見於《文苑英華》卷六四七；參見毛漢光：《隋唐軍府演變之比較與研究》，《國立中正大學學報人文分冊》1995 年第 6 卷第 1 期，第 119～157 頁。

〔註37〕參見本書第四篇《默啜諸婿考》第 2 節。

〔註38〕《冊府元龜》卷九七一作「阿史德暾泥孰」，參見岑仲勉：《突厥集史》，北京：中華書局，1958 年，第 422 頁；吳玉貴：《突厥第二汗國漢文史料編年輯考》，北京：中華書局，2009 年，第 1146，1150 頁。

〔註39〕岑仲勉：《突厥集史》，北京：中華書局，1958 年，第 423 頁；吳玉貴：《突厥第二汗國漢文史料編年輯考》，北京：中華書局，2009 年，第 1148～1151，1156 頁。

〔註40〕此點與筆者所論極接近，參見本書第二篇《阿史德、舍利、薛延陀與欽察關

於「du-livi」與「tölis」在對音上尚不能完全吻合，受阿特伍德關於這十二個部落名中少數幾個帶有藏文屬格助詞的名稱可能都包含字母訛變的推測的啓發，〔註41〕筆者認爲，此處的屬格助詞 vi（འི）很可能也是前面名稱一部份的訛變，其原形當爲 s（ས），於是 shar-du-livi（ཤར་དུ་ལིའི）可以復原爲 shar-du-lis（ཤར་དུ་ལིས），這樣就同其可能的突厥語原形*Šari-Tölis 在對音上基本一致了。〔註42〕

安置舍利吐利部的舍利州也是東部突厥降眾十六州之一，舍利吐利部爲頡利右廂強部——管轄整個頡利右廂部落的雲中都督即曾由舍利吐利部首領出任，《新唐書·突厥傳上》載：

> 骨咄祿，頡利族人也，雲中都督舍利元英之部酋，世襲吐屯。

《舊唐書·突厥傳上》：

> 骨咄祿者，頡利之疏屬，亦姓阿史那氏。其祖父本是單于右（廂）
> 雲中都督舍利元英下首領，世襲吐屯啜。

兩相比勘，《舊唐書》之記載更爲精準可靠，從年齡上推算，骨咄祿之祖父當爲頡利同時或稍晚之人，則舍利元英可能即是頡利降眾中首任或初期之雲中都督。《冊府元龜》卷九八六載：

> （永徽六年）五月，遣左屯衛大將軍程知節爲蔥山道行軍總
> 管，率左武衛將軍舍利叱（利）、右武衛將軍王文度、伊州都督蘇海
> 政等討西突厥阿史那賀魯。

永徽六年爲 655 年，此左武衛將軍舍利叱利氏名諱失載，「叱利」當爲「吐利」之訛寫或異譯，是其姓氏之一部份，非其名，此人與舍利元英關係不明，然當亦爲舍利吐利部中高級首領。又《通志·氏族略》載：

> 舍利氏：北番酋帥舍利部大人，因氏焉。龍朔中，左威衛大將
> 軍舍利阿博。曾孫葛旃，兼御史大夫，賜姓李氏，名奉國。從父弟
> 澄，左神武大將軍。

龍朔中在 661～663 年間，則此左威衛大將軍舍利阿博與永徽六年之左武衛將軍舍利叱利爲同時代人，然難以遽斷爲同一人；而舍利元英則很可能是其父輩。關於舍利阿博曾孫舍利葛旃之事跡與時代，後人多有誤解，在此稍

〔註41〕 係小考》第 3 節。

〔註41〕 Christopher P. Atwood, Some Early Inner Asian Terms Related to the Imperial Family and the Comitatus, *Central Asiatic Journal*, Vol. 56（2012/2013），p. 75.

〔註42〕 關於「舍利吐利」的突厥語原形*Šari-Tölis，參見本書第二篇《阿史德、舍利、薛延陀與欽察關係小考》第 3 節。

作考訂。《舍利石鐵墓誌》云：

> 公諱石鐵，字石鐵，北方人也。曾、祖並本蕃豪傑，位望雄重。
> 父葛邏旃，往因九姓離散，投化皇朝，授蕃州刺史。……春秋五十有
> 八，貞元六年二月十二日遘疾，辰朝終於乙夜臨汾衛之私第。〔註43〕

據墓誌記載推算，舍利石鐵生於 733 年，則其父葛邏旃之生年當在開元
初期之前，「葛邏旃」顯然是「葛旃」之異譯，〔註44〕若將其勘同為舍利阿博
之曾孫舍利葛旃，在年代上並無不合，唯石鐵墓誌中所謂「往因九姓離散，
投化皇朝，授蕃州刺史」一事，似指後突厥亡國時突厥餘部南下投唐事，案
「九姓離散」導致大批突厥、鐵勒部落南下附唐之事件，在突厥第二汗國時
期先後發生過兩次，第一次在開元初默啜朝末期，第二次在開元末天寶初後
突厥亡國之際，若葛旃南下是在第一次，則其生年當置於從開元初再至少上
推一代即七世紀九十年代之前，而這與葛旃在建中二年（781）從馬燧征討田
悅叛亂一事相矛盾，〔註45〕故葛旃南下必在第二次，而其生年亦當定位於開
元初期，附唐後所任「蕃州刺史」當為「舍利州刺史」，其族人在初期似仍保
持舍利部落編制，其後則逐漸被收編入朔方軍中，後更參與平定安史之亂及
僕固懷恩之亂。《舊唐書・李光進傳》云：

> 李光進，本河曲部落稽阿跌之族也。父良臣，襲雞田州刺史，
> 隸朔方軍。光進姊適舍利葛旃，殺僕固瑒而事河東節度使辛雲京。
> 光進兄弟少依葛旃，因家於太原。

《新唐書・李光進傳》云：

> 李光進，其先河曲諸部，姓阿跌氏。貞觀中內屬，以其地為雞
> 田州，世襲刺史，隸朔方軍。光進與弟光顏少依舍利葛旃，葛旃妻，
> 其女兄也。初，葛旃殺僕固瑒，歸河東辛雲京，遂與光進俱家太原。

阿跌良臣生於 728 年，為後突厥毗伽可汗之後某阿史那可汗之女婿，〔註46〕

〔註43〕《舍利石鐵墓誌》，《唐代墓誌彙編續集・貞元 014》，上海：上海古籍出版社，
　　　　2001 年，第 743 頁。
〔註44〕「葛」與「葛邏」常互為異譯，如突厥部落「葛邏祿」也常譯作「葛祿」，呼
　　　　延都督府中之「葛邏州」也稱為「葛州」。另請參見本書第八篇《兩姓阿跌考》
　　　　第 3.2 節。
〔註45〕見《舊唐書》《新唐書》之馬燧傳與李晟傳，其中提到李奉國為河東節度使馬
　　　　燧部下大將，「李奉國」即舍利葛旃，見前引《通志・氏族略》關於舍利氏之
　　　　文。舍利葛旃若出生於七世紀九十年代，則 781 時已逾九十，仍為馬燧（726
　　　　～795）部下大將且帶軍出戰，似不太合常理。
〔註46〕參見本書第八篇《兩姓阿跌考》第 4 節。

而舍利葛旃又爲阿跌良臣之女婿，據此則阿史那、阿跌與舍利族互相聯姻，以其皆爲突厥十二姓之貴種也；而舍利葛旃之經歷亦類似於阿跌良臣：良臣祖、父皆爲部落大人，且皆生長突厥國中，良臣本人於後突厥亡時率部人入唐，任雞田州刺史；葛旃祖、父亦「並本蕃豪傑，位望雄重」，當亦生長突厥國中，葛旃本人亦於後突厥亡時率部人入唐，任舍利州刺史。〔註47〕葛旃與良臣入唐後皆隸屬於朔方軍，並皆參與平定安史之亂，後良臣於寶應二年（763）七月病故，時僕固懷恩亂作，使其子僕固瑒攻河東節度使辛雲京，葛旃殺僕固瑒，〔註48〕攜良臣幼子光進、光顏投奔辛雲京，於是此舍利家族與阿跌家族從朔方軍進入河東軍，並定居太原，此點亦可同葛旃與其子石鐵以及光進兄弟後皆主要在河東軍中活動相印證。〔註49〕葛旃有從父弟澄，爲左神武大將軍，事跡不詳，唯《長安志》卷十《布政坊》記載：「左神武大將軍河間郡王舍利澄宅」，可與《通志·氏族略》之記載相印證。葛旃家族的經歷，證明作爲頡利右廂強部之舍利吐利部在後突厥復國後曾有一支返回漠北，名列後突厥統治集團核心——突厥十二姓之第四位，其後在突厥再次亡國之際又南下降唐，先隸朔方軍，後進入河東軍，其過程大抵如上所述。

3.5. lo-lad（ལོ་ལད）

此部當爲奴剌部，又稱奴賴，王堯、陳踐譯爲「奴剌（駃馬）」，案「駃

〔註47〕蘇航認爲，《舍利石鐵墓誌》中的「九姓離散」是指安史之亂後關中動蕩、鐵勒九姓部落紛紛擾逃竄的情勢，葛旃「投化皇朝」是指其從僕固懷恩叛軍中投降唐朝之事，「授蕃州刺史」則是繼領其岳父李良臣所部的雞田州刺史，因良臣所領的阿跌部正屬九姓部落。森部豐與齊藤茂雄不同意這一看法，他們結合迴紇盧尼文《磨延啜碑》和漢文《郭英奇碑》等，論證了葛旃投化唐朝的時間應爲突厥第二汗國滅亡暨漠北迴紇汗國初建時期，葛旃出自突厥十二姓的舍利吐利部，其歸唐後所領蕃州應爲其本蕃的舍利州。參見蘇航：《唐後期河東北部的鐵勒勢力——從雞田州的變遷說起》，《唐研究》第16卷，北京：北京大學出版社，2010年，第263頁；森部豐·齊藤茂雄：《舍利石鐵墓誌の研究》，《關西大學東西學術研究所紀要》（46），1-20, 2013-04. 筆者案：蘇航之說難以成立，因良臣所領之阿跌部並非太宗朝末年歸屬設立雞田州之九姓部落，而是與阿史那氏及舍利氏聯姻的突厥十二姓之跌跌部，由此良臣及葛旃都屬突厥本蕃部落集團即十二姓，不屬鐵勒九姓，故而其投唐之時自應各領其本蕃部落，葛旃所授宜爲舍利州刺史。參見本書第八篇《兩姓阿跌考》。

〔註48〕僕固瑒之死有多種說法，此云死於舍利葛旃之手係根據上引《舊唐書·李光進傳》及《新唐書·李光進傳》之記載。

〔註49〕葛旃之零星記載見於《舊唐書》《新唐書》之馬燧傳與李晟傳，以「李奉國」之名見載；石鐵之事跡見其墓誌；光進、光顏之事跡見其列傳及墓誌。

馬」是另一邊緣突厥系部落，與「奴剌」並無關係；〔註 50〕古米廖夫謂其為「具有蒙古語複數詞尾的阿蘭」，未免出於臆斷，然認為其位於吐谷渾地域，則仍與奴剌密切相關。安置奴剌部的白登州屬雲中都督府，也是東部突厥降眾十六州之一，而此部之地位稍顯特殊。《資治通鑑》卷一九八載：

> （貞觀二十一年）冬，十月，庚辰，奴剌啜匐俟友帥其所部萬餘人內附。

《新唐書・地理志》載：

> 雲中都督府（貞觀四年析頡利右部置，僑治朔方境）。領州五（貞觀二十三年分諸部置州三）。舍利州（以舍利吐利部置）。阿史那州（以阿史那部置）。綽州（以綽部置）。思壁州。白登州（貞觀末隸燕然都護，後復來屬）。

則奴剌部附唐後先是隸屬管轄漠北鐵勒部落的燕然都護府，後來才劃歸漠南的雲中都督府，而「白登州」的命名也類似於鐵勒府州命名的慣例。案雲中都督府所管部落除阿史那、舍利吐利、奴剌之外，尚有綽與思壁兩部，然綽部似過於弱小，史料中從未見與其部落及族人活動有關之記載，思壁雖偶見記載，〔註 51〕但其重要程度遠不及奴剌，是故奴剌得以雲中府第三之位入選突厥十二姓且名列其第五位。後突厥復國時，奴剌部參與其事並重返漠北，而在默啜末年突厥內亂時，奴剌部亦有一支南下降唐，《冊府元龜》卷九七四載：

> （開元三年，715）十月己未，授北蕃投降九姓思結都督磨散為左威衛將軍，大首領斛薛移利殊功為右領軍衛將軍，契都督邪沒施為右威衛將軍，匐利羽都督莫賀突默為右驍衛將軍，首領延陀薛渾達都督為右威衛將軍，奴賴大首領前自登州刺史奴賴孝為左領軍將軍，跌跌首領刺史裴艾為右領軍，並員外置依舊兼刺史，賜紫袍金帶魚袋七事綵帛各三百段，放還蕃。

此處之奴賴孝即為奴剌部大首領，而其前之延陀首領及其後之跌跌首領

〔註 50〕《通典》卷二〇〇：「駮馬，其地近北海，去京萬四千里，經突厥大部落五所乃至焉。……。與結骨數相侵伐。貌類結骨，而言語不相通。大唐永徽中，遣使朝貢。突厥謂駮馬為曷剌，亦名曷剌國。」駮馬顯然不同於突厥本部之奴剌部，其與結骨（點戛斯）接近，將「lo-lad」譯為「駮馬」也許是因為駮馬之異名為「曷剌」，然而「曷剌」也與「lo-lad」相距懸遠。

〔註 51〕參見本文第 4.2 節。

都出自突厥十二姓，〔註52〕足見其部落相互之間關係緊密。後突厥亡時是否有奴剌部南下降唐尚不清楚，不過在安史之亂爆發時，奴剌部落儼然已是河隴一帶之強大軍事勢力。《新唐書・哥舒翰傳》載：

> （天寶）十四載，祿山反，封常清以王師敗。帝乃召見翰，拜太子先鋒兵馬元帥，以田良丘爲軍司馬，蕭昕爲判官，王思禮、鉗耳大福、李承光、高元蕩、蘇法鼎、管崇嗣爲屬將，火拔歸仁、李武定、渾萼、契苾寧以本部隸麾下，凡河、隴、朔方、奴剌等十二部兵二十萬守潼關。

《安祿山事跡》載：

> 以河西、隴右節度使西平王哥舒翰爲副元帥，領河、隴諸蕃部落奴剌、頡跌、朱耶、契苾、渾、蹛林、奚結、沙陀、蓬子、處密、吐谷渾、思結等一十三部落，督蕃漢兵二十一萬八千人鎮於潼關。

此處之「頡跌」即爲「跌跌」之異譯，是則鎮守潼關之河隴諸蕃部落以突厥十二姓第五位之奴剌爲首，緊接其後的「頡跌」同樣出自突厥十二姓，位於其中第十一位，由此可知，安祿山叛亂爆發時，後突厥亡後降唐之突厥十二姓諸部中，以奴剌與跌跌最爲強勢，跌跌在安史之亂中部落漸趨離散，有一支經朔方軍後進入河東軍，即阿跌良臣家族，而奴剌則較久保持其部落編制，並活躍於吐谷渾、党項地域，時降時叛，反覆無常。《冊府元龜》卷九七六載：

> （乾元三年，760）四月壬辰，隴右投降突厥奴剌偲等五人於延英殿見賜物有差。

> （代宗寶應元年，762）六月乙卯，突厥奴剌部落千餘人內屬，請討賊自效。丁巳，宴剌奴大首領於內殿，賜物有差。

又《命郭子儀充諸道兵馬都統詔》載：

> （760年九月），蕃漢部落一萬人，馬軍五千人，步軍五千人，以兼御史中丞慕容兆與新投降首領奴賴同統押充使。〔註53〕

此新投降首領奴賴與 760 年四月之「隴右投降突厥奴剌偲」可能爲同一人，而慕容兆則爲吐谷渾首領。安史之亂後期，奴剌多次入寇唐境爲亂，《舊唐書・崔光遠傳》載：

> 上元元年（760）冬，惛等潛連党項及奴剌、突厥敗韋倫於秦、

〔註52〕參見本文第 3.10 節及第 3.11 節。
〔註53〕《全唐文》卷四三。

隴，殺監軍使，擊黃戍。肅宗追還，以李鼎代之。

《資治通鑑》卷二二二載：

（761 年）二月，奴剌、党項寇寶雞，燒大散關，南侵鳳州，殺剌史蕭，大掠而西；鳳翔節度使李鼎追擊，破之。

（762 年）奴剌寇成固。……甲午，奴剌寇梁州，觀察使李勉棄城走。以州刺史河西臧希讓爲山南西道節度使。

《資治通鑑》卷二二三載：

（765 年）僕固懷恩誘迴紇、吐蕃、吐谷渾、党項、奴剌數十萬眾俱入寇，令吐蕃大將尚結悉贊摩、馬重英等自北道趣奉天，党項帥任敷、鄭庭、郝德等自東道趣同州，吐谷渾、奴剌之眾自西道趣，迴紇繼吐蕃之後，懷恩又以朔方兵繼之。

奴剌是最晚的一支仍保持部落編制的突厥十二姓餘眾，僕固懷恩叛亂平息後，奴剌不再見諸史籍，大約此後逐漸融合於周邊部落如吐谷渾和党項之中。

3.6. par-sil（པར་སིལ）

此部當爲卑失部，又稱俾失，各家均無異議，唯古米廖夫從西部突厥的角度將其視爲裏海西北岸突厥系保加爾（болгар）部落聯盟之一部，雖失之偏頗，而其實兩者亦有淵源。〔註 54〕安置卑失部的卑失州屬桑乾都督府，也是東部突厥降眾十六州之一，關於卑失部落及其族人之詳細考證，請參見本書第三篇《可薩卑失考》，此處不再贅述。

〔註 54〕裏海西北之 барсил／barsil 與突厥之卑失部當爲同源部落，bärsil 也見於鄂爾渾盧尼文迴紇碑銘中，或爲古代迴紇－烏古斯部落聯盟中之強部，參見本書第三篇《可薩卑失考》。

第十一篇 突厥十二姓考（三）

3.7. rngi-kevi（ཨེ་ཀེའི）

此部屬克洛松未能比定之四部之一，[註1] 古米廖夫從西部突厥的角度將其比定爲「泥撅」部，認爲是西突厥之一部，位於「烏孫故地」，其說純據對音，「泥撅」是否爲一部落尚有疑問，且「泥撅」與「rngi-kevi」相比，對音亦不能完全令人滿意，[註2] 故不足爲據；而從此突厥十二姓名單之整體進行分析，此部亦當爲後突厥之部落，換言之，當亦出於前東部突厥餘衆四府十六州之部落。

與 rngi-kevi 相鄰之前一部 par-sil 已考定爲卑失，在漢文史料中，與卑失關係最密切之突厥本蕃部落非郁射施莫屬。郁射施又常簡稱爲郁射或奧射，而「射」的古藏文對音 yavi（ཡའི）與 kevi（ཀེའི）的後一個藏文字母同爲 vi（འི），[註3] 這提示 rngi-kevi 有可能正是「郁射」一名的古藏文對音的訛寫形式。「鬱」的古藏文對音爲 gur（གུར），[註4]「郁」與「鬱」的中古音聲部和韻部都相同，

〔註1〕 文杜里（Federica Venturi）將其釋讀爲 ji-kevi（ཇི་ཀེའི），參見 Federica Venturi, An Old Tibetan Document on the Uighurs：A New Translation and Interpretation, *Journal of Asian History*, Vol. 42, No. 1（2008）, p. 21.

〔註2〕「泥撅」的早期中古音爲*nɛj-kuat（Pulleyblank 1991：223, 167），與「rngi-kevi」尚不能完全對應；王堯、陳踐譯爲「移吉」，李有義、常鳳玄譯爲「額格」，都較爲接近「rngi-kevi」之藏文發音。

〔註3〕 周季文、謝后芳：《敦煌吐蕃漢藏對音字彙》，北京：中央民族大學出版社，2006 年，第 48 頁「射」，聲韻呼等調爲船禡開三去，擬音爲*dʑia，藏文爲 ཡའི，古音爲 jaɦi，按照王堯等使用的藏文字母拉丁轉寫體系即爲 yavi。

〔註4〕 周季文、謝后芳：《敦煌吐蕃漢藏對音字彙》，北京：中央民族大學出版社，

只是入聲韻尾有異，〔註5〕則「郁」的古藏文對音可構擬爲*gug（གུག）；又由於「郁射」有「奧射」的異譯，「奧」的中古音爲*ɑu，〔註6〕已無入聲韻尾，故可推測其古藏文對音中對應漢語入聲韻尾-k 的 g（ག）也可略去，因而「郁（奧）」的古藏文對音可構擬爲*gu（གུ）。另一方面，前已提及「射」的古藏文對音爲 jaɦi 或 yavi（ཡའི），則「郁（奧）射」的古藏文對音可構擬爲*gu-yavi（གུ་ཡའི），再假設其中藏文屬格助詞 vi（འི）的名稱可能包含專名內的字母訛變，〔註7〕其原文本來的形式很可能是 sh（ཤ），正可以與漢譯名「郁射施」中的「施」相對應，則 yavi（ཡའི）可復原爲 yash（ཡཤ）或 yesh（ཡེཤ）。考慮到轉譯和傳抄中的訛變，*gu-yesh（གུ་ཡེཤ）轉換爲 rngi-kevi（རེ་ཀེའི）或 ji-kevi（རེ་ཀེའི）的可能性還是較高的。據此，可將 rngi-kevi 或 ji-kevi 復原爲 gu-yesh，該部落可比定爲郁射施部。

桑乾都督府中有四個部落：郁射施部、多地藝失部、卑失部與叱略部，其中卑失部已經考定爲 par-sil，出現在相鄰的前一位即十二姓名單中的第六位，而將緊接卑失部之後、位於十二姓名單中第七位的 rngi-kevi 部落考定爲郁射施部便顯得相當合理。郁射施在東部突厥餘眾十六州部落中有其獨特之處，啓民可汗次子處羅可汗以其嫡子阿史那摸末爲郁射設（又作奧射設），是爲統領郁射施部落之最高軍事長官，而類似布置不見於其它十六州部落，《新唐書·突厥傳》載：

> 頡利之立，用次弟爲延陀設，主延陀部，步利設主霫部，統特勒主胡部，斛特勒主斛薛部，以突利可汗主契丹、靺鞨部，樹牙南直幽州，東方之眾皆屬焉。

案突厥官號中「設」爲「別部典兵者」，〔註8〕手握重兵，地位極高，上

2006 年，第 71 頁「鬱」。

〔註5〕郭錫良：《漢字古音手冊》，北京：北京大學出版社，1986 年，第 112 頁「郁」，聲韻呼等調爲影屋合三入，擬音爲*ĭuk；第 114 頁「鬱」，聲韻呼等調爲影物合三入，擬音爲*ĭwət。另按照蒲立本的構擬，「郁」和「鬱」的早期中古音分別爲*ʔuwk 和*ʔut（Pulleyblank 1991：384）。

〔註6〕郭錫良：《漢字古音手冊》，北京：北京大學出版社，1986 年，第 150 頁「奧」。

〔註7〕關於這十二個部落名中少數幾個帶有藏文屬格助詞的名稱可能都包含字母訛變的推測，參見 Christopher P. Atwood, Some Early Inner Asian Terms Related to the Imperial Family and the Comitatus, *Central Asiatic Journal*, Vol. 56（2012/2013），p. 75.

〔註8〕《新唐書·突厥傳》。

述頡利即位後主管延陀部的延陀設和主管霤部的步利設，都是「設」這一職
位的典型體現，而延陀部和霤部都是不在東部突厥十六州部落即突厥本蕃部
落範圍之內的外蕃別部。作爲處羅時期可汗繼承人的阿史那摸末出任郁射
設，則可能表明郁射施部地位相當重要及獨特，已可與延陀等別部強蕃相比
擬，是以需要用位高權重之「設」來加以統領。處羅去世之後，《新唐書・突
厥傳》載：

> 主以子奧射設陋弱，棄不立，更取其弟咄苾嗣，是爲頡利可
> 汗。……太子建成議廢豐州，並割榆中地。於是處羅子郁射設以所
> 部萬帳入處河南，以靈州爲塞。

頡利亡國之前，《舊唐書・竇靜傳》載：

> 靜知虜中虛實，潛令人間其部落，郁射設所部鬱孤尼等九俟斤
> 並率眾歸款，太宗稱善，賜馬百匹、羊千口。

據此，則郁射設阿史那摸末轄下的郁射施部眾有萬帳之多，作爲部落首領
的俟斤至少有九個以上，可見其的確爲一強部。在突厥第二汗國默啜末年的突
厥、鐵勒部落南下降唐大潮中，也可以發現郁射施的蹤影，且其首領居於較高
的地位，此即開元三年（715）八月叛默啜來降唐的郁射施大首領鶻屈利斤，〔註
9〕緊接其後的大首領剌史苾悉頡力據筆者考證即是俾失十囊，〔註10〕此處之「利
斤」與「頡力」都是「頡斤」即「俟斤」之訛，則鶻屈俟斤與苾悉俟斤分別爲
郁射施部與卑失部之首領，兩部同屬前桑乾都督府，關係密切，且依本文考證
同列突厥十二姓中相鄰的第六位與第七位；另一方面，鶻屈利斤之妻爲契苾氏，
契苾雖爲鐵勒九姓中強部並曾一度稱可汗，但其與突厥十二姓之郁射施部聯
姻，又一次顯示出郁射施部在突厥本蕃中處於較爲獨特的地位。

3.8. so-ni（ཨོ་ཉི）

此部各家多比定爲「蘇農」，古米廖夫認爲是準噶爾的突厥部落。〔註11〕
安置蘇農部的蘇農州屬定襄都督府，也是東部突厥降眾十六州之一。隋文帝
開皇四年（584），曾有「突厥蘇尼部男女萬餘口降隋」，〔註12〕此處之「蘇尼」

〔註 9〕 見於《舊唐書》卷二〇四及《通典》卷一九八等，而以《冊府元龜》卷九七四
　　　記載最詳。

〔註10〕 參見本書第三篇《可薩卑失考》第 6 節。

〔註11〕 或即指突厥蘇尼部，伯希和在巴科之文的箋注中也提及此，參見下一注釋。

〔註12〕 《資治通鑒》卷一七六。參見岑仲勉：《突厥集史》，北京：中華書局，1958
　　　年，第 59 頁。

與「so-ni」之對音頗爲吻合，然而難以確認即是後來的「蘇農」，若然，則此處就是突厥十二姓中阿史那之外的部落或部人在漢文史料中出現最早的記載。《新唐書・地理志・河東道・太原府》載：

> 陽曲。……貞觀元年省，六年以蘇農部落置燕然縣，隷順州，八年僑治陽曲，十七年省。〔註13〕

《新唐書・地理志・羈縻州・河北道・突厥州》載：

> （貞觀）六年，順州僑治營州南之五柳戍；又分思農部置燕然縣，僑治陽曲；分思結部置懷化縣，僑治秀容，隷順州；後皆省。
> 〔註14〕

兩相比較，河北道中的思農部當即河東道中的蘇農部，「思農」當爲「蘇農」之異譯，〔註15〕或許是受到其後「思結」一名之影響導致的訛寫。蘇農部在頡利降唐之後本已設有關內道中定襄都督府下的蘇農州，而其另一部份又在河北道的順州之下設置燕然縣並僑治河東道的陽曲，則其燕然縣之部眾有可能正是上述開皇年間南下降隋的「蘇尼」部，亦即蘇農部之一部份。頡利突厥部落歸屬唐朝的這一時期，蘇農部中的著名人物有蘇農泥孰。《通志・氏族略》載：

> 蘇農氏：貞觀左屯衛將軍、穀州刺史蘇農泥孰，亦北蕃歸化。

此人也出現在昭陵陪葬的名單中，只是寫作「蘇泥熱」，顯有訛脫。〔註16〕另據貞觀十九年（645）發佈的《貞觀年中撫慰處月、處蜜詔》：〔註17〕

> 可令左屯衛將軍阿史那忠爲西州道撫慰使，屯衛將軍蘇農泥孰仍兼爲吐屯，檢校處月、處蜜部落。

則此「屯衛將軍蘇農泥孰」與《通志・氏族略》中「左屯衛將軍蘇農泥孰」當爲同一人。後突厥汗國時期，蘇農部似乎地位有所下降，只在平定契

〔註13〕 參見岑仲勉：《突厥集史》，北京：中華書局，1958年，第210頁；吳松弟：《兩唐書地理志彙釋》，合肥：安徽教育出版社，2002年，新唐書部份第93頁。

〔註14〕 參見岑仲勉：《突厥集史》，北京：中華書局，1958年，第210頁；吳松弟：《兩唐書地理志彙釋》，合肥：安徽教育出版社，2002年，新唐書部份第293頁。

〔註15〕 「思」和「蘇」的早期中古音分別爲*sɨ和*sɔ（Pulleyblank 1991：291, 294），發音較爲接近。

〔註16〕 參見《唐會要・陪陵名位》，《文獻通考》卷一二五《王禮考二十・山陵》中作「蘇泥熱」。其中所列蕃將姓名存在若干訛脫，如「執失善光」作「執失善」。

〔註17〕 《文館詞林》卷六六四。參見岑仲勉：《突厥集史》，北京：中華書局，1958年，第236頁；吳玉貴：《突厥汗國與隋唐關係史研究》，北京：中國社會科學出版社，1998年，第351頁。

丹營州之亂的默啜軍隊中見到一位「別奏首領蘇農娑羅」，〔註18〕而在默啜末年的突厥、鐵勒部落南下降唐大潮中則未見蘇農部蹤影，也許是史籍失載，也許是重要性較低未予記錄。直至毗伽可汗默棘連即位之後，遣唐之突厥使者中才又出現蘇農部人。《冊府元龜》卷九七一載：

> （開元十九年，731）突厥遣其大臣蘇農出邏達干等二十四人來朝。

《冊府元龜》卷九七五載：

> （開元十六年，728，八月）己卯，突厥大首領屈達干來朝，授將軍，放還蕃。〔註19〕

> （開元十九年，731）六月甲午，突厥大首領蘇農屈達干來朝，授郎將，賜帛五十疋，放還蕃。〔註20〕

> （開元十九年，731）十月癸巳，突厥遣其大臣蘇農出羅達干等二十四人來朝，並授郎將，各賜帛六十疋，放還蕃。〔註21〕

此四處記載中，第一處和第四處的蘇農部首領當爲同一人，其姓名可復原爲「蘇農出羅達干」。但第三處的「蘇農屈達干」卻難以與「蘇農處羅達干」勘同，因「屈」與「出羅」分別是不同的突厥語名號；〔註22〕而第二處的突厥大首領「屈達干」則有可能與「蘇農屈達干」是同一人。另外《曲江集六·敕突厥可汗書》中記有突厥使人「蘇農賀勒」、「蘇農賀勒處刺達干」、「蘇農

〔註18〕《爲河內郡王武懿宗平冀州賊契丹等露布》，《全唐文》卷二二五；又見於《文苑英華》卷六四七；參見毛漢光：《隋唐軍府演變之比較與研究》，《國立中正大學學報人文分冊》1995 年第 6 卷第 1 期，第 119～157 頁。

〔註19〕岑仲勉：《突厥集史》，北京：中華書局，1958 年，第 428 頁；吳玉貴：《突厥第二汗國漢文史料編年輯考》，北京：中華書局，2009 年，第 1197 頁。

〔註20〕岑仲勉：《突厥集史》，北京：中華書局，1958 年，第 431 頁；吳玉貴：《突厥第二汗國漢文史料編年輯考》，北京：中華書局，2009 年，第 1218 頁。

〔註21〕岑仲勉：《突厥集史》，北京：中華書局，1958 年，第 431 頁；吳玉貴：《突厥第二汗國漢文史料編年輯考》，北京：中華書局，2009 年，第 1220 頁。

〔註22〕羅新認爲「處羅」也是突厥語名號 kül 的漢文轉寫形式，其異譯名稱還有「闕」、「屈律」、「俱盧」等，如此一來則「屈達干」就可以和「出羅達干」勘同，但筆者認爲其論證不能成立，因「處」與「闕」的中古聲母差別較大，兩者能混用互譯之說並無可靠的證據支撐。參見羅新：《論闕特勤之闕》，《中國社會科學》2008 年第 3 期，收入羅新《中古北族名號研究》，北京：北京大學出版社，2009 年；陳懇：《羅新〈中古北族名號研究〉對音評議》，《中西文化交流學報》第 7 卷第 2 期，2015 年，第 19 頁。

賀勒處羅達干」，〔註23〕當爲同一蘇農部人，其姓名可復原爲「蘇農賀勒處羅達干」，此人與開元十九年之「蘇農出羅達干」很可能也是同一人，對此吳玉貴已有辯證，除「蘇農屈達干」之勘同尚有疑問之外，其說大致可從。〔註24〕

對於漢文史料中的「蘇農」爲何變爲藏文史料中的「so-ni」，或可作如下解釋：「蘇農」在敦煌漢藏對音材料中的藏文對音爲「so-noŋ」，〔註25〕而在當時的西北方音中，「oŋ」的鼻音韻尾可能丟失，變爲「o」，這一現象雖不多見，〔註26〕但也並不是沒有，〔註27〕至此，「so-no」與「so-ni」已極相似，至於「o」與「i」之差異，則可以參照十二姓名單中第二位之「賀魯」與「ha-li」對音關係之解釋，或爲方音傳訛，或爲抄寫致訛，這一對應現象在此十二姓藏文名單中並非孤例，而帶有某種規律性質。

3.9. jol-to（ཚོལ་ཏོ）

此部屬克洛松未能比定之四部之一，古米廖夫也未能考出，只是疑爲「тардуш」一詞之訛變，用以指汗國全體右廂部落，此說當然不確。注意到古藏文字母之「j」（ᅳ）常用於對譯中古漢語中章母之字，而與 jol-to 相鄰之前一部 so-ni 已考定爲蘇農，在漢文史料中與蘇農關係最密切之突厥本蕃部落除阿史德之外非執失莫屬，而執失之「執」字正屬章母，故若將 jol-to 復原爲 *jyib-shir（ཇིབ་ཤིར），則正好是漢文「執失」之古藏文對音。〔註28〕執失爲頡利

〔註23〕岑仲勉：《突厥集史》，北京：中華書局，1958 年，第 450～452 頁；吳玉貴：《突厥第二汗國漢文史料編年輯考》，北京：中華書局，2009 年，第 1314～1315 頁。

〔註24〕吳玉貴：《突厥第二汗國漢文史料編年輯考》，北京：中華書局，2009 年，第 1316～1317 頁。

〔註25〕周季文、謝后芳：《敦煌吐蕃漢藏對音字彙》，北京：中央民族大學出版社，2006 年，第 54 頁「蘇」與第 39 頁「農」。

〔註26〕在唐五代西北方音中，鼻收聲的消失主要存在於[a]等開唇元音後面，在[o]等略圓唇元音後面則一般仍保存著，參見羅常培：《唐五代西北方音》，臺北：中央研究院歷史語言研究所，1991 年，第 38 頁。

〔註27〕「空」一般對應藏文「khoŋ」，但也有對應藏文「kho」的例子，參見周季文、謝后芳：《敦煌吐蕃漢藏對音字彙》，北京：中央民族大學出版社，2006 年，第 31 頁。

〔註28〕周季文、謝后芳：《敦煌吐蕃漢藏對音字彙》，北京：中央民族大學出版社，2006 年，第 75 頁「執」，聲韻呼等調爲章緝開三入，擬音爲 *tɕĭəp，藏文爲ཇིབ，古音爲 dʑib；第 51 頁「室」，聲韻呼等調爲書質開三入，擬音爲 *ɕĭĕt，藏文爲ཤིར，古音爲 ɕir；據郭錫良《漢字古音手冊》，「失」與「室」中古音相同，參見後文注釋。另按照蒲立本的構擬，「執」和「失」的早期中古音分別爲 *tɕip 和 *ɕit（Pulleyblank 1991：406, 282）。

突厥國中強部，在統管左廂部落的定襄都督府內僅次於阿史德部，地位在蘇農部之上，十二姓名單中若無此部是不可想像的。將 jol-to 比定爲執失，雖然尚缺乏堅實的證據，但其可能性還是較高的。

根據漢文史料中記載的各種線索，可以考證出執失在東部突厥第一汗國的創立與覆亡中都發揮了舉足輕重的作用，並且是唐朝起兵爭奪天下時的重要盟友。《冊府元龜》卷六五七載：

> ⋯⋯大戰於長城下，染干敗績，殺其兄弟子侄，而部落亡散，染干與晟獨以五騎逼夜南走至旦，行百餘里，收得數百騎，乃相與謀曰⋯⋯染干大驚，謂其眾曰：「追兵已逼，且可投誠！」既入鎮，晟留其達官執室以領其眾，自將染干馳驛入朝。〔註29〕

此事發生於開皇十九年（599），其時染干（即後來的啓民可汗）同沙鉢略可汗攝圖之子都藍可汗雍虞閭大戰於長城之下，染干戰敗，僅收得部落餘眾數百騎，在長孫晟的勸誘下入朝降隋，此處留鎮代領其眾的「達官執室」，當爲執失部首領，中古音「室」與「失」完全相同，〔註30〕「執室」爲「執失」之異譯無疑，則此達官執室爲突厥十二姓中阿史那之外的部落或部人在史料中較早出現之例。由於染干隨即受封「啓民可汗」、就此走上依靠隋朝建立東部突厥第一汗國的道路，故而可以推測作爲佐命元勳的達官執室及其家族在東部突厥第一汗國中的地位一定不低。據《執失善光墓誌銘》：〔註31〕

> 曾祖淹，本蕃頡利發，皇初起太原，領數千騎援接至京，以功拜金紫光祿大夫、上柱國，仍降特製，以執失永爲突厥大姓，新昌縣樹功政碑。爰從締構之初，即應義旗之始。功陪造化，德贊開天。祖武，本蕃頡利發，以元勳之子，皇授上大將軍、右衛大將軍、上柱國、安國公。於時頡利可汗率百萬之眾寇至渭橋，蟻結蜂飛，雲屯霧合，祖即遣長子思力入朝獻策。太宗嘉其誠節，取其謀效，遣與李靖計會，內外應接，因擒頡利可汗，賊徒盡獲，太宗與思力歃血而盟曰：代代子孫，無相侵擾。即賜金券，因尚九江公主、駙馬

〔註29〕《隋書・長孫晟傳》、《資治通鑑》卷一七八記載略同。

〔註30〕郭錫良：《漢字古音手冊》，北京：北京大學出版社，1986 年，第 55 頁及第 57 頁。「失」與「室」兩者的《廣韻》記音都是「式質切」，中古音的聲韻呼等調攝都是章緝開三入臻，擬音都是 *ɕĭĕt。另按照蒲立本的構擬，「失」和「室」的早期中古音同樣都是 *ɕit（Pulleyblank 1991：282, 285）。

〔註31〕張沛：《昭陵碑石》，西安：三秦出版社，1993 年，第 215～216 頁。

都尉，贈武輔國大將軍。被練韜戈，當鋒冒銳，呼郡嘯侶，削平沙塞。父莫訶友，〔註32〕從破遼還，拜左威衛大將軍、左羽林軍上下、使持節、執失等四州諸軍事、執失州刺史、上柱國、歌禮縣開國子。

執失善光為執失思力之侄，其曾祖執失淹與祖父執失武均為執失部之大首領（本蕃頡利發），而執失淹為突厥派往唐朝之援軍首領，從年代及地位上看，很可能與啓民部下佐命元勳之「達官執室」為同一人，以下試結合漢文史料稍作考證。《資治通鑑》卷一八四載：

> （義寧元年，617）突厥遣其柱國康鞘利等送馬千匹詣李淵為互市，許發兵送淵入關，多少隨所欲。……己巳，康鞘利北還。淵命劉文靜使於突厥以請兵，……劉文靜至突厥，見始畢可汗，請兵，且與之約曰：「若入長安，民眾土地入唐公，金玉繒帛歸突厥。」始畢大喜，丙寅，遣其大臣級失特勒先至淵軍，告以兵已上道。……癸巳，淵至龍門，劉文靜、康鞘利以突厥兵五百人、馬二千匹來至。

此事在《舊唐書·突厥傳》中記載如下：

> 高祖起義太原，遣大將軍府司馬劉文靜聘於始畢，引以為援。始畢遣其特勒康稍利等獻馬千匹，會於絳郡。又遣二千騎助軍，從平京城。

在《新唐書·突厥傳》中記載如下：

> 高祖起太原，遣府司馬劉文靜往聘，與連和，始畢使特勒康稍利獻馬二千、兵五百來會。

而《大唐創業起居注》中記載更詳：

> 六月己卯，……於是遣使以眾議馳報突厥。始畢依旨，即遣其柱國康鞘利、級失、熱寒、特勒、達官等，送馬千匹來太原交市，仍許遣兵送帝往西京，多少惟命。……丙申，突厥柱國康鞘利等並馬而至，舍之於城東興國玄壇。……乙巳，康鞘利等還蕃，乃命司馬劉文靜報，使並取其兵。……（七月）丙寅，突厥始畢使達官、級失、特勒等先報，已遣兵馬上道，計日當至。……（八月）癸巳，

〔註32〕「友」當為「支」之誤讀，類似《俟失十囊墓誌銘》中「裴羅支」之例，參見本書第三篇《可薩卑失考》第6節；石見清裕即將此字釋讀為「支」，參見石見清裕：《突厥執失氏墓誌と太宗昭陵》，《古代東アジアの社會と文化——福井重雅先生古稀·退職記念論集》，汲古書院，2007年4月，p. 365。

　　至於龍門縣。劉文靜、康鞘利等來自北蕃。突厥五百人，馬二千疋，
鞘利等至。

　　對比分析上述史料可知，唐高祖李淵太原起兵時，曾派遣司馬劉文靜求
援於突厥始畢可汗，始畢應允，派出突厥兵五百人，馬二千匹，其領軍者爲
突厥柱國康鞘利（在《舊唐書》、《新唐書》中作「特勒康稍利」）；而據《資
治通鑑》記載，在突厥援軍尚未到達唐軍之前，始畢曾遣其大臣級失特勒先
往告知援兵已發之消息，此「級失特勒」在《大唐創業起居注》中記作「達
官、級失、特勤」，而在發兵援唐之前，此人還曾與柱國康鞘利一同送馬千匹
至太原與李淵互市，其名號在彼處則記作「級失、熱寒、特勤、達官」。案「達
官」與「熱寒」都爲突厥官號，「達官」又作「達干」，多爲可汗近臣，統領
兵馬；〔註33〕「熱寒」又作「熱汗」，〔註34〕其職能爲「監察非違，釐整班次」；
〔註35〕從「柱國康鞘利」又被稱作「特勒康稍利」可知，此處之「特勤」實
爲誤記，應作「特勒」，亦爲突厥官號之一種，對譯漢文之「柱國」，〔註36〕

〔註33〕　韓儒林：《蒙古答剌罕考》，《穹廬集》，石家莊：河北教育出版社，2000 年。
〔註34〕　「汗」與「寒」的早期中古音同爲*γan（Pulleyblank 1991：118）。韓儒林謂
　　　　「熱汗一官，他處未見」，案其說不確，此處即一例，參見韓儒林：《突厥官
　　　　號研究》，《突厥與迴紇歷史論文選集（1919～1981）》，北京：中華書局，1987
　　　　年，第 242 頁。
〔註35〕　《冊府元龜》卷九六二：「謂酒爲蜀你熱汗，故有熱汗，賞監察非違，釐整班
　　　　次」，《通典》卷一九七與《文獻通考》卷三四三所載與此略同。案「熱汗」
　　　　／「熱寒」亦見於突厥盧尼文碑銘，應即 yarγan 一詞，《闕特勤碑》西面有「ïnanču
　　　　apa yarγan tarqan」，耿世民譯作「伊難珠阿波守衛達干」，芮傳明譯作「伊難
　　　　珠阿波伊然達干」，若將 yarγan 視作「熱寒」，則可譯作「伊難珠阿波熱寒達
　　　　官」，其中同時出現「熱寒」與「達官」，與「級失、熱寒、特勤、達官」之
　　　　例類似。另外《蘇吉碑》中第 2 行有「boyla qutluγ yarγan」，可譯作「裴羅骨
　　　　咄祿熱寒」。洪勇明認爲 yarγan 是人名而非稱號，但相反的意見顯然更爲合
　　　　理。洪氏文中提到：
　　　　目前爭議的焦點是：yrγn（yarγan）是人名還是官職。馬洛夫、Bazin 認爲是
　　　　「法官」或「軍紀官」這類的官號；馮佳班、H. N. Orkun、克利亞什托爾内、
　　　　耿世民、李經緯認爲是人名。伯恩什達姆則認爲其爲尊號，與 qutly 一起修飾
　　　　yrγn，譯做「幸福安寧的裴羅」。
　　　　參見洪勇明：《古代突厥文〈蘇吉碑〉新釋》，《中央民族大學學報（哲學社會
　　　　科學版）》2010 年第 1 期。還可參見祖耶夫（Ю. А. Зуев）：《早期突厥：歷史
　　　　與意識形態概論》（Ранние тюрки：очерки и идеологии），Алматы：Дайк-Пресс，
　　　　2002，第 286 頁。
〔註36〕　哈密頓曾對突厥文官號 tiräk 作過考證，謂其義爲「國家棟樑」（即漢文中的
　　　　「柱國」），參見哈密頓：《五代回鶻史料》，耿昇、穆根來譯，烏魯木齊：新

與突厥可汗子弟之官號「特勤」截然有別，不可混淆；唯有「級失」一稱，不見於突厥官號，而聯繫上下文及墓誌材料分析可知，此「級失」實即「執失」，爲部落名稱，並非官號；至於「執」寫作「級」的原因，有可能是形近致訛，〔註37〕也有可能是使用了讀音相近的另一種譯法：「級」與「執」的中古擬音分別爲*kǐəp 與*tɕǐəp，〔註38〕敦煌藏文對音分別爲「kib」（ཀྱིབ）與「jib」（ཇིབ），〔註39〕聲母接近，韻母基本相同。這樣，「級失特勒」的名號可復原爲「執失熱寒特勒達官」或「達官執失特勒熱寒」，此人應即《執失善光墓誌銘》中執失思力之祖父執失淹，墓誌中稱其「領數千騎援接至京」自是有所誇大，不過其中提到唐朝封其爲「上柱國」，正好可以佐證「級失特勒」的突厥語柱國名號。由此可推知，始畢可汗派往李淵處的五百突厥援軍很可能即是出自執失部落，其統帥則是部落首領執失淹，〔註40〕而其子執失武與孫執失思力當時也在軍中，〔註41〕更加證明這就是一支以突厥執失部落兵馬爲主的小型部隊；〔註42〕而執失淹之官號爲「達官執失特勒熱寒」，其前半部份與

疆人民出版社，1986 年，第 172～173 頁；並請參看張廣達、榮新江：《有關西州回鶻的一篇敦煌漢文文獻》，收入張廣達：《文書、典籍與西域史地》，桂林：廣西師範大學出版社，2008 年，第 168 頁。tiräk 之漢文譯音在九世紀、十世紀時爲「諦略」、「地略」、「狄略」、「迪歷」等，而在此例中之七世紀，則可能存在「特勒」、「鐵勒」之類的形式，而「鐵勒」在對音上更爲準確，「特勒」則是其語訛，不過大概由於這兩種形式都太易與其它更著名的專名相混（「特勤」、「鐵勒」／「勅勒」），故極少見，未流行開。

〔註37〕 對比繁體漢字：「級」與「執」，兩者在字形的總體架構與局部輪廓上各有相似之處，在某些情況下易於混淆。

〔註38〕 郭錫良：《漢字古音手冊》，北京：北京大學出版社，1986 年，第 69 頁和第 50 頁。另按照蒲立本的構擬，「級」和「執」的早期中古音分別爲*kip 和*tɕip（Pulleyblank 1991：140, 406）。

〔註39〕 周季文、謝后芳：《敦煌吐蕃漢藏對音字彙》，北京：中央民族大學出版社，2006 年，第 24 頁「及」、「給」與第 75 頁「執」。「及」與「級」中古音韻母相同；「給」與「級」中古音完全相同，《廣韻》都爲「居立切」，可相互參考。

〔註40〕 從《執失善光墓誌銘》中「以執失永爲突厥大姓，新昌縣樹功政碑」的記載來看，此次突厥援唐軍事行動與執失部落淵源極深。參見石見清裕：《突厥執失氏墓誌と太宗昭陵》，《古代東アジアの社會と文化——福井重雅先生古稀・退職記念論集》，汲古書院，2007 年 4 月，p. 369.

〔註41〕 唐太宗曾當面斥責頡利派來的腹心執失思力：「我與突厥面自和親，汝則背之，我實無愧。又義軍入京之初，爾父子並親從我，賜汝玉帛，前後極多，何故輒將兵入我畿縣？」見《舊唐書・突厥傳》，《新唐書・突厥傳》記載略同。

〔註42〕 P. T. 1283-II 中，默啜突厥十二部落總共擁有勝兵六千，則平均每個部落有勝兵五百，正好符合執失淹所部援唐突厥軍隊的人數，這可能表明當時突厥本

啓民部下佐命元勳之「達官執室」基本一致，其年代與地位也較接近，又同為執失部大首領，深得啓民及其子始畢之信任，故其可比定為同一人。「達官執失特勒熱寒」執失淹及其家族之政治態度比較傾向於隋唐中原政權，執失淹本人即多次充當突厥與中原朝廷之間的使者，除隨同啓民南下投隋外，在上述始畢可汗援唐之舉中也充任了關鍵的中介角色，此外，據《舊唐書·突厥傳》載：

> （武德）四年四月，頡利自率萬餘騎，與馬邑賊苑君璋將兵六千人共攻雁門。定襄王李大恩擊走之。……至是為大恩所挫，於是乃懼，仍放順德還，更請和好。獻魚膠數十斤，欲充二國同於此膠。
>
> 高祖嘉之，放其使者特勒熱寒、阿史德等還蕃，賜以金帛。

武德四年為 621 年，上距李淵起事不過四年，則此處之使者「特勒熱寒」與官號「達官執失特勒熱寒」之後半部份完全一致，應即始畢可汗時期之使者「級失特勒」，亦即上文考定之執失淹；而與其一同釋放之使者出自阿史德部，也可以印證執失與阿史德之間的密切關係。〔註43〕

綜合上述論證可知，李淵父子起兵太原時曾得力於突厥執失部之援軍，而頡利汗國亡於大唐也與執失家族之內應密不可分，是則執失部有大勳於李唐王朝，故而其部酋在入唐後地位極高，執失思力甚至成為唐太宗之妹婿，其間關係更是非同一般。據思力之子執失奉節之墓誌記載：

> 父左驍衛大將軍、定襄都督、駙馬都尉、上柱國，襲爵安國公。

又《通志·氏族略》載：

> 執失氏：北番酋帥有屈密支頡利發，姓執失氏。生思力，唐左驍衛將軍，定襄州都督、駙馬、尚高祖女九江公主，生紹德、紹宗、

部中每個部落的兵力編制的確是在五百左右。參見李蓋提：《〈北方王統記述〉考》，岳岩譯，《國外敦煌吐蕃文書研究選譯》，蘭州：甘肅人民出版社，1992年，第 366 頁注 35。

〔註43〕 祖耶夫（Ю. А. Зуев）認為此處的使者特勒熱寒與阿史德是同一人，而熱寒／熱汗是「賞監察非違，釐整班次」的突厥職官，故此記載可以佐證其關於阿史德是專職負責占卜與監察的部落的主張，參見 Ю. А. Зуев, Каганат Се-яньто и кимеке（к тюркской этногеографии Центральной Азии в середине VII в.），*Shygys*, 2004, № 1, с. 11-21, 2004, № 2, с. 3-26.。案其說不成立，據筆者以上分析，特勒熱寒即執失淹，出自執失部，有別於阿史德部，兩者雖然關係密切，但絕非同一；執失與阿史德部大首領（頡利發）前後相繼出使唐廷，還見於後突厥毗伽可汗時期，參見本節後文。

歸仁、歸眞。

據此，則執失思力之父執失武的突厥名號爲「屈密支頡利發」，思力並曾擔任過定襄都督，而據《執失善光墓誌銘》，思力之弟（即善光之父）莫訶友（支）亦曾擔任過執失州刺史。或正因爲執失部與李唐王朝關係非常，曾有過不利於於突厥可汗之舉措，由是其在後突厥國中地位有所下降，竟然被排到十二姓之第九位。在默啜末年的突厥、鐵勒部落南下降唐大潮中亦未見執失部蹤影，也許是史籍失載，也許是重要性較低未予記錄，只在之前平定契丹營州之亂的默啜軍隊中見到一位「右金吾衛果毅執失守直」，〔註 44〕而從姓名、官號及年齡來看，此人很可能是傚力唐朝軍隊的執失思力諸子之一，〔註 45〕並未隨後突厥北返；直至毗伽可汗即位之後，遣唐之突厥使者中才又出現執失部人，如開元十三年從玄宗東巡之執失頡利發，〔註 46〕而與之一同出現的，又有阿史德頡利發，再次佐證兩部之密切關係。〔註 47〕

3.10. yan-ti（ཡན་ཏེ）

此部屬克洛松未能比定之四部之一，王堯、陳踐譯爲「阿跌」，對音相差懸遠，且阿跌爲鐵勒部落，與突厥部落相矛盾，顯然不確。古米廖夫在 1965 年曾設想其對應漢文中的「延陀」，但隨後在 1967 年又改變了想法，認爲其似可同薩爾馬特（сармат）部落「奄蔡」相聯繫，以迎合其西部突厥部落的框架。事實上，藏文的「yan」正好就是漢文「延」的對音，若將其復原爲「yan-da」（ཡན་ད），則可視爲漢文「延陀」之藏文對音，〔註 48〕而「延陀」乃是漢文史

〔註 44〕《爲河內郡王武懿宗平冀州賊契丹等露布》，《全唐文》卷二二五；又見於《文苑英華》卷六四七；參見毛漢光：《隋唐軍府演變之比較與研究》，《國立中正大學學報人文分冊》1995 年第 6 卷第 1 期，第 119～157 頁。

〔註 45〕執失思力諸子之名都已漢化，如：「紹德」、「紹宗」、「歸仁」、「歸眞」等，而「守直」一名與「奉節」極類似，有可能同爲執失思力之子；據墓誌，執失思力之子執失奉節生卒年爲 623～656 年，奉節從弟執失善光生卒年爲 663～722 年，平定營州之亂爲 697 年，故執失守直在年齡上也可以視爲執失奉節與執失善光之同輩。

〔註 46〕岑仲勉：《突厥集史》，北京：中華書局，1958 年，第 423 頁；吳玉貴：《突厥第二汗國漢文史料編年輯考》，北京：中華書局，2009 年，第 1148～1151、1156 頁。

〔註 47〕吳玉貴認爲執失頡利發與阿史德頡利發爲同一人，顯然是犯了和祖耶夫類似的錯誤。參見吳玉貴：《突厥第二汗國漢文史料編年輯考》，北京：中華書局，2009 年，第 1150～1151 頁。

〔註 48〕周季文、謝后芳：《敦煌吐蕃漢藏對音字彙》，北京：中央民族大學出版社，2006 年，第 65 頁「延」，第 57 頁「陀」。

料中對薛延陀的常用省稱。案薛延陀本爲鐵勒強部，曾於七世紀初與契苾等
鐵勒諸部聯合在金山、白山一帶建立汗國，後又東遷至漠北，乘頡利汗國覆
亡，統一漠北鐵勒諸部，建立了薛延陀汗國，七世紀中葉薛延陀汗國覆亡之
後，薛延陀餘部被唐朝安置在漠南，並逐漸與頡利餘部合流，因之在單于府
突厥降眾大舉叛亂之時，在叛軍隊伍中也出現了薛延陀人的身影；很可能正
是因爲薛延陀的加盟大大提升了突厥叛軍的實力，而其對漠北鐵勒部眾又仍
保有一定的威懾力，結果突厥在其襄助下最終返回漠北，削平鐵勒諸部，成
功復國，由此可以推測，薛延陀在突厥第二汗國中位列元勳，是「三十姓突
厥」的重要組成部份，〔註49〕故而其在後突厥核心統治集團的「突厥十二姓」
中佔有一席之地也屬合理。

　　從下文 3.11 中可知，突厥十二姓之第十一位是跌跌，又稱阿跌，在突厥
盧尼文中稱作 ädiz，薛延陀則在突厥盧尼文中稱作 sir，兩者原本都屬鐵勒，
不屬突厥本部，而至突厥第二汗國期間，兩者地位有所上升，跌跌已明確列於
突厥本部十二姓之第十一位，薛延陀則多次與跌跌同時見諸載籍，由是可佐證
其亦當位列突厥十二姓名單之中，且其尚排在跌跌之前，居於第十位。《毗伽
可汗碑》東面第 1 行載：

　　　　　　tängri täg täŋri yaratmïš türk bilgä qaγan sabïm：qaŋïm türk bilgä
　　qaγan ... ...（al）tï sir toquz oγuz äki ädiz käräkülüg bägläri bodunï
　　（... ...tü）rk t（äŋ）ri ... ...

　　　　像天一樣的、從天所生的突厥毗伽可汗，我的話。我父突厥毗
　　伽可汗……（六）姓薛延陀、九姓烏古斯、兩姓阿跌諸重要官員和
　　人民……（由於）突厥上天……〔註50〕

　　此處同時羅列薛延陀與阿跌／跌跌，且薛延陀排在阿跌／跌跌之前，可證
兩者都屬於毗伽可汗國中之重要部落。而在毗伽可汗即位前的默啜朝末期，
後突厥內亂，大批突厥、鐵勒部落南下降唐，其中開元三年（715）十月的記
載如下：

　　　　十月己未，授北蕃投降九姓思結都督磨散爲左威衛將軍，大首

〔註49〕　參見本書第二篇《阿史德、舍利、薛延陀與欽察關係小考》第 4 節及第六篇
　　　　《三十姓突厥考》第 5 節。
〔註50〕　耿世民：《古代突厥文碑銘研究》，北京：中央民族大學出版社，2005 年，第
　　　　149 頁。

領斛薛移利殊功爲右領軍衛將軍，契都督邪沒施爲右威衛將軍，匐
利羽都督莫賀突默爲右驍衛將軍，首領延陀薛渾達都督爲右威衛將
軍，奴賴大首領前自登州刺史奴賴孝爲左領軍將軍，**跌跌**首領刺史
裴艾爲右領軍，並員外置依舊兼刺史，賜紫袍金帶魚袋七事綵帛各
三百段，放還蕃。〔註51〕

此名單中共有七名北蕃首領，其中前四名是鐵勒部酋，但與突厥關係密
切，〔註52〕後三名則是與突厥關係更爲密切的前鐵勒部酋，而此時應已進入
突厥本部核心統治集團，都位列突厥十二姓之中，其中奴賴排在十二姓之第
五位，薛延陀排在十二姓之第十位，跌跌則排在十二姓之第十一位；此處薛延
陀再次排在跌跌之前。緊接此事之後一年，小殺默棘連在其弟闕特勤擁立下繼
任爲毗伽可汗，元老重臣暾欲谷出山輔佐，後突厥國中漸趨穩定，一些降唐
部落旋又叛歸漠北，《舊唐書·突厥傳》載：〔註53〕

俄而降戶阿悉爛、跌跌思泰等復自河曲叛歸。初，降戶南至單
于，左衛大將軍單于副都護張知運，盡收其器仗，令渡河而南，蕃
人怨怒。御史中丞姜晦爲巡邊使，蕃人訴無弓矢。不得射獵，晦悉
給還之。故有抗敵之具。張知運既不設備，與降戶戰於青剛嶺，爲
降戶所敗。臨陣生擒知運，擬送與突厥。朔方總管薛訥率兵追討之。
賊至大斌縣，又爲將軍郭知運所擊。賊眾大潰散，投黑山呼延谷，
釋張知運而去。上以張知運喪師，斬之以徇。

此事也見於《論弓仁碑》：〔註54〕

降戶之叛河曲也，公千騎奮擊，萬虜奔走，戡翦略定，師旅方
旋，而延陀、跌跌復相嘯聚，上軍敗於青剛嶺，元帥沒於赤柳澗，
公越自新堡，奔命寇場，贏糧之徒，不滿五百，凶醜四合，眾寡萬
倍，公殺牛爲壘，嗷寇爲餌，決命再宿，衝潰重圍，連兵躪踐，千

〔註51〕 此事僅見於《冊府元龜》卷九七四。

〔註52〕 思結、斛薛、契、匐利羽雖然都屬鐵勒部落，但據《唐會要·諸蕃馬印》，其
牧地多在磧南，與頡利突厥降眾較爲接近，故其與突厥本部之關係可能亦較
爲密切。

〔註53〕 《新唐書·突厥傳》、《資治通鑑》卷二一一等記載略同，參見吳玉貴：《突厥
第二汗國漢文史料編年輯考》，北京：中華書局，2009年，第995～999頁。

〔註54〕 岑仲勉：《突厥集史》，北京：中華書局，1958年，第401頁；吳玉貴：《突
厥第二汗國漢文史料編年輯考》，北京：中華書局，2009年，第1000～1001
頁。

里轉戰，合薛訥於河外，反知運於寇手。

　　兩相對比，可知《論弓仁碑》中之「延陀、跌跌」正與《舊唐書・突厥傳》中降戶「阿悉爛、跌跌思泰」相對應，是則阿悉爛當為此支北返薛延陀部之首領，而此處薛延陀與跌跌又一次同時出現，並且再次排在跌跌之前，足證薛延陀的確在後突厥中居於重要地位。三年之後，薛延陀人再次見諸史籍，《冊府元龜》卷九七四載：〔註55〕

　　　　（開元七年，719）二月丁未，投降突厥延陀磨覽死，贈中郎

　　將，依蕃法葬。

　　此人屬「投降突厥」之延陀部之首領，似與前述開元三年十月降唐之薛延陀部落有關，且未隨阿悉爛在開元四年叛歸漠北。而漠北突厥國中的薛延陀在毗伽可汗默棘連去世後仍然曾經以赴唐使人的身份見諸史籍，《冊府元龜》卷九七五載：〔註56〕

　　　　（開元）二十七年（739）二月丙子，突厥大首領延陀俱末啜

　　剌達干來朝，授將軍，賜紫袍、金帶，放還蕃。

　　而《冊府元龜》卷九七五中緊接此條記載的下一條與後突厥使唐有關的記載為：〔註57〕

　　　　（開元二十九年，741）四月丙寅，突厥登利可汗死，遣首領跌

　　跌末思頡斤來告哀，授頡斤果毅，賜紫袍、金帶，放還蕃。

　　由此可見，即使在突厥第二汗國末期，薛延陀連同跌跌等部落仍然活躍於汗國內外。綜合上述可知，薛延陀在後突厥國中地位頗高，而其與跌跌關係密切，多次同時見諸載籍，跌跌業已考定為藏文突厥十二姓名單中第十一位之he-bdal，〔註58〕因而將薛延陀勘同為藏文突厥十二姓名單中第十位之yan-ti，也許不無道理。

3.11. he-bdal（ཧེ་བདལ）

此部在字面上完全對應「揭怛」或「嚈噠」之多種非漢語形式，各家均

〔註55〕岑仲勉：《突厥集史》，北京：中華書局，1958年，第408頁；吳玉貴：《突厥第二汗國漢文史料編年輯考》，北京：中華書局，2009年，第1052頁。

〔註56〕岑仲勉：《突厥集史》，北京：中華書局，1958年，第456頁；吳玉貴：《突厥第二汗國漢文史料編年輯考》，北京：中華書局，2009年，第1341頁。

〔註57〕岑仲勉：《突厥集史》，北京：中華書局，1958年，第457頁；吳玉貴：《突厥第二汗國漢文史料編年輯考》，北京：中華書局，2009年，第1350頁。

〔註58〕參見下一小節3.11之考證。

無異議，然而挹怛只是其較早的來源之一，在單于府突厥降眾十六州中，屬於呼延都督府的葛邏州曾管轄葛邏祿與挹怛兩個部落，而在返回漠北建立突厥第二汗國之後，挹怛已與九姓鐵勒中的阿跌部合流，形成一個新的部落，並進入後突厥的核心統治集團，突厥文稱之為「兩姓阿跌」（äki ädiz），漢文稱之為「跌跌」，藏文則採用其相對熟悉的名稱「挹怛」（he-bdal）。關於跌跌部落及其族人之詳細考證，請參見本書第八篇《兩姓阿跌考》，此處不再贅述。

3.12. gar-rga-pur（ གར་རྒ་ཕུར ）

此部屬克洛松未能比定之四部之一，古米廖夫將其比定為薩曼王朝始祖巴赫蘭‧楚賓的部落，過於牽強；森安孝夫的猜測相對更為合理：「gar-rga-pur」的名稱中可能包含有「葛邏祿」一名。事實上，單于府突厥降眾十六州中屬於呼延都督府的葛邏州曾管轄葛邏祿與挹怛兩個部落，這兩個部落很可能都是隨賀魯降唐而進入單于府的，而其中挹怛所演變而成的跌跌已經確認位列突厥十二姓名單之第十一位，則葛邏州中的葛邏祿部極有可能正對應突厥十二姓名單中第十二位即最末一位的 gar-rga-pur，以下試結合史料中的點滴線索進行論證，至於藏文對音的復原，因難獲滿意方案而不敢強為之解，故暫付闕如。

葛邏祿為突厥諸族中的強部，介於東西突厥之間，叛服無常，其部落則不時被不同的突厥、鐵勒勢力裹挾，形成多個分支。〔註 59〕其中一支在貞觀二十二年（648）阿史那賀魯降唐時與賀魯部及挹怛部等一同被納入管轄東部突厥降眾的羈縻府州中，〔註 60〕亦即云中都督府及後來分出的呼延都督府中葛邏州所管轄的葛邏祿部落，這一進入東部突厥集團的葛邏祿分支在漢文史料中又被稱為「葛羅枝牙」、「葛羅枝延」或「葛邏支」，以區別於金山的三姓葛邏祿主體部落。《唐會要‧諸蕃馬印》緊接定襄府所管馬之後記載：

> 舍利叱利等馬，（印略。）
>
> 阿史那馬，（印略。）

〔註 59〕關於葛邏祿早期歷史的探討，參見內田吟風：《初期葛邏祿族史之研究》，陳俊謀摘譯，《民族譯叢》1981 年第 6 期；張雲：《葛邏祿部早期歷史初探》，《唐代吐蕃史與西北民族史研究》，北京：中國藏學出版社，2004 年；榮新江：《新出吐魯番文書所見唐龍朔年間哥邏祿部落破散問題》，《西域歷史語言研究集刊》第 1 輯，北京：科學出版社，2007 年。

〔註 60〕阿史那賀魯於貞觀二十二年（648）四月率眾降唐，參見吳玉貴：《阿史那賀魯降唐諸說考異》，《新疆大學學報》1989 年第 1 期。

　　葛羅枝牙馬，（印略。）

　　綽馬，（印略。）

　　賀魯馬，（印略。）

　　已上雲中府管。

　　這五種馬正好對應雲中府最初管轄的五州：舍利州、阿史那州、葛邏州、綽州、賀魯州，〔註61〕是則其中葛邏祿部之馬被稱爲「葛羅枝牙馬」，而《唐會要・諸蕃馬印》在之前的金山西地區已經列舉過「葛邏祿馬」，兩者並存，而在名稱上略有區別，表明「葛羅枝」專指東部突厥降眾中雲中府管轄下的葛邏祿分支部落，〔註62〕不同於金山、北庭一帶的葛邏祿主體。突厥第二汗國建立之後，這一葛邏祿分部儼然已成爲後突厥之重要組成部份，在平定萬歲通天年間契丹營州之亂的默啜突厥軍隊中有一位「游擊將軍葛羅枝延」，〔註63〕此人應即葛羅枝部首領。葛羅枝代表著服從後突厥統治的那部份葛邏祿人，故也可稱之爲「歸順葛邏祿」，〔註64〕與之相對應的則是不服從後突厥統治的那部份葛邏祿人，即「自由葛邏祿」，雖時而受制於西突厥或突騎施，但大多數時候都是獨立自主的，這兩者判然有別，在史料中有嚴格區分。鄂爾渾突厥盧尼文《闕特勤碑》與《毗伽可汗碑》都提到默啜末年後突厥與「自由葛邏祿」之間的征戰：〔註65〕

　　　　當我三十一歲時，葛邏祿人民當其無憂無慮自主時，與我們爲敵。我戰於 Tamay 聖泉（Iduq Baš），殺葛邏祿人，並在那裏獲取其國家。當我（三十二）歲時，葛邏祿人民集合起來（反對我們），我消滅了他們。

　　這一記錄在漢文史料中也有所反映，開元三年（715）八月跌跌思太等後突厥高官率部降唐之前的年初，葛邏祿及胡祿屋、鼠尼施等西突厥十姓部落

〔註61〕《唐會要》卷七三載：「（貞觀）二十三年十月三日。諸突厥歸化。以舍利吐利部置舍利州。阿史那部置阿史那州。綽部置綽州。賀魯部置賀魯州。葛邏祿悒怛二部置葛邏州。並隸雲中都督府。」

〔註62〕「葛羅枝牙」之「牙」字難解，疑有衍訛，暫置不論。

〔註63〕《爲河內郡王武懿宗平冀州賊契丹等露布》，《全唐文》卷二二五；又見於《文苑英華》卷六四七；參見毛漢光：《隋唐軍府演變之比較與研究》，《國立中正大學學報人文分冊》1995 年第 6 卷第 1 期，第 119～157 頁。

〔註64〕《九姓回鶻可汗碑》漢文部份有「歸順葛祿」一稱，即指服從回鶻統治的葛邏祿分部。

〔註65〕《毗伽可汗碑》東面第 28～29 行，《闕特勤碑》所載與此略同。

前往北庭降唐，《新唐書‧突厥傳》載：〔註66〕

> （默啜）既年老，愈昏暴，部落怨畔。十姓左五咄陸、右五弩
> 失畢俟斤皆請降。葛邏祿、胡屋、鼠尼施三姓，大漠都督特進朱斯、
> 陰山都督謀落匐雞、玄池都督蹛實力胡鼻率眾內附，詔處其眾於金
> 山。

此處明確記錄其爲金山地區的三姓葛邏祿，大漠、陰山、玄池三都督府正是顯慶二年（657）平定西突厥賀魯叛亂之後在金山地區設置，分別對應金山葛邏祿之熾俟、謀落、蹛實力三姓，則此當爲「自由葛邏祿」爲默啜所迫，投附唐朝之事。而在同一時期，後突厥內部動蕩不安，大批突厥、鐵勒部落南下投唐，其中也有「歸順葛邏祿」的身影，《冊府元龜》卷九七四載：〔註67〕

> （開元）三年（715）正月戊申，突厥葛邏祿下首領裴羅達干
> 來降，授果毅兼葛州長史、借紫金魚袋，放還蕃。

此處之「葛州」當即呼延都督府轄下之「葛邏州」，唐朝對於前來投附之北蕃部落均有明確鑒別，原則上儘量承襲之前羈縻府州之建制，此「突厥葛邏祿下首領裴羅達干」被授予葛州長史，顯然表明其來自後突厥內部的「歸順葛邏祿」，亦即出自前葛邏州之葛邏祿分部。這一區分在默啜之後的後突厥朝代仍有所體現，《冊府元龜》卷九七五載：

> （開元十年，722）三月丁卯，突厥騎施大首領葛邏昆池等八
> 人來朝，並授將軍，賜紫袍、金帶，放還蕃。

此「突厥騎施大首領葛邏昆池」顯然來自西突厥，當時屬突騎施控制，故稱突騎施大首領，實則出自金山地區之三姓葛邏祿，不屬東突厥。而同書同卷在其後復有另一關於葛邏祿來朝之記載：〔註68〕

> （開元十六年，728）九月壬寅，突厥大首領葛邏祿伊難如裴
> 等來朝，並授中郎將，賜紫袍、銀鈿帶，放還蕃。

此葛邏祿使者爲「突厥大首領」，而非「突騎施大首領」，則其當有別於西突厥金山地區之三姓葛邏祿，當係來自後突厥內部之「歸順葛邏祿」。此外，

〔註66〕 吳玉貴：《突厥第二汗國漢文史料編年輯考》，北京：中華書局，2009年，第928頁。

〔註67〕 吳玉貴：《突厥第二汗國漢文史料編年輯考》，北京：中華書局，2009年，第962頁。

〔註68〕 岑仲勉：《突厥集史》，北京：中華書局，1958年，第428頁；吳玉貴：《突厥第二汗國漢文史料編年輯考》，北京：中華書局，2009年，第1197頁。

《闕利啜碑》中曾提到碑主對於葛邏祿之征戰，時代不詳，在敘述葛邏祿人內屬、其首領前來時，一同前來的還有「薛（šir）俟斤之子移健啜」，此人當出自突厥延陀部，亦即本文所考定之突厥十二姓之第十姓，可為「歸順葛邏祿」位列第十二姓作一旁證；而伯恩什達姆認為，該碑第20行有「葛邏祿人反對葛邏祿人」之敘述，可視為同一個部落內部的糾紛，〔註69〕則從另一個側面表明葛邏祿在當時的確存在不同分支，一部份屬「歸順葛邏祿」，另一部份屬「自由葛邏祿」，而在這兩支之間也曾發生過爭鬥。

後突厥末年，迴紇藥羅葛聯合葛邏祿與拔悉密共同擊滅突厥，此處之葛邏祿與拔悉密為金山、北庭地區之三姓葛邏祿與卅姓拔悉密，〔註70〕而在迴紇第二汗國建立之後，葛邏祿有一部份投靠了迴紇，〔註71〕這支葛邏祿分部則很可能正是來自突厥十二姓中的「歸順葛邏祿」，證據之一是：迴紇葛勒可汗派兵援助唐朝平定安史之亂的領軍大臣為葛邏支（又作葛羅支），〔註72〕此名與後突厥中「歸順葛邏祿」之部名「葛邏枝」極為接近，表明其似有共同來源；證據之二是：迴紇國中的葛邏支一族地位頗高，〔註73〕而先前在前突厥及後突厥時期與葛邏枝關係密切之挹怛／跌跌部中有一支也歸順了迴紇，而從其後跌跌氏位至宰相乃至篡奪藥羅葛汗位來看，其在迴紇國中地位也頗高，跌跌已考定是突厥十二姓之第十一姓，假如認定葛邏枝是突厥十二姓之第十二姓，那麼便可以推測，在突厥第二汗國與迴紇第二汗國交嬗之際，突厥十二姓中關係密切的最末兩姓──跌跌與葛邏枝有一部份投靠了迴紇，並且在迴紇國中居於高位，其中之跌跌氏甚至逐漸坐大，不久竟然取代了可汗藥羅葛氏，而葛邏枝氏則與跌跌氏聯姻，成為汗國的可敦氏族之一，〔註74〕是則迴紇第二汗國之可汗可敦氏族集團有相當一部份實出於突厥十二姓最末兩姓之餘

〔註69〕伯恩什達姆：《6至8世紀鄂爾渾葉尼塞突厥社會經濟制度（東突厥汗國和點戛斯）》，楊訥譯，烏魯木齊：新疆人民出版社，1997年，第65頁。

〔註70〕《九姓回鶻可汗碑》漢文部份：「於時九姓回鶻、卅姓拔悉密、三姓葛祿……」。

〔註71〕《新唐書‧回鶻傳》：「於是葛祿之處烏德犍山者臣迴紇，在金山、北庭者自立葉護，歲來朝。」

〔註72〕《資治通鑒》卷二一九、《新唐書‧郭子儀傳》作「葛邏支」；《新唐書‧回鶻傳》作「葛羅支」。

〔註73〕迴紇第二汗國初期葛勒可汗朝有重臣葛邏支，汗國末期過熱可汗當出自跌跌氏，其妻葛祿疑即出自葛邏支之族。參見《舊唐書‧迴紇傳》、《新唐書‧回鶻傳》。

〔註74〕漠北迴紇第二汗國末期過熱可汗之妻為葛祿，見於《舊唐書‧迴紇傳》，不見於《新唐書‧回鶻傳》。

裔，其對迴紇政權之演變及政策之走向均當有密切關係，此亦前賢所不察，
故特爲揭出之。

第十二篇　突厥十二姓考（四）

4. 突厥十二姓集團內部的其它部落

正如前面已經提及的那樣，突厥十二姓的名單很可能並非唯一和固定的，而是可能存在多個不同的版本。在上述以藏文史料爲基礎考訂的十二姓名單之外，尚有漢文史料中提到的其它突厥本蕃部落若干，也在東部突厥範圍之內，有可能出現在其它版本的十二姓名單之中，以下也對之略作討論。

4.1. 綽

綽部與阿史那部及舍利吐利部關係密切，都屬頡利右廂，降唐後設有綽州，屬雲中都督府。《唐會要‧諸蕃馬印》中有綽馬，屬雲中府管。然而綽部族人是否曾在漢文史料中出現尚無法確定，或許此部較弱小，至後突厥汗國時期也未再見諸載籍。在早期的研究中，一些學者曾經將鄂爾渾盧尼文中的部族 čik 比定爲綽部，但其說僅憑語音接近，且難以解釋突厥核心部落爲何會出現在遙遠的葉尼塞河上游與突厥爲敵，故而無法令人信服。〔註 1〕在 2007年關於 P.T.1283-II 的新譯文中，森安孝夫將默啜突厥十二姓名單中位列第七的 rngi-kevi 比定爲「綽」，但未作論證，〔註 2〕從對音上看，其實兩者尚有不少差異，〔註 3〕更重要的是，綽的影響力遠不及郁射施等部落，因此將 rngi-kevi

---

〔註 1〕 王靜如：《突厥文迴紇英武威遠毗伽可汗碑譯釋》，《王靜如民族研究文集》，北京：民族出版社，1998 年，第 71 頁；洪勇明、刹啓超：《古突厥文碑銘中 Čik 芻議》，《新疆大學學報（哲學‧人文社會科學版）》2015 年第 5 期。

〔註 2〕 森安孝夫：《シルクロードと唐帝國》，東京：講談社，2007 年，p. 319。

〔註 3〕 「綽」的早期中古音爲*tɕʰɨak（Pulleyblank 1991：63），其敦煌吐蕃藏文對音爲 ཅག（cag），這同 རྔི་ཀེའི（rngi-kevi）有較大的差距，參見周季文、謝后芳：《敦煌吐蕃漢藏對音字彙》，北京：中央民族大學出版社，2006 年，第 10 頁。

比定爲「綽」的說服力是嫌不足的。〔註4〕

4.2. 思壁

思壁屬頡利右廂，降唐後設思壁州，也屬雲中都督府，然其不在最初的五州之中，〔註5〕似係後來分出呼延都督府之後增設。思壁部族人僅見於後突厥時期，《冊府元龜》卷九七五載：

> （開元二十一年，733）三月乙卯，突厥遣使斯壁紇思鮮闕等十六人來朝，並授郎將，賜帛六十匹，放還蕃。〔註6〕

> （開元二十二年，734）三月乙酉，突厥遣其大臣斯壁紇思鮮闕來朝，授左金吾衛大將軍員外，賜紫衣、銀袍、繡半臂、金鈿帶、魚袋七事，絹二百匹，金銀器六事，放還蕃。〔註7〕

「斯壁」爲「思壁」之異譯，此思壁部酋在毗伽可汗末年連續兩次出使唐朝，此外則再無其它思壁部族人見諸載籍。

4.3. 拔延

拔延屬頡利左廂，降唐後設拔延州，屬定襄都督府，然其不在最初的六州之中，〔註8〕似係後來分出桑乾都督府之後增設。《唐會要·諸蕃馬印》中有拔延阿史德馬，屬定襄府管，則拔延部可能與阿史德部有關，然而漢文史料中尚無法確定是否記載有拔延部族人。

4.4. 多地藝失

多地藝失屬頡利左廂，降唐後設藝失州，屬定襄都督府，且在最初的六州之中，後來轉屬分出的桑乾都督府。漢文史料中也無法確定是否記載有多

〔註4〕 筆者將 rngi-kevi 比定爲「郁射施」，參見本書第十一篇《突厥十二姓考》（三）第 3.7 節。

〔註5〕 雲中都督府初置於貞觀二十三年（649），管轄五州：以舍利吐利部置舍利州，阿史那部置阿史那州，綽部置綽州，賀魯部置賀魯州，葛邏祿悒怛二部置葛邏州。參見吳玉貴：《突厥汗國與隋唐關係史研究》，北京：中國社會科學出版社，1998 年，第 263 頁。

〔註6〕 岑仲勉：《突厥集史》，北京：中華書局，1958 年，第 433 頁；吳玉貴：《突厥第二汗國漢文史料編年輯考》，北京：中華書局，2009 年，第 1241 頁。

〔註7〕 岑仲勉：《突厥集史》，北京：中華書局，1958 年，第 434 頁。

〔註8〕 定襄都督府初置於貞觀二十三年（649），管轄六州：以蘇農部落置蘇農州，阿史德部置阿史德州，執失部置執失州，卑失部置卑失州，郁射部置郁射州，多地藝失部置藝失州。參見吳玉貴：《突厥汗國與隋唐關係史研究》，北京：中國社會科學出版社，1998 年，第 263 頁。

地藝失部族人。

4.5. 叱略

叱略屬頡利左廂，降唐後設叱略州，屬桑乾都督府，其不在最初的定襄都督府六州之中，應係後來分出桑乾都督府之後增設。漢文史料中有一突厥歸化之啜剌氏，可能與此部族人有關，《通志・氏族略》載：

> 啜剌氏：突厥首領。長壽中司僕卿同正、榆林伯啜剌眞。生元崇，左威衛將軍同正、樓煩男，生瓛，尚永壽奉御。

此啜剌元崇可能正是與武后朝名相姚崇同名之突厥叛臣，《舊唐書・姚崇傳》載：

> 聖曆初，……時突厥叱利元崇構逆，則天不欲元崇與之同名，乃改爲元之。

而《新唐書・姚崇傳》則記爲：

> 崇始名元崇，以與突厥叱剌同名，武后時以字行；至開元世，避帝號，更以今名。

此事也見於《資治通鑑》卷二〇七，係在武后朝之長安四年（704）：

> 元崇字元之，時突厥叱列元崇反，太后命元崇以字行。

此突厥叛臣之姓氏或作「叱利」，或作「叱剌」，或作「叱列」，皆可視爲「啜剌」之異譯，其與「叱略」也頗接近；〔註9〕而從年代上看，突厥叱利元崇與突厥啜剌元崇也頗相符合，此人叛亂之時正值默啜雄強、頻繁寇擾武后朝之年代。另在開元初年前後，有一「冠軍大將軍、右武衛大將軍啜祿」，爲降唐之突厥首領，〔註10〕若「啜祿」爲其姓氏，則也有可能爲叱略部族人。

4.6. 康

康爲粟特胡人姓氏，康國爲昭武九姓之首，在歸順突厥之粟特胡人部落中，康氏之地位最高，有可能出現在某一版本的突厥十二姓名單中，《康阿義屈達干碑》中謂康氏爲「北蕃十二姓之貴種」的說法不能輕易被否定。〔註11〕

〔註9〕 「叱」和「啜」的早期中古音分別爲*tɕʰit 和*tɕʰwiat（Pulleyblank 1991：57, 63），「略」、「利」、「剌」和「列」的早期中古音分別爲*liak、*liʰ、*lat 和*liat（Pulleyblank 1991：205, 188, 181, 193），「利」可視爲「略」之異譯，「剌」和「列」則可能是「利」之形訛。

〔註10〕 范恩實：《唐開元年間黑龍江流域地區史事新證——以「鄭實活墓誌銘」爲中心》，《中國邊疆史地研究》2007 年第 4 期。

〔註11〕 參見本書第九篇《突厥十二姓考》（一）第 1 節中關於康阿義屈達干及其家族

康氏在始畢至頡利諸朝即佔據重要地位，見諸載籍者有始畢朝柱國康鞘利、〔註12〕頡利朝重臣康蘇密等，〔註13〕至後突厥時期，除宰相康阿義屈達干家族之外，尚有大臣康思琮，〔註14〕此外，安祿山之生父亦出自突厥胡部之康氏。〔註15〕

4.7. 火拔

突厥之火拔部唯見默啜妹婿火拔石阿失畢一族，〔註16〕開元二年降唐後曾設火拔州，〔註17〕其子火拔歸仁為哥舒翰手下大將，後於潼關失守時挾持哥舒翰投降安祿山，旋被殺。火拔部來歷不明，不見於東部突厥降唐餘眾十六州，可能是一較小部落。《元和姓纂》及《通志・氏族略》中稱其為「突騎施首領」，故不能排除其出自西部突厥的可能姓；另一方面，「火拔」之讀音包含在「可邏拔扈」之中，〔註18〕極似後者之略譯，故也不能排除火拔部即東部突厥可邏拔扈部（考詳見後）或其分支之可能性。

4.8. 可邏拔扈

可邏拔扈不見於東部突厥降唐餘眾十六州，可能是一較小部落，然必出自東部突厥。《新唐書・公孫武達傳》載：

〔註12〕又作「特勒康稍利」，此「特勒」即突厥語之「柱國」，非可汗子弟之「特勤」。見於《資治通鑒》卷一八四、《大唐創業起居注》、《舊唐書・突厥傳》與《新唐書・突厥傳》，參見本書第十一篇《突厥十二姓考》（三）3.9 中關於 jol-to 即執失之考證。

〔註13〕《資治通鑒》卷一九三：「（貞觀四年正月）靖復遣謀離其心腹，頡利所親康蘇密以隋蕭后及煬帝之孫政道來降。……（六月）壬寅，以右驍衛將軍康蘇密為北安州都督。」

〔註14〕《冊府元龜》卷九七五載：「（開元）十四年正月壬午，突厥遣其大臣臨河達干康思琮來朝，授將軍，放還蕃。」參見岑仲勉：《突厥集史》，北京：中華書局，1958 年，第 425 頁；吳玉貴：《突厥第二汗國漢文史料編年輯考》，北京：中華書局，2009 年，第 1176 頁。

〔註15〕《全唐文》卷四五二邵說《代郭令公請雪安思順表》：「安祿山牧羊小丑，本實姓康，遠自北蕃，來投中夏。」另請參見榮新江：《安祿山的種族與宗教信仰》，收入榮新江《中古中國與外來文明》，北京：三聯書店，2001 年；鍾焓：《安祿山等雜胡的內亞文化背景——兼論粟特人的「內亞化」問題》，《中國史研究》2005 年第 1 期。

〔註16〕參見本書第四篇《默啜諸婿考》第 1 節。

〔註17〕《新唐書・地理志・隴右道》：「開元中又有火拔州、葛祿州，後不復見。」

〔註18〕「火拔」的早期中古音為 *xwa'-bəit（Pulleyblank 1991：135, 27），「可邏拔扈」的早期中古音為 *kʰa'-laʰ-bəit-ɣɔ'（Pulleyblank 1991：173, 203, 27, 128）。

　　鹽州突厥叛，詔武達趨靈州，追及賊，賊方度河，乃據南涯陣，
武達擊之，斬其帥可邏拔扈，進封東萊郡公。

　　此事在貞觀與永徽之間，則可邏拔扈統帥之鹽州突厥叛亂當爲頡利降唐
餘眾之一次叛亂，唯僅憑此「可邏拔扈」尚無法確認是部名抑或人名，所幸
後突厥時期載籍中再次出現相關史料，《冊府元龜》卷九七五載：

　　　　（開元十年，722）九月己巳，……突厥大首領可還（邏）拔
　　　護他滿達干來朝，授將軍，放還蕃。堅昆大首領伊悉缽舍友者畢施
　　　頡斤來朝，授中郎將，放還蕃。〔註19〕

　　　　（開元十一年，723）十一月甲戌，突厥遣其大臣可邏拔護他
　　　滿達于（干）來朝，授將軍，紫袍、金帶，放還蕃。堅昆大首領俱
　　　力貧賀忠頡斤來朝，授郎將，放還蕃。〔註20〕

　　此可邏拔護他滿達干與公孫武達所斬之可邏拔扈顯非一人，則「可邏拔
扈／可邏拔護」當爲部名而非人名。上述兩則關於後突厥大臣可邏拔護他滿
達干連續兩年出使唐朝的記載都緊接著堅昆大首領某頡斤來朝的記載，似表
明其與堅昆在入使唐朝一事上有某種特別的關係，《冊府元龜》卷九七四載：

　　　　（開元五年，717）七月己亥，突厥遣使獻馬，授其使郎將，
　　　放還蕃。降書喻之曰：「皇帝敬問突厥可汗。使人他滿達干至，所言
　　　堅昆使來及吐蕃使不願入漢，並奚、契丹等，俱知之。朕於西夷，
　　　亦信而已，來無所拒，去無所留。可汗好心，遠申委曲，深知厚意。
　　　今附銀胡瓶盤及雜綵七十匹，至可領取。」〔註21〕

　　此處之他滿達干又言及堅昆使者，且同爲毗伽可汗朝臣，似與上述可邏
拔護他滿達干爲同一人；而其入使之任務爲獻馬。又《冊府元龜》卷九七九
載：

　　　　（開元）二十二年四月，突厥遣使來朝，謝婚。表曰：「自遣
　　　使入朝已來，甚好和同，一無虛誑，蕃漢百姓，皆得一處養畜資生，
　　　種田力作。今許降公主，皇帝即是阿耶，卑下是兒，一種受恩，更

〔註19〕岑仲勉：《突厥集史》，北京：中華書局，1958年，第419頁；吳玉貴：《突厥
　　　　第二汗國漢文史料編年輯考》，北京：中華書局，2009年，第1119頁。
〔註20〕岑仲勉：《突厥集史》，北京：中華書局，1958年，第421頁；吳玉貴：《突厥
　　　　第二汗國漢文史料編年輯考》，北京：中華書局，2009年，第1133～1134頁。
〔註21〕岑仲勉：《突厥集史》，北京：中華書局，1958年，第402頁；吳玉貴：《突厥
　　　　第二汗國漢文史料編年輯考》，北京：中華書局，2009年，第1030頁。

有何惡！謹使可解粟必謝婚，他滿達干請期，獻馬四十匹充押函。」

〔註22〕

此處之他滿達干入使請婚期又兼獻馬，且仍位於毗伽可汗時代（毗伽可汗卒於本年末），似亦與上述可邏拔護他滿達干為同一人，則此人在後突厥毗伽可汗一朝至少四次出使唐朝，從開元五年一直到開元二十二年，可謂是毗伽可汗之心腹重臣。

4.9. 哥解

哥解不見於東部突厥降唐餘眾十六州，也不見於默啜朝及之前的突厥部族人中，而在毗伽可汗即位之後，漢文史料開始出現哥解部族人的相關記載，《冊府元龜》卷九七五載：〔註23〕

（開元十二年，724）七月壬戌，突厥遣使哥解頡利發獻方物、求婚，宴於朝堂，賜帛五十疋。

此事在《冊府元龜》卷九七九中記作：「七月，突厥默啜遣使哥解頡利發獻方物」，默啜顯誤，應為毗伽可汗之名默棘連或默矩，此事在《資治通鑒》卷二一二中也有記載：

秋，七月，突厥可汗遣其臣哥解頡利發來求婚。

八月，丙申，突厥哥解頡利發還其國；以其使者輕，禮數不備，未許婚。

此哥解頡利發當為哥解部之大首領，使唐之目的為求婚，六年後，史料中出現了另一位哥解部大首領，《冊府元龜》卷九七五載：〔註24〕

（開元十八年，730）二月……戊寅，突厥遣使哥解骨支車鼻頡斤來朝，獻方物。

此事在《冊府元龜》卷九七一中記作：「二月，突厥遣使哥解骨支車鼻頡斤來獻方物。」而《冊府元龜》卷九七五緊接著記載：〔註25〕

〔註22〕 岑仲勉：《突厥集史》，北京：中華書局，1958年，第434頁；吳玉貴：《突厥第二汗國漢文史料編年輯考》，北京：中華書局，2009年，第1266頁。

〔註23〕 岑仲勉：《突厥集史》，北京：中華書局，1958年，第429頁；吳玉貴：《突厥第二汗國漢文史料編年輯考》，北京：中華書局，2009年，第1208頁。

〔註24〕 岑仲勉：《突厥集史》，北京：中華書局，1958年，第429頁；吳玉貴：《突厥第二汗國漢文史料編年輯考》，北京：中華書局，2009年，第1208頁。

〔註25〕 岑仲勉：《突厥集史》，北京：中華書局，1958年，第430頁；吳玉貴：《突厥第二汗國漢文史料編年輯考》，北京：中華書局，2009年，第1218頁。

（開元十九年，731）二月……壬申，突厥遣其大首領哥解骨
支比施頡斤等五十人來朝，並授折衝，賜帛五十疋，放還蕃。

毗伽可汗殁後，仍能看到此人出使唐朝，《冊府元龜》卷九七一載：

（開元）二十三年正月，突厥哥解骨支車鼻施頡斤來朝。〔註26〕

二十五年……二月……突厥遣使哥解骨支車鼻頡斤並來朝賀
正，且獻方物。〔註27〕

　　《曲江集六·敕突厥可汗書》有「哥解骨支去日，丁寧示意」之記載，
也與上述開元二十三年之出使為同一事。〔註28〕對比分析上述記載可知，此
哥解部大首領全稱應為「哥解骨支車鼻施頡斤」，〔註29〕頡斤之官號低於頡
利發，故此人與開元十二年赴唐朝請婚之哥解頡利發當非一人，而其從開元
十八年到開元二十五年之間至少四次出使唐朝，也應為後突厥國中重要使
臣。此外，毗伽可汗去世前夕之開元二十二年，另有一哥解部酋出使唐朝請
婚，《冊府元龜》卷九七九記作「謹使可解栗必謝婚，他滿達干請期，獻馬
四十匹充押函」，〔註30〕《新唐書·突厥傳》則記作「默棘連請昏既勤，帝
許可，於是遣哥解栗必來謝，請昏期。俄為梅錄啜所毒，忍死殺梅錄啜，夷
其種，乃卒。」〔註31〕此可解栗必／哥解栗必使唐之任務亦為請婚，無論其
與哥解頡利發是否為同一人，此人無疑亦為毗伽可汗心腹重臣。而在後突厥
汗國滅亡之後，哥解部族人仍然見諸史籍，安祿山帳下有突厥左賢王哥解，
〔註32〕說明哥解部有一支投奔到了安祿山軍中，這也正是安祿山討招突厥十

〔註26〕岑仲勉：《突厥集史》，北京：中華書局，1958年，第440頁；吳玉貴：《突厥
　　　　第二汗國漢文史料編年輯考》，北京：中華書局，2009年，第1293頁。
〔註27〕岑仲勉：《突厥集史》，北京：中華書局，1958年，第452頁；吳玉貴：《突厥
　　　　第二汗國漢文史料編年輯考》，北京：中華書局，2009年，第1326頁。
〔註28〕岑仲勉：《突厥集史》，北京：中華書局，1958年，第450頁；吳玉貴：《突厥
　　　　第二汗國漢文史料編年輯考》，北京：中華書局，2009年，第1314頁。
〔註29〕參見伯希和：《中亞史地叢考》，馮承鈞譯，《西域南海史地考證譯叢》第一卷
　　　　五編，北京：商務印書館，1998年，第129～140頁。
〔註30〕岑仲勉：《突厥集史》，北京：中華書局，1958年，第434頁。
〔註31〕吳玉貴：《突厥第二汗國漢文史料編年輯考》，北京：中華書局，2009年，第
　　　　1262頁。
〔註32〕《資治通鑑》卷二一六：「射祿山，中鞍，折冠簪，失履，獨與麾下二十騎走；
　　　　會夜，追騎解，得入師州，歸罪於左賢王哥解、河東兵馬使魚承仙而斬之。」
　　　　《冊府元龜》卷四四二：「祿山匹馬脫走得免，投師州，手殺左賢王哥解將軍、
　　　　河東兵馬使魚承先，將推過自解。」《新唐書·史思明傳》：「從祿山討契丹，

二姓的有效成果之一。

4.10. 烏鶻

關於烏鶻是否是突厥本蕃部落之一，尚未有定論，而認爲「烏鶻」是「aryu／阿爾胡」或「oyuz／烏古斯」音譯的看法也缺乏堅實的依據。〔註33〕從後突厥遣使唐朝的記錄來看，使者幾乎全出自突厥本部即十二姓之部落，其中出現鐵勒九姓的可能性是比較小的。史料中提到後突厥的一位使臣烏鶻達干，在開元二十年二月、二十一年四月與二十六年六月三次出使唐朝，僅憑這一點尚無法確定突厥內存在一個名爲「烏鶻」的部落，因「烏鶻達干」這一名號中完全有可能並不包含部落名信息，如「他滿達干」、「處羅達干」之例，不過鑒於烏鶻爲突厥十二姓之可能性尚無法完全排除，爲進一步研究便利起見，也將其相關史料臚列如下，全部出自《冊府元龜》卷九七五：

> （開元二十年，732）二月癸巳，突厥首領烏鶻達干來朝，賜帛二十疋，放還蕃。〔註34〕

> （開元二十一年，733）四月壬戌，……突厥大使烏鶻達干來朝，宴於內殿，授將軍，賜帛一百匹，放還。〔註35〕

> （開元二十六年，738）六月……辛亥，突厥遣大首領烏鶻達干來朝，授果毅，放還蕃。〔註36〕

5. 突厥十二姓名單的排位順序

根據前文的考訂，P.T.1283-II 中突厥十二姓的漢文名稱及藏文轉寫復原如下：

> （1）射摩可汗宗室

祿山敗，單騎走師州，殺其下左賢哥解、魚承仙自解。」

〔註33〕薛宗正：《中亞內陸——大唐帝國》，烏魯木齊：新疆人民出版社，2005年，第300頁；李樹輝：《烏古斯和回鶻研究》，北京：民族出版社，2010年，第119頁。

〔註34〕岑仲勉：《突厥集史》，北京：中華書局，1958年，第431頁；吳玉貴：《突厥第二汗國漢文史料編年輯考》，北京：中華書局，2009年，第1230頁。

〔註35〕岑仲勉：《突厥集史》，北京：中華書局，1958年，第433頁；吳玉貴：《突厥第二汗國漢文史料編年輯考》，北京：中華書局，2009年，第1242頁。此條也見於《冊府元龜》卷九七一。

〔註36〕岑仲勉：《突厥集史》，北京：中華書局，1958年，第453頁；吳玉貴：《突厥第二汗國漢文史料編年輯考》，北京：中華書局，2009年，第1334頁。

（rgyal-po-zha-ma-mo-ngan ＜ rgyal-po-zha-ma-kha-gan）

（2）賀魯（ha-li ＜ *ha-lo）

（3）阿史德（a-sha-sdevi ＜ *a-shi-teg）

（4）舍利吐利（shar-du-livi ＜ *shar-du-lis）

（5）奴剌（lo-lad）

（6）卑失（par-sil）

（7）郁射施（rngi-kevi ＜ *gu-yesh）

（8）蘇農（so-ni ＜ *so-no）

（9）執失（jol-to ＜ *jyib-shir）

（10）延陀（yan-ti ＜ *yan-da）

（11）跌跌（he-bdal）

（12）葛邏枝？（gar-rga-pur ＜？）

從這份藏文史料中突厥十二姓名單的排位順序中，可以發現其與漢文史料中東部突厥餘眾四府十六州部落的序列存在密切關係，只是為適應後突厥建國形勢的特殊性在局部上有一些調整。

排　　名	部落名	羈縻州名	都督府名
1	射摩可汗宗室	阿史那	雲中
2	賀魯	賀魯	呼延
3	阿史德	阿史德	定襄
4	舍利吐利	舍利	雲中
5	奴剌	白登	雲中
6	卑失	卑失	桑乾
7	郁射施	郁射	桑乾
8	蘇農	蘇農	定襄
9	執失	執失	定襄
10	延陀	姑衍等五州	達渾
11	跌跌	葛邏／跌跌	呼延
12	葛邏枝	葛邏	呼延

排在最前三位的是地位最高的部落，分別對應雲中都督府的阿史那州、呼延都督府的賀魯州和定襄都督府的阿史德州。其中阿史那與阿史德是東部突厥汗國的可汗部落和可敦部落，而賀魯之所以能排在第二位則緣於其出自

西部突厥的阿史那氏，並且是後突厥復興的開國元勳。〔註37〕

　　排在最後三位的是地位最低的部落，分別對應達渾都督府的薛延陀五州、呼延都督府的跌跌州和葛邏州，這三部從出身上來說原先都不是突厥本部，後來才漸次進入突厥核心集團。其中排在最後一位的葛邏枝原本是葛邏祿的一部份，後跟隨賀魯部進入東部突厥，和突厥本部的關係最爲疏遠；倒數第二位的跌跌又分爲兩部份，一部份來自於鐵勒九姓中的阿跌，另一部份則來自於西部突厥賀魯部中的挹怛，兩姓合居，形成後突厥汗國中的新貴跌跌，但其地位在傳統上仍無法同其它突厥本蕃部落相比；而倒數第三位的薛延陀是鐵勒強部，原本爲突厥人的死敵，但自東部突厥第一汗國與薛延陀汗國相繼覆滅之後，被唐朝安置在漠南的兩者逐漸走到一起，薛延陀也成爲後突厥復興的開國元勳，故其能夠排在突厥本蕃部落之後的首位即第十位。

　　排在中間六位的是除呼延都督府外其它三府中的重要突厥本蕃部落，按順序分別對應雲中都督府的舍利州和白登州、桑乾都督府的卑失州和郁射州、定襄都督府的蘇農州和執失州。從排位順序上看，定襄都督府本應在桑乾都督府之前，但由於其中的執失部尤其是執失思力家族與李唐王朝關係非同尋常，並且曾有過不利於於突厥頡利可汗之舉措，由是其在後突厥國中地位有所下降，連帶導致原定襄都督府部落排到了原桑乾都督府部落之後，並且執失還排在蘇農之後，名列突厥本蕃部落的最後一位即第九位。

6. 突厥十二姓的內部通婚

　　基於前文考定的突厥十二姓及其附屬諸部，可以考察其集團內部通婚的情形。可汗部族阿史那除與可敦部族阿史德通婚外，還與卑失、薛延陀、跌跌、火拔、康等部通婚；阿史德除與阿史那通婚外，也與康氏通婚；跌跌除與阿史那通婚外，還與舍利吐利、葛邏枝通婚；上述是十二姓內部通婚之例，這也是十二姓通婚的主要形式。另有幾例通婚稍顯特別，分別是賀魯與僕固、郁射施與契苾以及卑失與波斯，屬於十二姓與外部其它姓氏之通婚。以下分別對其略作討論。

6.1. 阿史那與阿史德

　　在後突厥汗國建立之前，見諸載籍的阿史那與阿史德通婚迄今僅有一

〔註37〕參見本書第十一篇《突厥十二姓考》（三）第 3.2 節。

例，即頡利可汗曾孫阿史那感德與定襄都督之次女阿史德氏夫婦。〔註38〕後突厥汗國時期，則有默啜可汗之女婿阿史德覓覓（阿史德胡祿）夫婦及阿史德暾欲谷之女婿毗伽可汗夫婦。〔註39〕

6.2. 阿史那與卑失

後突厥汗國默啜可汗之婿俾失十囊，妻阿史那氏受封爲雁門郡夫人。〔註40〕

6.3. 阿史那與薛延陀

在後突厥汗國建立之前，有阿史那思摩夫婦，思摩妻爲統毗伽可賀敦延施，其父祖以上三代均爲薛延陀首領，然與薛延陀汗國眞珠毗伽可汗夷男家族似無關聯，其應出身於薛延陀之東支，即位於東部突厥控制下的薛延陀分部；思摩早年曾爲「俱陸可汗，統薛延陀、迴紇、暴骨、同羅等部」，〔註41〕則其與薛延陀聯姻當有利於增強對漠北鐵勒的控制。在後突厥汗國滅亡之後，有阿史那從政之妻薛突利施匐阿施，「薛突利施」一稱暗示其可能出自薛延陀部或舍利吐利部，〔註42〕不過尚無法確定，姑存疑待考。

6.4. 阿史那與跌跌

阿史那可汗之婿阿跌良臣夫婦，良臣之子李光顏妻亦爲阿史那氏，則阿史那與跌跌至少兩代聯姻。〔註43〕

6.5. 阿史那與火拔

默啜妹婿火拔石阿失畢，妻阿史那氏受封爲金山公主。〔註44〕

6.6. 阿史那與康

康阿義屈達干，其祖染爲可汗駙馬，其子沒野波妻阿史那氏，則康阿義屈達干家族與阿史那至少四代二次聯姻。〔註45〕

〔註38〕趙振華：《唐阿史那感德墓誌考釋》，《史林》2004 年第 5 期。

〔註39〕參見本書第四篇《默啜諸婿考》第 2 節；第五篇《阿史德與迴紇汗統》第 5 節。

〔註40〕參見本書第三篇《可薩卑失考》第 6 節。

〔註41〕《大唐故右武衛大將軍贈兵部尚書謚曰順李君（思摩）墓誌銘并序》，吳鋼：《全唐文補遺》第 3 輯，西安：三秦出版社，1996 年，第 338 頁。

〔註42〕參見本書第二篇《阿史德、舍利、薛延陀與欽察關係小考》第 3 節。

〔註43〕參見本書第八篇《兩姓阿跌考》第 4 節。

〔註44〕參見本書第四篇《默啜諸婿考》第 1 節。

〔註45〕顏眞卿：《康阿義屈達干碑》，《全唐文》卷三四二。轉見岑仲勉：《突厥集史》，北京：中華書局，1958 年，第 850～854 頁。

6.7. 阿史德與康

安祿山之母爲阿史德氏，生父本姓康，雖非正式婚姻，仍屬突厥十二姓內部之結合。〔註46〕

6.8. 舍利吐利與跌跌

阿跌良臣之婿舍利葛旃夫婦。〔註47〕

6.9. 跌跌與葛邏枝

迴紇第二汗國末期有遏撚可汗，出自跌跌，其妻葛祿，疑出自葛邏枝。〔註48〕

6.10. 賀魯與僕固

朔方節度使僕固懷恩妻賀魯氏。僕固爲鐵勒九姓強部，僕固懷恩家族投唐後進入朔方軍，而賀魯也有一支投唐後進入朔方軍，則兩者的結合可視爲朔方軍內部突厥－鐵勒系高級蕃將之間的聯姻。〔註49〕

6.11. 郁射施與契苾

郁射施大首領鶻屈利斤妻契苾氏。契苾亦爲鐵勒九姓傳統強部，早先曾與薛延陀同稱可汗於金山、白山之間；在後突厥復興漠北之後，其中一支隨迴紇之藥羅葛、思結之一支以及渾部南下甘涼附唐，留居漠北之契苾分支當爲與突厥本部關係密切者，郁射施在突厥本部中地位獨特，與鐵勒關係較爲密切，〔註50〕故而這一結合也可視爲突厥與鐵勒高門之間的聯姻。

6.12. 卑失與波斯

波斯國王外甥李素，續弦卑失氏。此時已值後突厥亡國約五十年，波斯亡國已逾百年，則李素與卑失氏之結合，可視爲波斯貴族後裔與突厥貴族後裔之間的聯姻。〔註51〕

〔註46〕森安孝夫：《シルクロードと唐帝國》，東京：講談社，2007 年，p. 267；鍾焓：《失敗的僭僞者與成功的開國之君——以三位北族人物傳奇性事跡爲中心》，《歷史研究》2012 年第 4 期；榮新江：《安祿山的種族、宗教信仰及其叛亂基礎》，《中古中國與粟特文明》，北京：三聯書店，2014 年，第 269～270 頁。
〔註47〕參見本書第八篇《兩姓阿跌考》第 4 節。
〔註48〕參見本書第十一篇《突厥十二姓考》（三）第 3.12 節。
〔註49〕參見本書第十篇《突厥十二姓考》（二）第 3.2 節。
〔註50〕參見本書第十一篇《突厥十二姓考》（三）第 3.7 節。
〔註51〕參見本書第三篇《可薩卑失考》第 8 節。

7. 突厥第二汗國滅亡後十二姓的動向

7.1. 南下的十二姓

本文第 1 節在討論漢文史料中的突厥十二姓時，曾提到突厥第二汗國殘餘貴族勢力之可汗阿史那部、可敦阿史德部以及宰相康阿義屈達干所部等輾轉歸入安祿山手下，成爲其叛亂後所建朝廷倚重的上層核心，此外據本文 4.9 節的考證還可補充左賢王哥解部，這一部份出自突厥十二姓部落餘眾的流向是安史叛軍陣營。另一方面，也有一部份十二姓部落餘眾南下降唐後進入朝廷官軍陣營，並參與了平定安史之亂或討伐藩鎮叛亂，試簡要討論如下。

7.1.1. 阿史那

突厥貴族李良臣於第二汗國滅亡時率領部族南下降唐，良臣本人爲跌跌氏，其妻及媳皆爲阿史那氏，可推測隨其南下降唐之部人中當有阿史那族人，而良臣及其子光進、光顏等後來進入朔方軍及河東軍中，則此部份阿史那族人當也進入朔方軍或河東軍中。唐德宗時期平定朱泚和李懷光之亂的主要將領之一隴右節度使李元諒之妻爲阿史那氏，〔註52〕元諒卒後手下部眾由部將阿史那敘代領，〔註53〕則阿史那敘與元諒妻阿史那氏可能是同族人，其來源疑與朔方軍有關，因元諒本姓安，爲粟特胡人，少爲宦官駱奉先收養，故嘗冒姓駱，而駱奉先曾逼反朔方節度使僕固懷恩，〔註54〕則元諒之被收養疑與僕固懷恩之亂引起的朔方軍中離難有關；而無論來源如何，李元諒軍中存在阿史那族人是確定無疑的。

7.1.2. 賀魯

朔方節度使僕固懷恩之妻爲賀魯氏，從活動年代考之，賀魯氏之先人很可能正是開元初年從後突厥南下投唐之貴族賀魯窒合眞阿婆囑或其屬下首領，〔註55〕則賀魯族人當有一部份也在懷恩統領下的朔方軍中。

7.1.3. 舍利吐利

李良臣之婿舍利葛旃，也在朔方軍中，參與平定安史之亂，後懷恩亂作，

〔註52〕《李元諒墓誌》，見《全唐文補遺》第 3 輯，西安：三秦出版社，1996 年，第 128～129 頁。

〔註53〕《舊唐書・德宗紀》。

〔註54〕榮新江：《安史之亂後粟特胡人的動向》，《暨南史學》第 2 輯，暨南大學出版社，2003 年。

〔註55〕參見本書第十篇《突厥十二姓考》（二）第 3.2 節。

葛旐殺其子僕固瑒，投奔河東節度使辛雲京，遂又進入河東軍中，跟隨馬燧參與平定藩鎮叛亂，因功被賜姓名爲李奉國；其子舍利石鐵也是河東軍中將領。〔註56〕

7.1.4. 奴剌

奴剌先是出現在安祿山叛軍兵臨潼關之際前往勤王的河隴朔方諸蕃部落中，排列首位；〔註57〕嗣後在安史之亂已經平定、僕固懷恩亂起之際，奴剌再次見諸載籍，其身份則是僕固懷恩叛亂時所邀約的盟軍，其它盟軍包括迴紇、吐蕃、党項、吐谷渾等部，〔註58〕可見奴剌此時仍保持著完整的部落編制，其部落並未因潼關之敗而潰散。

7.1.5. 跌跌

前文已多次提及李良臣家族，其父子三人在朔方軍及河東軍中對安史之亂及藩鎮叛亂之平定皆立下大勳；此外，安祿山叛軍兵臨潼關之際前往勤王的河隴朔方諸蕃部落中，緊接奴剌之後排列次位的是頡跌，亦即跌跌，不過此部與良臣所部是否即是同一部，尚未可遽斷。

此外，在晚唐咸通元年（860）平定浙東裘甫之亂的外部援軍中，有昭義軍鎮將跌跌戣，〔註59〕另有五代後唐長興元年（930）時的武功鎮將跌跌琉，〔註60〕這兩者肯定也是出自跌跌部的入唐蕃將之後裔，但其時上距突厥第二汗國滅亡已逾百年，而距漠北回鶻汗國滅亡也已有數十年之久，故而難以考證該跌跌部族人的確切來源。

7.2. 亡國後十二姓餘眾的棲居地

突厥第二汗國滅亡後，其統治集團核心的十二姓餘眾除一部份南下降附唐朝、一部份被迴紇汗國征服吸收之外，可能尚有另一部份，在逃出藥羅葛迴紇的追殺之後，避難棲居在磧西某地。關於這一部份西遷突厥餘部的具體位置，可以從敦煌藏文史料 P.T.1283-II 中得到進一步的印證與落實，該史料所描述的

〔註56〕參見：《兩唐書》之李光進傳、馬燧傳及李晟傳，《通志·氏族略》之舍利氏；本書第十篇《突厥十二姓考》（二）第3.4節。

〔註57〕安祿山兵臨潼關之際，河隴諸蕃前來勤王的十三部落中，十二姓之兩個部落奴剌、頡跌位於最前。參見李錦繡：《「城傍」與大唐帝國》，《唐代制度史略論稿》，北京：中國政法大學出版社，1998年。

〔註58〕《資治通鑑》卷二二三。

〔註59〕《資治通鑑》卷二五〇。

〔註60〕《冊府元龜》卷七〇七。

時代背景正好是突厥第二汗國滅亡不久的一段時間，因此通過對其中「突厥默啜十二部落」居留地域的研究有助於更精確地定位西遷突厥餘部的下落。

　　P.T.1283-II 中論及「突厥默啜十二部落」之前的第 7 行提到「某地，漢語稱爲室韋（ji-vur），突厥語稱之爲莫賀婆力（ba-ker-pa-lig）」，此地正是整篇文書設想中五位霍爾（Hor）使臣的出發地，也即是霍爾國之所在，〔註61〕而位於其上方的突厥默啜十二部落也成爲整篇文書中五條出使線路的定位基點。該地的比勘至今尙未有定論，森安孝夫否定了將此 Hor 國視爲漠北迴紇汗國的可能，把該地的範圍大致限定在河西、吐魯番、北庭地方，〔註62〕然而這一範圍過於寬泛；在 2007 年的書中，森安孝夫將其具體定位在河西東部的涼州一帶，但並未作出有力的直接論證，且對相關的漢語名稱及突厥語名稱也缺乏合理的解說。〔註63〕

　　對於此地的漢語名稱「ji-vur」和突厥語名稱「ba-ker-pa-lig」的復原，也一直未有定論。巴科與伯希和提出突厥語名稱的意思是「銅城」（*Baqïr Balïq），〔註64〕克洛松不同意此說，猜測「ba-ker」可能來自突厥－梵文詞「Vaxar（Waxar）」，意爲「寺院」，但其又表示從未聽說當地有一個「寺院城」；〔註65〕李蓋提認同巴科與伯希和的說法，〔註66〕而森安孝夫則傾向於支持克洛松的

〔註61〕 關於霍爾（Hor），早期史料一般用來指稱吐蕃北面的部族，但其具體族屬、淵源、位置及得名等諸問題迄今仍不明晰；與之相關的另一名稱巴達霍爾（Bhata-hor）也存在類似狀況，石泰安認爲其指的是甘州回鶻人，托馬斯（F. W. Thomas）認爲其指的是居於甘州與北庭之間、曾在 790 年聯合吐蕃人與回鶻、漢人作戰的另一個部族，李蓋提則認爲巴達霍爾人可能指萬遷祿人；森安孝夫在 2007 年的書中提出，霍爾人是指涼州一帶的粟特胡人。參見森安孝夫：《チベット語史料中に現われる北方民族：Dru-Gu と Hor》，《アジア・アフリカ言語文化研究（Journal of Asian and African Studies）》（14），1977，pp. 34-46；尹偉先：《藏文史料中的「維吾爾」》，《敦煌研究》1996 年第 4 期；森安孝夫：《シルクロードと唐帝國》，東京：講談社，2007 年，pp. 331-334.

〔註62〕 森安孝夫：《チベット語史料中に現われる北方民族：Dru-Gu と Hor》，《アジア・アフリカ言語文化研究（Journal of Asian and African Studies）》（14），1977. p. 33.

〔註63〕 森安孝夫：《シルクロードと唐帝國》，東京：講談社，2007 年，pp. 331-334.

〔註64〕 J. Bacot,（notes par P. Pelliot）, Reconnaissance en Haute Asie Septentrionale par cinq envoyés ouigours au VIIIe siècle, Journal Asiatique, 1956, p. 151.

〔註65〕 G. Clauson, À propos du manuscript Pelliot tibétain 1283, Journal Asiatique, 1957, pp. 11-24；漢譯文見克洛松：《論伯希和敦煌藏文寫本第 1283 號》，耿昇譯，《西北民族文叢》1984 年第 1 期。

〔註66〕 李蓋提：《〈北方王統記述〉考》，岳岩譯，《國外敦煌吐蕃文書研究選譯》，蘭州：甘肅人民出版社，1992 年，第 349～350 頁。

猜測，並補充了漢語名稱「ji-vur」可能來自漢語「寺窟」的猜測。〔註67〕
上述諸家對於漢語名稱的復原都沒有太大把握，唯一比較確定的是突厥語名
稱中的「pa-lig」部份，應即突厥語的「balïq」一詞，意爲「城」。王堯、陳踐
將「ji-vur」翻譯爲「室韋」，未詳所據，〔註68〕林梅村對此有過辯證，認爲譯
作「鮮卑」可能更妥，因柔然屬於鮮卑的一支，而該地被林氏看作是柔然所
築之城；林氏進而提出，突厥語「ba-ker-pa-lig」其實就是漢文史料中的「尉
紇驎城／墨離城」。〔註69〕

　　以「ji-vur」對「鮮卑」，以「ba-ker-pa-lig」對「尉紇驎城／墨離城」，林
梅村的方案初看頗言之成理，然而細究起來則問題不少。首先，無論是「鮮
卑」還是「室韋」，其唐代西北方音所對應的藏文和「ji-vur」都有不小的差異。
〔註70〕其次，也是更重要的一點，在於林氏對「尉紇驎城／墨離城」的位置
確定存在嚴重的偏差，他沒有接受和吸收學界早已考定的墨離軍在瓜州城附
近的結論，〔註71〕而是仍然根據錯訛的文獻記載將墨離軍的位置放到「瓜州

〔註67〕　森安孝夫：《チベット語史料中に現われる北方民族：Dru-Gu と Hor》，《アジア・
　　　　　アフリカ言語文化研究（*Journal of Asian and African Studies*）》（14），1977. p. 33.

〔註68〕　「室韋」的早期中古音爲*çit-wuj（Pulleyblank 1991：285, 320），與藏文「ji-vur」
　　　　　存在較大差異：漢字「室」爲入聲，有韻尾-t，不太可能對譯藏文 ji；而漢字
　　　　　「韋」卻非入聲字，對譯藏文 vur 同樣不太可能。

〔註69〕　林梅村：《稽胡史蹟考──太原新出隋代虞弘墓誌的幾個問題》，《松漠之間─
　　　　　─考古新發現所見中外文化交流》，北京：三聯書店，2007 年。

〔註70〕　從敦煌漢藏對音來看，「室韋」對應的藏文是「çir-wufii」，與「鮮卑」中古音
　　　　　相同的「仙碑」對應的藏文是「sjan-pi」，和「ji-vur」之間的差異均極其明顯，
　　　　　上述「室」、「韋」、「仙」、「碑」四字分別參見周季文、謝后芳：《敦煌吐蕃漢
　　　　　藏對音字彙》，北京：中央民族大學出版社，2006 年，第 51、58、62、4 頁。

〔註71〕　王頲對林梅村的推論提出了質疑，並援引錢伯泉的論證，指出墨離軍的方位
　　　　　仍應確定在瓜州城郊，參見王頲：《置營冥澤──唐墨離軍及其後世部落變
　　　　　遷》，《內陸亞洲史地求索》，蘭州：蘭州大學出版社，2011 年。李文才認爲，
　　　　　墨離軍的戰略任務首先是保衛瓜州的安全，進而與東面肅州的玉門軍形成犄
　　　　　角配合，切斷瓜州大磧與肅州大磧的綠色通道，從而阻隔吐蕃與突厥之間的
　　　　　軍事聯合，從這種角度看，若墨離軍的方位遠在瓜州城西北千里之外，顯然
　　　　　是極端不合情理的，參見李文才：《唐代河西節度使所轄軍鎮考論》，《唐史論
　　　　　叢》第 18 輯，西安：陝西師範大學出版社，2014 年。此外，時代更早的嚴耕
　　　　　望、王永興等諸家都認爲墨離軍的方位應在瓜州城附近，文獻記載存在錯訛，
　　　　　參見嚴耕望：《唐代交通圖考》第二卷《河隴磧西區》，上海：上海古籍出版
　　　　　社，2007 年，第 440～441 頁；王永興：《唐代前期西北軍事研究》，北京：中
　　　　　國社會科學出版社，1994 年，第 25～28 頁；王永興：《王永興學述》，杭州：
　　　　　浙江人民出版社，1999 年，第 126～129 頁；王永興：《唐代前期軍事史略論

西北一千里」的伊州境內，這與墨離軍保衛瓜州的首要功能明顯不合，由此得出的結論自然難以成立。此外，P. T.1283-II 文書所涉內容基本確定在八世紀後半葉，若說此時在吐蕃北面還存在一個被漢人稱爲「鮮卑」的地方，這種可能性不能說沒有，但至少應該是非常小的。

解決此問題的關鍵在於，要在八世紀後半葉的河西、吐魯番、北庭地方找到一座城，該城的漢語名稱接近藏文的「ji-vur」，且突厥語名稱接近藏文的「ba-ker-pa-lig」。筆者擬在林梅村方案的基礎上，提出一個修訂的方案，供學界討論參考。在筆者看來，這座城很可能正是林氏指出的墨離城，不過其方位並不在瓜州西北千里之外的哈密北山草原地帶，而理應就在瓜州城附近，「墨離城」正是其突厥語名稱，發音接近藏文的「ba-ker-pa-lig」；其漢語名稱則是「處月」，發音接近藏文的「ji-vur」，以下試論證之。

首先從對音上論證。該城的突厥語名稱「ba-ker-pa-lig」可比定爲漢文史料中的「墨離城」，其詳細論證可參考林梅村文中第二節《尉紇驎與 b（a）krīn》與第三節《尉紇驎城與墨離城》，〔註72〕從「墨離」與「ba-ker」的對音相似度來說沒有太大問題。該城的漢語名稱「ji-vur」可比定爲漢文史料中的「處月」，需要稍作考證。從敦煌漢藏對音材料來看，漢文「處」可以對藏文「chi」，〔註73〕與「ji」的區別只在清濁與送氣，而藏文「ji」可以對漢文「除」，〔註74〕與「處」的區別也只在清濁與聲調；漢文「月」可以對藏文「vgwar」，〔註75〕與藏文「vur」的差別也相當小，且用「r」來對漢文中的入聲韻尾「-t」是敦煌藏漢對音的慣例，在這一點上用「月」對「vur」遠比用「韋」或者「卑」合理，〔註76〕而森安孝夫猜測的「窟」在敦煌藏文對音中爲「khod」，〔註77〕也不如「月」的敦煌藏文對音「vgwar」更接近「vur」；

　　　稿》，北京：崑崙出版社，2003 年，第 116～118 頁。

〔註72〕林梅村：《稽胡史蹟考——太原新出隋代虞弘墓誌的幾個問題》，《松漠之間——考古新發現所見中外文化交流》，北京：三聯書店，2007 年。

〔註73〕周季文、謝后芳：《敦煌吐蕃漢藏對音字彙》，北京：中央民族大學出版社，2006 年，第 9 頁。

〔註74〕周季文、謝后芳：《敦煌吐蕃漢藏對音字彙》，北京：中央民族大學出版社，2006 年，第 99 頁。

〔註75〕周季文、謝后芳：《敦煌吐蕃漢藏對音字彙》，北京：中央民族大學出版社，2006 年，第 72 頁。

〔註76〕「韋」和「卑」都是舒聲字，無入聲韻尾。

〔註77〕周季文、謝后芳：《敦煌吐蕃漢藏對音字彙》，北京：中央民族大學出版社，

於是，用漢文「處月」來對藏文「ji-vur」在語音解釋上並不存在太大的困難，〔註78〕而且比現有的各種猜測都更爲合理。

其次需要論證，上述比勘的名稱在八世紀後半葉在當地仍然被廣泛使用，亦即是說，其存在時間和空間上的合理性。突厥語名稱「墨離城」問題不大，墨離軍這一名號在河西西北部的瓜州地域從七世紀初到九世紀末終有唐一代均通用不廢，〔註79〕相應地「墨離城」的稱號也應一直存在，唯其屬於「突厥語名稱」一事需要略加解釋：「墨離」這一名稱的來源通常認爲與吐谷渾有關，〔註80〕在以處月爲代表的突厥語部族進入瓜州地方的墨離軍之後，〔註81〕該名稱進入突厥語並加上突厥語表「城市」的後綴聯合構成新的名稱「墨離城」亦屬自然。漢語名稱「處月」則需稍作考證。一般認爲，西突厥部族處月的牧地主要在庭州一帶，〔註82〕但那是西突厥降唐前後即七世紀中葉的情形，在之後的一個多世紀中，處月的牧地發生過多次遷移，除庭州之外，還分別在伊州、西州、瓜州等地出現過，這其中，最大的一次遷移當屬前往瓜州附近的墨離軍，停留時間達約半個世紀之久，〔註83〕或許正是

2006 年，第 31 頁。

〔註78〕 伯希和認爲，突厥文部族名 čigil 對譯漢文的「處月」要比對譯漢文的「熾俟」更爲合理，「處」在敦煌吐蕃漢藏對音材料中對藏文的 chi（či）即是一個很好的例證，突厥盧尼文《闕特勤碑》中漢人「呂向」被音譯爲 likän 而非 lükän 是另一個很好的例證，「處」與「呂」的中古音韻母完全相同，這表明唐代西北方音對於中古音韻母 -i̯wo 有讀作 i 的傾向，這也是唐代漢文譯寫用字的一個特點。參見伯希和：《中亞史地叢考》，馮承鈞譯，《西域南海史地考證譯叢》第一卷五編，北京：商務印書館，1998 年，第 128～135 頁。

〔註79〕 參見王頲：《置營冥澤——唐墨離軍及其後世部落變遷》，《內陸亞洲史地求索》，蘭州：蘭州大學出版社，2011 年；李文才：《唐代河西節度使所轄軍鎮考論》，《唐史論叢》第 18 輯，西安：陝西師範大學出版社，2014 年。

〔註80〕 參見王永興：《唐代前期軍事史略論稿》，北京：崑崙出版社，2003 年，第 117～118 頁；李文才：《唐代河西節度使所轄軍鎮考論》，《唐史論叢》第 18 輯，西安：陝西師範大學出版社，2014 年。

〔註81〕 趙榮織、王旭送：《唐代沙陀人在西域的活動區域》，《昌吉學院學報》2008 年第 6 期。

〔註82〕 參見沙畹著，馮承鈞譯：《西突厥史料》，北京：中華書局，2004 年，第 36 頁；趙榮織、王旭送：《唐代沙陀人在西域的活動區域》，《昌吉學院學報》2008 年第 6 期；任寶磊：《新疆地區的突厥遺存與突厥史地研究》，西北大學博士學位論文，2013 年，第 137～139 頁。

〔註83〕 趙榮織、王旭送：《唐代沙陀人在西域的活動區域》，《昌吉學院學報》2008 年第 6 期。

這次遷移，使得源出西突厥的處月部族在墨離軍中留下了較強烈的影響，於是漢人便用其部族名號「處月」來稱呼墨離軍所在的駐地；從地理位置上看，該地位於甘州與北庭之間的中心區域，是唐朝分隔突厥－吐谷渾及回鶻－吐蕃的核心要地，若將 P.T.1283-II 文書中的霍爾國置於該地接近吐蕃的一側，則正好可以契合托馬斯（F. W. Thomas）關於巴達霍爾居於甘州與北庭之間並與吐蕃結盟對抗唐朝與回鶻的推測。〔註84〕

　　本方案若成立則意味著，後突厥餘部在亡國後曾一度棲居在位於河西西北部瓜州地方的處月－墨離城以北的某個區域，即其在汗國崩潰時的逃亡方向是越過金山向西流竄，這在突厥汗國歷史上是有先例可循的，《舊唐書·李大亮傳》載：

> 時頡利可汗敗亡，北荒諸部相率內屬。有大度設、拓設、泥熟特勒及七姓種落等，尚散在伊吾，以大亮爲西北道安撫大使以綏集之，多所降附。朝廷愍其部眾凍餒，遣於磧石貯糧，特加賑給。

《資治通鑒》卷一九三載：

> （貞觀四年，630 年）七月……西突厥種落散在伊吾，詔以涼州都督李大亮爲西北道安撫大使，於磧口貯糧，來者賑給，使者招慰，相望於道。

> （八月）戊午，突厥欲谷設來降。欲谷設，突利之弟也。頡利敗，欲谷設奔高昌，聞突利爲唐所禮，遂來降。

《資治通鑒》卷一九三中所謂「西突厥種落散在伊吾」，與《舊唐書·李大亮傳》中「大度設、拓設、泥熟特勒及七姓種落等，尚散在伊吾」當指同一事，「西突厥」之稱不確。〔註85〕據此可知，突厥第一汗國滅亡之後，頡利餘眾中一部份曾向西越過金山，避難棲居在伊吾、高昌一帶，其中的拓設即郁射設阿史那摸末之弟阿史那社爾，其部在伊吾並未停留太久，而是隨即繼續向西遷往可汗浮圖城（北庭地方，即庭州）附近休養生息，後趁西部突厥內亂，西進佔據其國土之半，因急於報仇薛延陀，敗潰後暫保高昌，後復爲西突厥所逼，不得已投降唐朝。〔註86〕這其中，社爾所率領的東突厥餘部在

〔註84〕李蓋提：《〈北方王統記述〉考》，岳岩譯，《國外敦煌吐蕃文書研究選譯》，蘭州：甘肅人民出版社，1992 年，第 366 頁注31。

〔註85〕吳玉貴：《突厥汗國與隋唐關係史研究》，北京：中國社會科學出版社，1998年，第 289 頁。

〔註86〕吳玉貴：《突厥汗國與隋唐關係史研究》，北京：中國社會科學出版社，1998

頡利滅亡之後所暫依之可汗浮圖城附近以及後來的高昌一帶都在處月的游牧範圍之內。依此例，則突厥第二汗國滅亡之後，餘眾完全有可能也避難棲居在處月牧地一帶。李蓋提認為，P. T.1283-II 中的突厥默啜十二部落是在突厥汗國崩潰之後又重新招募的部眾，〔註87〕其勝兵六千人，與迴紇部落相當，略少於葛邏祿的七千人，表明這可能並非強盛時期突厥汗國兵力的規模。另一方面，P. T.1283-II 中提到葛邏祿在突厥默啜的西部，聯繫到當時葛邏祿已經逐漸從金山、北庭一帶的原居地向西遷徙至中亞七河流域一帶，則葛邏祿以東正好鄰近處月以北，也可為此方案提供一個旁證。〔註88〕此外，沙陀與處月關係極為密切，棲居處月地域的十二姓餘部有可能與沙陀發生若干聯繫，而本文第 1 節中提到郭子儀在平定安史之亂前曾「討沙陀處墨十二姓」，「沙陀處墨」或又作「沙陀處密」，考慮到處月與處密之間的密切聯繫，則是對此方案提供支持的又一個有力證據。〔註89〕

　　基於森安孝夫 2007 年對 P. T.1283-II 的新譯文及相關解讀，齊藤茂雄在 2013 年提出一種新說，其謂從建國到亡國，突厥第二汗國自始至終存在著骨咄祿系和默啜系的內部對立：在復興建國的頡跌利施可汗骨咄祿卒後，其弟默啜篡位，骨咄祿諸子遭到排擠；默啜卒後，骨咄祿子闕特勤發動政變，協助其兄毗伽可汗重新奪回汗位，默啜餘部則在金山以西、北庭以北地域即默啜之子拓西可汗之領地流亡避難，數年之後才歸降了毗伽可汗；而在毗伽可

　　　　年，第 285～290 頁。

〔註87〕 李蓋提：《〈北方王統記述〉考》，岳岩譯，《國外敦煌吐蕃文書研究選譯》，蘭州：甘肅人民出版社，1992 年，第 366 頁注 35。

〔註88〕 西突厥部族中，葛邏祿牧地原本在處月之北，龍朔年間漠北鐵勒叛亂，曾向西越過金山攻擊葛邏祿，其中位於大漠都督府的熾俟部落有一支被打散後即向南逃入處月牧地的金滿州避難，參見榮新江：《新出吐魯番文書所見唐龍朔年間哥邏祿部落破散問題》，《西域歷史語言研究集刊》第 1 輯，北京：科學出版社，2007 年。

〔註89〕 黃英士認為，處月是部族稱號，沙陀和朱邪是處月部族內的兩個不同部落，在西突厥賀魯反唐事件中，沙陀親唐，故在平亂之後長期主導處月部族，多種材料表明，沙陀與朱邪一直是兩個獨立的部落，牧地也各自有別，但傳統上都在處月牧地範圍內游牧；在回鶻與吐蕃的北庭爭奪戰中，朱邪在沙陀處月倒向吐蕃的事件中起了重要作用，之後朱邪開始崛起，取代了沙陀的主導地位，但在其投靠唐朝之後，仍然沿用了沙陀的稱號，因其時處月的名號已經不顯，而沙陀因親唐的傳統立場更易獲得唐人的好感。這一新說對李克用部族自稱沙陀卻又姓朱邪的種種矛盾作出了較為圓滿的解釋。參見黃英士：《沙陀的族屬及其族史》，《德明學報》34 卷 2 期，2010/12，49-76。

汗卒後，汗位幾經變易，又落入烏蘇米施之手，此人之父判闕特勤可能正是
默啜之子，是則至汗國末年汗位重又回到默啜一系，烏蘇米施則是彼時默啜
集團之首領。〔註90〕齊藤茂雄認爲，漢文「默啜突厥」及藏文’Bug-čhor 之名
稱，乃是專指默啜直系子孫的突厥部落集團而言，該部在闕特勤政變之後一
度流亡避難集結在準噶爾盆地西北部、喀喇額爾齊斯河上游一帶，〔註91〕這
一論點爲筆者上述關於後突厥餘部棲居地的方案提供了另一個佐證；〔註92〕
此外，「默啜」（’Bug-čhor / Baghshūr）作爲地名，在同時代及後世的藏文及穆
斯林等史料中，多是指伊吾、高昌、羅布泊地區及甘肅西北部一帶的一座大城
市，儘管在該名稱的比勘與演變的來龍去脈上還有許多環節需要研究，〔註93〕
但其從又一個角度爲筆者上述關於後突厥餘部棲居地的方案提供了旁證。

　　而在此後，各種史料對這一時期這一地域之記載均極稀少，直到回鶻與
吐蕃、葛邏祿爭奪北庭之時，漢文史料記載有「白服（眼）突厥」，與葛邏祿、
沙陀等部不堪回鶻壓迫投向吐蕃，〔註94〕則此處與葛邏祿及沙陀一同出現之

〔註90〕 齊藤茂雄：《突厥第二可汗國の内部対立——古チベット語文書（P. t. 1283）
　　　　 にみえるブグチョル（’Bug-čhor）を手がかりに——》，《史學雜志》122-9, 2013,
　　　　 pp. 36-62.

〔註91〕 齊藤茂雄：《突厥第二可汗國の内部対立——古チベット語文書（P. t. 1283）
　　　　 にみえるブグチョル（’Bug-čhor）を手がかりに——》，《史學雜志》122-9, 2013,
　　　　 pp. 47-50.

〔註92〕 根據較新的研究，西突厥十姓之首的處木昆部應居於今阿爾泰山南麓的額爾
　　　　 齊斯河上游一帶，即準噶爾盆地東北面，這正好位於處月部的正北方，參見
　　　　 任寶磊：《新疆地區的突厥遺存與突厥史地研究》，西北大學博士學位論文，
　　　　 2013 年，第 135、141 頁。

〔註93〕 托馬斯（F. W. Thomas）：《敦煌西域古藏文社會歷史文獻》，劉忠譯注，北京：
　　　　 民族出版社，2003 年，第 240～242 頁；托瑪斯（F. W. Thomas）：《東北藏古
　　　　 代民間文學》，李有義、王青山譯，成都：四川民族出版社，1986 年，第 52
　　　　 頁；李蓋提（L. Ligeti）：《〈北方王統記述〉考》，岳岩譯，《國外敦煌吐蕃文
　　　　 書研究選譯》，蘭州：甘肅人民出版社，1992 年，第 350～351 頁；馬爾丁奈
　　　　 茲（A. P. Martinez）著，楊富學、凱旋譯：《迦爾迪齊論突厥》，《回鶻學譯文
　　　　 集新編》，蘭州：甘肅教育出版社，2015 年，第 260 頁；齊藤茂雄：《突厥第
　　　　 二可汗國の内部対立——古チベット語文書（P. t. 1283）にみえるブグチョル
　　　　 （’Bug-čhor）を手がかりに——》，《史學雜志》122-9, 2013, pp. 40, 56.

〔註94〕 《舊唐書·吐蕃傳》：「（貞元）六年，吐蕃陷我北庭都護府。……又有沙陀部
　　　　 六千餘帳與北庭相依，亦屬於迴紇。迴紇肆其抄奪，尤所厭苦。其葛祿部及
　　　　 白服突厥素與迴紇通和，亦憾其奪掠，因吐蕃厚賂見誘。遂附之。於是吐蕃
　　　　 率葛祿、白服之眾，去歲各來寇北庭。」《新唐書·回鶻傳》：「沙陀別部六千
　　　　 帳，與北庭相依，亦厭虜裒索，至三葛祿、白眼突厥素臣回鶻者尤怨苦，皆
　　　　 密附吐蕃，故吐蕃因沙陀共寇北庭，頡於迦斯與戰，不勝，北庭陷。」

「白服突厥」，或許與上述處月地域之突厥十二姓餘部不無關係。另外，《李克用墓誌》中提到李克用的四代祖益度是「薛延陀國君、無敵將軍」，〔註95〕從年代上來推算，益度大約活動於八世紀下半葉，其時突厥第二汗國都已滅亡數十年，更遑論早已滅亡百餘年的漠北薛延陀汗國，因此所謂的「薛延陀國君」絕不可能是漠北薛延陀汗國的國君，而毋寧說是已經進入突厥本蕃十二姓的延陀部大首領，在第二汗國滅亡後，這支延陀部隨著西遷的突厥餘部來到了北庭一帶的處月牧地，遂與處月－沙陀部落髮生密切聯繫，很可能，李克用祖先記憶中的薛延陀成分，正是在這種情況之下產生的。遷往北庭處月牧地的突厥餘部，可能始終週旋於各種外族勢力的爭奪之中，關於其演變情形及結局流向的討論，尚有待於新材料的出現。

〔註95〕森部豊・石見清裕：《唐末沙陀「李克用墓誌」訳注・考察》，《内陸アジア言語の研究》18，中央ユーラシア学研究会，2003-08。

附錄一　羅新《中古北族名號研究》對音評議

　　該書出版於 2009 年，是作者此前五六年間在刊物上先後發表的單篇論文的結集，主要圍繞「中古時代內亞民族的頭銜、官稱等政治名號」這一主題進行研究，通過對中古北族的政治名號進行結構和功能的細緻分析，提出這些名號中相當一部份的源頭出自東胡的新說。作爲一部涉及內亞民族古代名號研究的論著，自然離不開對古代漢語及阿爾泰語等非漢語相關材料中各種專名讀音及轉寫的比較分析，然而該書在這方面存有不少可議之處，其中若干問題並非無足輕重的小瑕疵，而是涉及到全書立論的關鍵環節，由此導致書中得出的某些結論難以成立。該書已有日本學者進行過詳實的評介（松下憲一 2011），但所論重點在於其中的史論部份，而對其中的對音部份則基本沒有涉及。鑒於對音是該書研究的基石，意義重大，以下評者嘗試對全書除前言與附錄之外的十二篇正文略作分析，列出其中較爲明顯的與歷史語言比較及專名拼寫有關的問題，尤以對音方面的問題爲主，求教於學界。

1. 《可汗號之性質》（第 1～26 頁，原刊於 2005 年）

1.1.

　　「可汗」一詞的西文轉寫形式在該文中首次出現於第 2 頁，作 Khan、Kagan 與 Qaghan，第 4 頁再次以 Qaghan 的形式出現，都沒有問題，但從第 6 頁開始的整節中，卻改爲 Qakhan，則值得商榷。據第 6 頁的「始波羅可汗（İşbara Qakhan）」來看，似乎是採用的土耳其語形式，但「可汗」的土耳其語形式爲 kağan（第 271 頁），與此並不相符。案「可汗」的西文轉寫諸形式中，第二個音節的首輔音是濁的喉塞音或舌根擦音，一般用 γ 或 gh 來轉寫，而 kh 通常用

來轉寫清的舌根擦音或小舌音（也常用 q 來轉寫），因此 Qakhan 的轉寫形式是不夠準確的。此問題還見於同書第 61 頁和第 67 頁。

1.2.

第 6 頁注 1：作者認為「無論與土門是兄弟關係還是父子關係，阿逸即乙息記，同音異譯，是沒有問題的。」但是，按照學界通行的中古漢語擬音體系，以蒲立本（Edwin. G. Pulleyblank）為代表，「阿逸」的早期中古音為 *ʔa-jit（Pulleyblank 1991：23, 371），「乙息記」的早期中古音為 *ʔjit-sik-kiʰ（Pulleyblank 1991：367, 330, 141），兩者差別並不算小，難以判定是同音異譯。

1.3.

第 14～15 頁：作者認為：「默啜是他任可汗之前的官號加官稱，不是可汗號，……耿世民的譯本以默啜與可汗連稱，當然是錯誤的，錯誤的原因就是對突厥可汗號制度缺乏瞭解。」此處作者將「默啜」視為有別於可汗號的官號加官稱，即認為默啜在就任可汗之前只是突厥國中的一個啜，然而實際上「默啜」是可汗號的可能性相當高，漢文載籍中至少有三則材料可以證明默啜與可汗能夠連稱：1）默啜之女毗伽公主墓誌中稱「父、天上得果報天男突厥聖天骨咄祿默啜大可汗」（岑仲勉 1958：809）；2）默啜之孫史繼先墓誌中稱「祖墨啜可汗」（岑仲勉 1958：855）；3）康阿義屈達干碑中稱「父頡利發，墨啜可汗衛衙官」（岑仲勉 1958：851）。另外作者認為：默啜的可汗號在突厥語中是 qapɣan，在漢語中是「聖天骨咄祿」，qapɣan 應當與「聖天骨咄祿」有關。事實上，可汗號很可能不止一個詞語，突厥語的 qapɣan 和漢語的「聖天骨咄祿」乃至「默啜」等可能都只是其可汗號詞語序列中的一部份，只不過突厥語習慣擷取其中的 qapɣan，而漢語則記錄下了「聖天骨咄祿」，但這兩者在語義上則未必存在對應關係。

1.4.

第 15～16 頁：在討論高車首領稱號「莫弗」時，作者提出：柔然社崙可汗時的兩個高車莫弗「姪利曷莫弗敕力犍」和「解批莫弗幡豆建」都具有官號加官職加名字的形式，即：莫弗是官職，姪利曷與解批是官號，敕力犍和幡豆建是名字。此處謂「姪利曷與解批是官號」，與通常的看法有異，而作者未加申論。案漢文史料明確記載，解批是高車六種之一，可能是鐵勒部族契苾的前身（馬馳 1999），而對於姪利曷一稱，也多認為是族稱，即為高車部落

或氏族之名（周建奇 1993）；故而「姪利曷」與「解批」通常都被認爲是部族名號，作者將其認作官職「莫弗」的官號，又未能提供更進一步的論證，這就使得其關於「莫弗有號，不見於現存的柔然史料，但是相信高車這一制度得自柔然，柔然本有這一制度」的論斷缺乏依據。

1.5.

第 18 頁：作者認爲「莫賀弗／莫弗」= bagha bäg，案此說不確，「弗」與 bäg 的對音十分可疑，按照蒲立本的構擬（Pulleyblank 1991：99），「弗」的早期中古音是*put，這與 bäg 頗爲不同，尤其難以調和的是音節尾的輔音，t 和 g 存在明顯差別。

2. 《匈奴單于號研究》（第 27～48 頁，原刊於 2006 年）

此篇涉及對音不多，只在第 42 頁提到：有一對父子的單于號中的「丘浮」與「丘除」，存在著語音上的某種近似；並在注釋中給出了這兩個詞語的蒲立本式中古早期擬音：「丘浮」作 Kʰuw buw，「丘除」作 Kʰuw driě. 實際上，作者的引用並不準確，「丘」、「浮」、「除」三字在蒲立本書中的中古早期擬音形式應爲*kʰuw、*buw、*driǯ（Pulleyblank 1991：257, 98, 59），而*buw 和*driǯ 之間顯然並不存在語音上的近似。

3. 《論拓跋鮮卑之得名》（第 49～79 頁，原刊於 2006 年）

3.1.

第 51 頁注 5：Theophylacte Simocatta 的原著爲希臘文，其法文翻譯參看：George Ceodès（戈岱司），*Testimonia of Greek and Latin Writers on the Lands and Peoples of the Far East, 4ᵗʰ c. B. C. to14ᵗʰ c. A. D.*, Chicago：Ares Publishers Inc., 1979, pp.138-141. 案：此處戈岱司的原文 Ceodès 有誤，應爲 Coedès，而從給出的書名來看，該譯本並非法文，應爲英文。

3.2.

第 53 頁：《玄奘傳》書名回鶻文的西文轉寫（Bodïstw Taïto Samtso Acarï-nïng Yorïgh-ïn Uqïtmap Atlïgh Tsïïn Cuïn Tigma Kwi Nom Bitig）有數處錯誤，正確的形式應爲：Bodïstw Taïto Samtso Ačarï-nïng Yorïgh-ïn Uqïtmaq Atlïgh Tsï ïn Čuïn Tigmä Kwi Nom Bitig（馮家昇 1987；楊富學 1998：89；牛汝極 2000：196；張鐵山 2005：230）。

3.3.

第 56～57 頁：關於「跋」＝ beg／bäg 的論證，主要依賴於林安慶關於「拓跋」語源的假說，但林氏的假說用近代後起的方言演變特例去推測上古到中古早期的漢語歷史形態，方法和結論都相當難以成立，故而作者基於其之上所作研究的可靠性也就大受影響。〔註 1〕

3.4.

第 59 頁：認爲「莫賀弗」＝ baɣa-bäg，如前所述（1.5），這是很難成立的，由此，作者在次頁中關於鮮卑採用 bäg 稱號不晚於薩珊波斯從而並非借自後者的論證也就無法成立。

3.5.

第 63～64 頁：作者對「乞伏」名號的結構和來源進行了分析，但疏漏眾多，難以成立，參見 10.7（第 210 頁）。

3.6.

第 67 頁：作者認爲「亦洛韓」＝ el khan，但是「亦」、「洛」二字的中古音都有輔音收聲-k，按照蒲立本的構擬（Pulleyblank 1991：370,203），「亦洛」的早期中古音爲*jiajk-lak，與 el 難以對音。

3.7.

第 68 頁注 2：認爲「沙漠汗」＝「沙末汗」，兩者完全同音，但按照蒲立本的構擬（Pulleyblank 1991：218），「漠」的早期中古音 mak 有輔音收聲-k，「末」的早期中古音 mat 有輔音收聲-t，兩者並不全同。

3.8.

第 69 頁注 2：作者認爲「日律」是一種官號，與「猗盧」同源，亦即突厥時代之伊利，el 是也。案此處對音不確，依照蒲立本的構擬（Pulleyblank 1991：266,205），「日律」的早期中古音爲*ɲit-lwit，與 el 的差別較大。

3.9.

第 69 頁：作者認爲：「拓跋不是獻帝鄰的可汗號。……詰汾應當是聖武

〔註 1〕 關於「拓跋」語源的較新研究，可參看卓鴻澤 2012：59～69。其中提到「拓跋」的詞幹與生長髮辮的頭部部位（蒙古語 tab＜*taw）有關，這不但符合於其「索頭」之別稱，也與其漢姓「元」存在語義關聯；而「跋」／「於」是鮮卑語詞綴，可與*-bar／*-var 對音。

帝的可汗號而不是他的名字。既然獻帝與聖武帝的可汗號中都沒有拓跋，那麼可以肯定拓跋部名不是從他們的可汗號中得來的。」此處推導拓跋部名不是來自獻帝鄰和聖武帝詰汾，在邏輯上存有漏洞，即無法推出兩者的可汗號中都沒有拓跋，因為載籍中的名號未必是完整記錄的，從後世突厥相關的材料來看，北族名號一般由多個詞語組成，而留在史料中的多數都只是擷取了其中的一部份甚至只是一小部份。事實上，作者對於官號複雜性的問題也有所措意（參見同書前言第 3～4 頁），只是在此未能顧及邏輯上的貫通。

3.10.

第 69～70 頁：論證「拓跋」的得名來自力微的可汗號，但既未對「拓跋」一稱出現在史料中的最早時間進行細緻的耙梳和考證，也未提出任何直接的證據，只是基於先驗的假說進行「推想」和「懷疑」。

3.11.

第 70 頁：認為「禿髮」的得名與拓跋無關，但論證邏輯難以成立，因為這並不屬於「名號恰巧重合以致部族名稱重合，但漢字譯寫時以不同漢字以加區別的情況」，根據近來的研究，「拓跋」和「禿髮」的中古音具有較大的差異，兩者在鮮卑語中各有其含義（卓鴻澤 2012：62），故不宜作為基於名號相似來推論部族同源的例證。

3.12.

第 70 頁注 3：作者認為「叱羅、叱利、叱呂、叱盧，極有可能是同一個突厥語詞彙 kül 的不同譯寫」，並在注釋中稱詳細的論證參見同書另一篇論文《論闕特勤之闕》，事實上這一論點是很難成立的，「叱」的中古聲母是昌母，一般用來對譯輔音 č，與輔音 k 的差異極大，兩者間也不存在對應的語音轉換規則，相關詳細評注請參見 10.3（第 203～205 頁）。

3.13.

第 71 頁：作者用「他鉢」及「他匐」來與 tog beg 對音，是不夠準確的。作為突厥汗國分裂前最後一任大可汗的可汗號，漢文史料中的「他鉢」一名也出現在粟特文《布古特碑》上，作 taspar 或 tatpar（S. G. Kljaštornj and V. A. Livšic 1972：73-78；森安孝夫・オチル 1999：123），在漢文《阿史那思摩墓誌》中作「達拔」（鈴木宏節 2005：46-48；王義康 2010：88），但在所有這些譯音或轉寫形式中，第一個音節和第二個音節的尾輔音都不是 g，故而也就難

以與 tog beg 對音。「他匐」的「他」同樣存在類似的問題。

3.14.

第 71 頁：作者認為「弗」的中古音與「伏」、「匐」相近，但此處既已指出「弗」的中古音是以-t 收聲的入聲字，而按照蒲立本的構擬（Pulleyblank 1991：98），「伏」、「匐」的早期中古音同作*buwk，都是以-k 收聲的入聲字，韻尾輔音截然不同，因此伊匐與乙弗、悅跋是同一個詞的推論難以成立。

3.15.

第 72 頁：作者指出：「至於北朝時代代北人士以 beg 為美稱而取作名字的（中文譯名的最後一個字是跋、拔、發、弗、馥、伏、伐等等），就更加普遍，不勝枚舉了。」但上列諸字中，只有馥、伏二字以-k 收聲，勉強可與 beg 對音，其餘各字均是以-t 收聲，與 beg 對音的可能性較小，故而作者所說「來源不明的 beg 一詞在魏晉時期的北族特別是鮮卑諸部政治文化中的重要意義」亦顯得理據不足。〔註 2〕

3.16.

第 74 頁：作者提出：「根據我們的研究，吐谷渾與噉欲谷是同一個詞，即 Toñuquq，而 Toñuquq 作為北族的一組官號，是由噉（即吐，ton）和欲谷（即谷渾，juquq）兩個官號聯合構成的。」對於「吐谷渾」一詞的語源，學界近來有專門的研究（卓鴻澤 2010），其與「噉欲谷」判然有別，基本不太可能是同一個詞 Toñuquq，作者在注釋中指出該論點的論證請參看同書《再說噉欲谷其人》一章，評者的相關詳細評注也請參見 11（第 216～221 頁）。

4.《北魏直勤考》（第 80～107 頁，原刊於 2004 年）

此篇涉及對音較少，只在第 90 頁引用蒲立本構擬的早期中古音時不夠準確，「敕」誤為*trik，實應為*trʰik。談及直勤及相關的特勤等內亞北族名號，作者似乎忽略了蒲立本對於 tegin / tigin 語源的討論（蒲立本 1999：190～194），蒲氏懷疑 tegin 來自匈奴的屠耆，並指出舊說拓跋語屬突厥語的重要論據「直勤= tegin 來自突厥語」是不成立的，應溯源於匈奴，作者主張突厥官號多來自東胡，但其中不少也可能來自匈奴。

〔註 2〕關於「跋」、「拔」、「發」、「伐」等字是鮮卑語詞綴，可與*-bar / *-var 對音的假說，參見卓鴻澤 2012：64～68。

5.《虞弘墓誌所見的柔然官制》（第 108～132 頁，原刊於 2007 年）

5.1.

第 117 頁注 4：作者認爲「設卑」的設與 šad 沒有關係，但卻可以和 säbig 對音。然而，按照蒲立本的構擬（Pulleyblank 1991：279, 31），「設」的早期中古音*ɕiat 有-t 收聲，「卑」的早期中古音*pjiə／*pji 則沒有輔音收聲，因此「設卑」（*ɕiat-pjið）和 säbig 難以對音。同樣的問題還出現在同書第 135 頁，參見 6.1.

5.2.

第 118～119 頁：討論內亞北族名號「達官／達干」的語源，作者似乎忽略了蒲立本關於 tarqan 來源於「單于」的假說（蒲立本 1999：188～190），按照蒲氏的看法，這一頭銜同樣是來自匈奴的政治遺產。

5.3.

第 120～121 頁：在討論「莫何弗」的語源時，作者不同意陳三平關於「弗」對譯 puhr 的假說，重申跋、拔、發、弗、馛、馥、伏、伐等字都對應北族名號 beg／bäg（類似的文字也出現在 3.14 和 3.15），仍然是基於林安慶關於「拓跋」語源的假說（參見 3.3），並未對中古音收聲-t 與 g 之間的明顯不同作出合理的解釋。

5.4.

第 123～124 頁：在討論「莫緣」的語源時，作者同意劉茂才等人的猜測，即認爲其與「磨延」一樣，都來自柔然／蒙古詞語 bayan，但未對「莫」中古音的-k 收聲在 bayan 中的缺失進行解釋。林冠群近來有一篇相近主題的文章，同樣存在這一問題（林冠群 2010）。作者認爲：「拔延」、「伏延」、「磨延」，與莫緣一樣，是對同一個北族專名語彙的不同音譯，但若按照嚴格的中古漢語審音標準，只有「伏延」勉強可與「莫緣」對音，其餘形式的首字都沒有-k 收聲。事實上，作者在第 123 頁注 4 中提到的谷霽光的論文中曾經猜測「莫緣」的語義可能與聖人有關，從這一角度出發去探索和復原「莫緣」的語源或許是一條更爲可靠的路徑。

5.5.

第 129 頁：作者提出：「baɣa（莫賀）與 bäg（弗）都是很早就出現在說

蒙古語及通古斯語的蒙古高原東部及東北地區的族群中間了，它們同時並存，甚至一起組合成新的、較爲穩定的名號（莫賀弗）。可是，許多突厥學家認定，baγa 與 bäg 是同源的詞彙，bäg 是由 baγa 變化而來的，其源頭在伊朗語。」通常情況下，「許多突厥學家認定」的觀點會較爲專業與可靠，作者的論點有悖於眾多的突厥學家，正是緣於他將「弗／跋」等詞復原爲 bäg 的做法；而這些突厥學家的認定則表明，bäg 不太可能是「弗／跋」等詞的語源。

5.6.

第 129～130 頁：作者提到了塞諾（Denis Sinor）與李蓋提（Louis Ligeti）對於一些古突厥名號來源的研究，其中有一處疑問：根據第 130 頁注 2 提供的論文信息，李蓋提的論文用法語寫成，所提到的「古亞細亞」在原文中是一個法語詞 paléo-asiatiques（Ligeti 1950-1951：148, 149, 171），但作者在正文的括號中引作 paleoasiatic，這更像是一個英語詞。

5.7.

第 130 頁：作者說蒲立本試圖把「單于」比定爲「可汗」，此處或有誤讀。蒲氏提出的推測是：匈奴名號「單于」是後世北族名號 tarqan 的語源，而後世北族名號「可汗」的語源則可能是匈奴名號「護於」（蒲立本 1999：41、137、188～190、194～196）。

6.《柔然官制續考》（第 133～154 頁，原刊於 2007 年）

6.1.

第 135 頁：作者稱「設卑當亦娑匐之異譯」，如前所述，這一對音是不夠嚴謹的，同書第 117 頁也存在同樣的問題，參見 5.1.

6.2.

第 139 頁：作者認爲在「俟利發」的案例中，「俟利」對應突厥盧尼文 el 自是毫無問題，但「發」對應突厥盧尼文 täbir 就存在著難以理解的地方：「首先是漢文音譯的發音不同，而且三音節（trisyllabic）詞被音譯爲單音節（monosyllabic）詞，這個問題過去已經引起包括伯希和在內的許多學者懷疑。」案此處的「三音節詞」不明所指，若其指的是 eltäbir，在音節數上固然無誤，但從上下文看，此處應指漢文音譯的單音節詞「發」所對應的突厥盧尼文 täbir，但 täbir 明明只有兩個音節。或許作者在這裡本來想表達的意思是三個字母的

詞，因爲 täbir 的突厥盧尼文正好有三個盧尼文字母，而 täbir 一詞本身卻只有
兩個音節。

6.3.

第 139 頁注 2：作者認爲芮傳明提到的回鶻酋長名號中的「頡利吐發」基
本是孤證，疑有訛衍，但在作者之前提及的 Bombaci 的論文中其實已經列出
了多個證據，表明「頡利吐發」並非孤證：其一，《唐維州刺史安侯神道碑》
中也出現了「蕃中官品稱爲第二」的「頡利吐發」；其二，《冊府元龜》卷一
千中出現的西突厥統葉護可汗授予西域諸國王的名號「頡利調發」一般也認
爲可與「頡利吐發」歸爲一類；此外，若唐龜符中的「纈大利發」疑爲「纈
利大發」之訛的推論成立，也可與 eltäbir 對音（岑仲勉 1958：903）。

6.4.

第 140 頁：認爲拓跋鮮卑穆帝的名號「猗盧」就是 il / el 或 illig / ellig 的
音譯，僅憑對音近似，缺乏其它證據，並且這對音也不是很精準。

6.5.

第 142 頁：作者推測「吐屯」是「吐豆登」的省譯，認爲這種可能性不
能完全排除，但在通常情況下，「屯」的前鼻音[n]和「登」的後鼻音[ŋ]在中古
音中是不會混淆的，省譯的推測似嫌根據不足。

6.6.

第 146～147 頁：作者上承姚薇元的考證，認爲「去斤」＝「奇斤」＝「俟
斤」，「都是同一個北族政治名號的不同音譯」。然而這一看法很可能是不成立
的。從對音的角度看，「去」、「奇」和「俟」之間尚有不小的距離。此外，關
於鮮卑語「去斤」一詞，聶鴻音進行過復原的嘗試，認爲其與蒙古語的「格
格延」（gegehen）相當，本義接近「清澈的」，並且可以從去斤氏所改漢姓爲
「艾」（蒼白色）得到語義上的驗證（聶鴻音 2001）。這些都表明上述諸名號
不太可能勘同。

6.7.

第 150 頁：作者稱：「到突厥時代，已經看不到俟利發作爲官號使用的例
證了。」這與作者同書別處之論點似有矛盾，如第 16～17 頁：「始畢可汗之
弟俟利弗設，……應當注意到，葉護、設、俟斤（irkin）、俟利發（eltäbär）
等，雖然早已凝固成爲突厥的官職（官稱），但也經常作爲可汗號和官號而出

現。」又如第 141 頁：「不過，俟利發在演化成爲一個官稱的同時，似乎也保留了官號的屬性。《隋書》記鐵勒有『俟利發俟斤契弊歌棱』，俟斤是官稱，俟利發是俟斤的官號。」這些例子都說明，到突厥時代，還有不少俟利發作爲官號使用的例證。

6.8.

第 150～154 頁：作者以 bäg 源出東胡來推論突厥對柔然政治制度的揚棄與改造，反對 bäg 的伊朗起源，一如在 3.3、3.4、5.3 及 5.5 中所評論的那樣，對音不夠嚴謹，又缺乏其它證據支撐，其可靠性是很成疑問的。

7.《高昌文書中的柔然政治名號》（第 155～165 頁，原刊於 2008 年）

7.1.

第 157 頁：作者認爲：「若愍」的語源目前無法探索，拓跋鮮卑中有人名英文、嬰文，與若愍似是同一個名號；「禿地」很可能就是後來突厥時代的官號 tadïq / tadık。案此處的兩個對音都不確切，從中古音的聲母來看，「若」屬於日母，與屬於影母的「英」／「嬰」差別較大，而用「禿地」（早期中古音爲*tʰəwk-diʰ，參見 Pulleyblank 1991：311, 76）去和 tadïq / tadık 對音也缺乏足夠的精準度。

7.2.

第 158 頁：作者提出在兩個詞連讀時，若前一個詞詞尾和後一個詞詞首都是輔音，則可以插入一個連接元音或省讀前一個詞詞尾的輔音，以此來解釋「禿地提勤」中的「地」字沒有-k 收聲，並稱這是一條阿爾泰語言發音規律，但作者未能注明該規律的來源或出處。而在同書第 210 頁作者又說：作爲提勤號的禿地和作爲乞伏官號的托鐸可能是同一個名號，可是鐸有-k 收聲而「托鐸莫何」滿足兩個輔音相連的條件，卻並未插入連接元音或省讀前一輔音即鐸之-k，這似乎和本處說法有所不合。

7.3.

第 158～159 頁：對於「折潰眞」的語源和屬性，作者只提到亦鄰眞與李蓋提對其沒有解說，未提卜弼德（Peter A. Boodberg）與巴贊（Louis Bazin）對其有研究，後兩者恰好是傾向於主張拓跋語言更爲接近突厥屬性的（Boodberg 1936：174; Bazin 1950：304-305）。

7.4.

第 160 頁：認為作為官號的「處論」應當就是中古北族的常見名號 kül /
külü，這一論點難以成立，道理類似於「處羅」無法與「闕」對音，參見 10.3.

7.5.

第 161 頁：認為高昌文書中的「處羅干」其實就是闕特勤碑中的 qurïqan /
kurıkan，這一對音同樣難以成立，道理類似於 7.4.

7.6.

第 162 頁：作者將「苦力干」、「庫褥官」等專名都復原為 qurïqan / kurıkan，
雖然在對音上問題不算很大（細究起來也不是十分精準），但此處僅憑讀音近
似就將其聯繫在一起，缺乏其它證據，難以令人信服。

7.7.

第 163 頁：作者懷疑文成帝南巡碑碑陰題名中的「出大汗」、「出六于」
當作「出六汗」、「出六干」，亦即 qurïqan / kurıkan 的異譯，這一懷疑難以成立，
道理類似於 7.4；同樣地，第 164 頁作者認為鍮頭發（吐頭發、吐豆發）又有
「初豆伐」的異譯形式，也難以成立。

8.《北魏太武帝的鮮卑本名》（第 166～174 頁，原刊於 2006 年）

8.1.

作者在文中討論了北魏太武帝拓跋燾的胡名「佛狸／佛貍」的語源，提
出其很可能對應阿爾泰語系的「狼」，即突厥語文獻中的 böri 一詞，但類似論
點在卜弼德的《拓跋魏的語言》（The Language of the T'o-Pa Wei）一文中即已
提出（Boodberg 1936）。

8.2.

第 168 頁：作者在分析北魏太武帝的鮮卑本名「佛狸伐」時，認為其中
的「伐」是官稱（title），可以對應北族政治名號 bäg / beg，但仍然是基於林安
慶把拓跋的語源解析為 tog beg 的假說（參見 3.3），可靠性存疑。

8.3.

第 169 頁：作者提出「佛狸」的語源是阿爾泰語系的狼即突厥語文獻中
的 böri 一詞，主要基於對音的近似，缺乏與語義直接相關的其它證據。

8.4.

第 171 頁：作者認為《魏書》中賀蘭部帥附力眷的「附力」也是 böri 的異譯，同樣只是基於不夠嚴謹的近似對音，缺乏直接相關的其它證據。

8.5.

第 171～172 頁：如果承認拓跋聯盟中還有出自蒙古語「狼」的叱奴這樣的名號存在，那麼就難以解釋「佛狸」之狼反而出自突厥語，因為這似乎與拓跋源出東胡之說存在矛盾。作者在第 173 頁意識到了該點，不過仍然將懷疑的矛頭指向 böri 一詞的來源。Peter B. Golden 認為 böri 是源自伊朗語的突厥語藉詞，作者以魏太武帝早已用其作名號來進行質疑，但這一質疑的理由似嫌不足。

9. 《高句麗兄系官職的內亞淵源》（第 175～193 頁，原刊於 2009 年）

第 181 頁和第 186 頁：作者認為，新羅官制中「湌」的讀音與「干」接近，作 kan，「干」其實是「湌」的同音異譯。案此論點需要合理的證明，就中古漢語發音而言，「湌」與「干」的差異並不算小，兩者的聲母截然不同，「湌」（同音字「餐」的中古音為 *tshan，參見 Pulleyblank 1991：44）或許是新羅的對譯詞，與夫餘、高句麗的「干（kan）」的來源有別。

10. 《論闕特勤之闕》（第 194～212 頁，原刊於 2008 年）

10.1.

第 200～201 頁：作者認為「伐」與「畢」都是對 bäg 一詞的轉寫，且肯定「什伐」與「始畢」是對同一系列名號組合的不同轉寫，依舊是基於林安慶把拓跋的語源解析為 tog beg 的假說（參見 3.3），因對音難以成立，故可靠性頗有疑問。

10.2.

第 201 頁：作者認為突厥可汗號和官號中的「爾伏」（爾伏可汗）和「泥步」（泥步設）其實是對同一個北族名號的不同音譯，案此說不確，「伏」字常見的早期中古音形式 *buwk（Pulleyblank 1991：98）以 -k 收尾，這與非入聲字「步」有所區別；接下去作者指出：「古代突厥語詞尾 -g 與其它語言（特別是粟特文和其它伊朗語族的語言）轉寫中 -r 的對應，是相當普遍的現象。」這一帶有爭議的論斷並非學界通識，需要可信的材料支持。

10.3.

第 203～205 頁：作者提出「處羅」也是 kül 的漢文轉寫形式，但其論證難以成立；另外，作者花了較大篇幅來論證「羅」可以對譯-l，但對「處」如何能與 kü 對譯的問題卻未置一辭。事實上，「闕」的中古聲母是溪母，「處」的中古聲母是昌母，前者是塞音，後者是塞擦音，兩個輔音的發音部位不同，其間區別相當明顯，發生混淆的可能性很小（聶鴻音 1992）。若要證明「處」的中古聲母可以對應 k 音這一罕見的情況，似應舉出有力的證據。相反地，在新疆昭蘇小洪那海石人（據推測爲突厥泥利可汗像）身上所刻粟特文銘文的最後一行中，日本學者吉田豐讀出了 cwry x'γ'nt「處羅可汗」（林梅村 2005：261），'c'在粟特語中正是塞擦音，讀音接近[č]而非[k]，這是「處」的中古聲母不可能與 k 對音的一項堅實證據。

10.4.

第 204 頁：作者認爲，「歌羅祿（葛邏祿）」是對 Karluk 的音譯，其中「羅」、「邏」對應不帶元音的小舌音-r，反映了漢語對-r 擬音的困難之處（把短促的音節拉長了，把不重讀的音節重讀了）。案此說不確，近年的研究表明，漢文的「哥邏祿」其實是對來自粟特語中介形式的轉寫，並非是突厥語形式 Karluk 的直接對譯（Yoshida 2007：50；榮新江 2007：39），因此作者的上述論點很難成立，漢語中也不存在對-r 擬音的困難，存在對-r 擬音困難的更應是粟特語，事實上，漢語對於突厥語形式 Karluk 的擬音即是漢文史籍中出現過的「葛祿」，用「葛」字的入聲韻尾-t 來對應-r，這也是中古漢語對譯外來語的通行做法。〔註3〕

10.5.

第 205～207 頁：作者認爲「阿悉爛」是 aslan（獅子，突厥語從波斯語借入的詞彙），案此處 aslan 似誤，突厥語的獅子應爲 arslan，aslan 是土耳其語形式。作者懷疑「阿賢設」是 Aslan Šad 的對譯，也難以成立，因爲「賢」字的中古音聲母是匣母，不可能與 s 音對應。此外，作者援引卜弼德的觀點認爲 bilge 在隋代以前通常用三個漢字來對譯，如步六孤、步鹿根、步落稽、步落堅、步鹿眞等，全都是 bilge 的不同音譯形式，譯寫-l 音節的漢字分別是六

〔註3〕近年新出土的回鶻葛啜王子漢文盧尼文雙語碑銘中，正是用「葛啜」來對譯突厥——回鶻語 qarï čor，「啜」字的例子也是用韻尾-t 來對譯-r（芮跋辭、吳國聖 2013：436）。

（luwk）、落（lak）、鹿（ləwk），都是以-k收聲的入聲字，用來模擬不帶元音的-l短促輕微的發音。案bilge和「步六孤」等漢字的發音還是有明顯區別的，尤其是首音節的元音差異較大，故而卜弼德的這一觀點單就音韻來說即存在很大的疑問，其它方面的證據就更為缺乏，於是作者建立在該觀點基礎之上的論證便不夠可靠；另外，上述例子選用以-k收聲的入聲字，也有可能是其後緊跟的漢字以k音作輔音聲母，這也是中古漢語轉譯外來詞的常見做法，因此也不能以之確證是「用來模擬不帶元音的-l短促輕微的發音」。如前所述（10.3），「處羅」既難以與kül勘同，則作者接下去的更多論證也都難以成立。例如說「處羅拔是名，這個名字就是一個北族名號組合，即Kül Bäg。」其中又一次將「拔」還原為bäg，是作者可疑論點的又一次應用。作者還提出，「叱」與「什」有明顯的輔音差異，所對應的語詞很難認為是同一個。但更通行的看法是：「叱」與「什」之間的輔音差異遠比「處」與「闕」之間的輔音差異要小，而如前所述，「處」所對應的原文首輔音也不可能是k音。「處羅」不是kül，「出六」同樣不是，何況「處羅拔」與「出六拔」能否勘同也還大有疑問。

10.6.

第208頁：作者關於「吐伏盧」名號分析的一段話存在眾多疑問。說「吐」是ton顯然與通行看法相去甚遠，說「伏盧」與「莫蘆」同音尚可大致成立，但說其語源可能是蒙古語與突厥語共有的bal（蜜），則其擬音差異較大，需要更多的證據和中間環節。另外，說尉古氏的語源是yuquq，也不是很精準（「古」與quq之間的差異需要合理的解釋）。基於同樣的邏輯和理由，作者進一步提出：「以上叱羅、叱利、叱呂、叱盧、叱列、屈盧、泣黎、叱洛，漢字轉寫形式凡八種，都是對同一個北族名號kül的不同音譯。」但在這些漢字之中，「叱」是昌母字，「泣」雖是溪母但收-p聲，而「列」、「洛」則分別收-t、-k聲，這些不合之處都需要作出合理的解釋。

10.7.

第210頁：作者在推論乞伏名號的來歷時，引發了更多的疑問。首先，「乞伏即kül bäg」的推想未必可靠，因為「乞」與kül之間的語音差異並不算小，需要合理的解釋；其次，乞伏與叱盧二部不容混同，對於《晉書》記載的矛盾，唐長孺在〈魏晉雜胡考〉中有精闢的辨正，如弗是乞伏部祖先之一，與斯引、出連、叱盧三部同出陰山南下，乞伏部落聯盟由四部構成，乞伏與叱

盧絕不是同一個部落，唐長孺進一步推測乞伏出自高車十二姓之第一姓的泣伏利，而叱盧（吐盧）是高車十二姓之第二姓的記載使得這一推論看起來也更爲合理（唐長孺 1955：435～439）。作者的推想則建立在「叱盧」可以對譯kül 因而也可與「乞」勘同的基礎之上，前已論述，這一基礎是不太可靠的，因之得出的看似巧妙的解釋便難以成立。

10.8.

最後，作者還進一步提出了一些可以勘同爲 kül / küli 的中古北族名號，但大多難以成立。比如「斛律」一名，從現代讀音看，固然與 kül 較接近，但這兩個字的中古音均爲入聲，「斛」收-k 聲，「律」收-t 聲，「斛律」的早期中古音是*ɣəwk-lwit（Pulleyblank 1991：127, 205），這與 kül 有不小的差異，其勘同的合理性大成疑問。同理，「車鹿」一名如欲與 kül / küli 勘同也需要對收-k 聲的「鹿」字作出合理的解釋；「黜」字的問題和「處」字類似，聲母和 k 差異較大；「泣利」同之前的「泣黎」類似，「泣」收-p 聲，也需要合理解釋。

11.《再說暾欲谷其人》（第 213～224 頁，原刊於 2006 年）

11.1.

第 216～217 頁：作者在同書《柔然官制續考》一文中對「頡利發」有專門討論（參見 6），但其結論與學界通行看法相左，且證據較爲薄弱，而在這樣一個不太可靠的論點基礎之上，作者懷疑「頡利吐發」是「頡利發吐」的訛誤，其可靠性也相當令人懷疑。事實上，「頡利吐發」很可能是突厥語 eltäbär 的更直接更準確的轉寫形式，作者所論「頡利」與「發」聯合組成「頡利發」[el bäg]的猜想顯得根據不足；相應地，作者在此基礎上推論的「吐即 ton（暾）的漢譯異寫」也難以成立。

11.2.

第 217～218 頁：作者認爲「暾欲谷」這組官號中「暾」是官號而「欲谷」是官稱，但沒有給出恰當的理由，讀者也無法從其它部份推出；之前舉的「欲谷設」的例子中，「欲谷」顯然是官號而不是官稱，然而到了「暾欲谷」的例子中，「欲谷」又變成了官稱，似乎在兩個詞爲一組的名號情況中只要位於後面的詞就可視爲官稱，官號與官稱隨意變換，令人無所適從。

11.3.

第 218～219 頁：作者推論「吐谷渾」與「暾欲谷」是同一組北族名號的不同譯寫，但其論證過於簡略，缺乏堅實的依據。「從暾入聲」的「吐」在發音上並不等同於「暾」，發入聲的「吐」是輔音收尾，「暾」則是鼻音收尾，兩者的差異需要合理解釋；而「渾／昆」和「谷」之間的發音差異，僅用「陽入對轉」一詞來作解釋也難以令人信服。

11.4.

第 221 頁：作者認爲：「暾欲谷碑第一碑的西面第 6 行和第 7 行記錄了起兵之初，當暾欲谷幫助骨咄祿成爲 Eltäriš 可汗以後，他也獲得了新的身份 Bilgä Toñuquq boyla baɣa tarqan。毗伽可汗碑南面第 14 行，提到暾欲谷時，也使用了這一全稱。這說明從骨咄祿初稱汗，到第二汗國的第三任可汗毗伽可汗時代，暾欲谷的官稱和官號並沒有變化。」案此說不確，細讀暾欲谷碑原文，可以發現其中並未明說 Bilgä Toñuquq boyla baɣa tarqan 這一身份是在暾欲谷幫助骨咄祿成爲 Eltäriš 可汗以後立即獲得的，作者的理解只是其中一種可能，原文也可以理解爲這一身份是暾欲谷的最高身份（很可能是在毗伽可汗朝才最終獲得的），暾欲谷在追述當初起兵的情形時並未使用當時的身份，而是用了後來才獲得的最高身份——這一情形在歷史敘事中極爲常見。所以，作者所認爲的暾欲谷的官稱和官號經歷三個朝代都沒有變化的看法便很難成立——況且三朝元老的官稱和官號一直原封未動也是不太符合常理的。

12. 《從可汗號到皇帝尊號》（第 225～237 頁，原刊於 2004 年）

12.1.

第 232 頁：作者說劉義棠認爲天可汗即 Tñngri Qaghan 一詞之意譯，此處引文似有訛誤，查其原文（劉義棠 1997：79、81），Tñngri 當作 Tengri 或 Tängri.

12.2.

第 234 頁：說莫緣即莫何、莫賀之別譯，固然是不對的，但作者贊同的莫緣即 bayan 一說，也不能令人信服，參見 5.4.

縱觀全書，最爲核心的是第三篇《論拓跋鮮卑之得名》與第十篇《論闕特勤之闕》。第三篇的關鍵點在於證明「跋」可與 beg／bäg 對音，該篇甚至全書的眾多推論都建基於此（如上列 1.5、3.3、3.4、3.13、3.14、3.15、5.3、5.5、

6.2、6.8、8.2、10.1、10.7 等多處），可是該論點的證明嚴重依賴於林安慶將「拓跋」的語源復原爲[to：g beg]的假說，而林氏的假說源於非常不可靠的論證方法，其結論的合理性與解釋力都十分可疑，因此作者對拓跋得名相關的一系列研究都有根基不牢之虞，即普遍面臨著完全無法成立的風險。第十篇的主旨在於強調內亞名號 kül 的廣泛性和重要性，但因作者認定「處羅」可與 kül 對音（事實上這種可能性相當低），導致許多對音明顯不合的北族名號都被復原爲 kül（如上列 3.12、7.4、7.5、7.7、10.3、10.5、10.6、10.7、10.8 等多處），這種將不可靠對音隨意擴大化的做法可能會對原文主旨產生一定的損害，而文中多次出現「短短幾行文字之間，居然完成了這麼多專名之間的勘同問題」（姚大力 2007：250）的情形，則很可能加深給讀者所留下的對音較粗疏的印象。

　　以上大致是評者在閱讀此書過程中發現的一些可議之處，稍作歸納可知，其中多數均與作者對語言歷史的敏感度不足有關，尤其對於審音勘同的標準把握不夠到位，對音不夠細緻，對語音比勘中的不合之處又經常未加解釋，導致很多推論缺乏堅實的基礎。由於該書屬於典型的內亞史與中國史相結合的領域，歷史語言學方法中的審音勘同是其中至關重要的一把治學鑰匙（韓儒林 1978；鍾焓 2013）。在這一領域相對晚近的蒙元史等時段，陳寅恪、韓儒林等先賢所開啓的精準對音傳統得到了較好的繼承和發揚（蔡美彪 1989；黃時鑒 1998），新近的代表性論著可參見何啓龍關於《世界征服者史》Ghayïr ïnalčuq 與《元史》「哈只兒只蘭禿」勘同的研究論文（何啓龍 2008），是文旁徵博引，洋洋上萬言，穿梭於古突厥語、古蒙古語與古漢語方言之間，通過精確的對音分析與批評，最終得出了令人信服的結論；最近姚大力關於「吐蕃」一名讀音與來源的專題研究也取得了類似的成績（姚大力 2014）。誠然，學者們在積極運用審音勘同方法進行研究的同時也意識到了它的局限和不足（聶鴻音 1992；屈文軍 2006；姚大力 2007：252〜256），但這並不意味著在相對早期時段的研究中就可以放鬆對對音精確性的要求。至少我們應當而且能夠做到的是：尊重和遵守歷史比較語言學的基本規則，在充分吸收和消化學界現有相關成果的基礎之上，再來對所論專名進行審音與勘同，並且勘同的標準寧嚴毋寬；若所依據的現有主流成果尚不足以支撐所作推論，則應存疑待考，避免強作解人；若所依據的現有成果本身尚有爭議甚至與主流看法明顯背離，論者自身又無法提供其它堅實的證據和論證，則宜及時察覺

並盡早抽身而出，避免將進一步的研究建築於不牢靠的基石之上。總而言之，對於古代非漢族名號研究來說，精準的審音勘同是必不可少的前提和基礎，唯有抱持精益求精的對音態度，不輕易放過一絲一毫的對音不合，才有希望將相關的研究作深入的推進，這也是以伯希和爲代表的前輩巨擘們留給我們的寶貴精神財富。

參考文獻

1. 蔡美彪（1989）：〈關於陳寅恪先生對蒙古學的貢獻和治學方法的一些體會〉。《紀念陳寅恪教授國際學術討論會文集》，廣州：中山大學出版社。

2. 岑仲勉（1958）：《突厥集史》。北京：中華書局。

3. 馮家昇（1987）：〈回鶻文寫本「菩薩大唐三藏法師傳」研究報告〉。《馮家昇論著輯粹》，北京：中華書局。

4. 韓儒林（1978）：〈關於西北民族史中的審音與勘同〉。《元史及北方民族史研究集刊》第 3 期。

5. 何啓龍（2008）：〈審音與勘同：《世界征服者史》Ghayïr ïnalčuq 與《元史》哈只兒只蘭秃的再研究〉，《元史及民族與邊疆研究集刊》（第二十輯），上海：上海古籍出版社。

6. 黃時鑒（1998）：〈《東西交流史論稿》序言〉。《東西交流史論稿》，上海：上海古籍出版社。

7. 林冠群（2010）：〈隋文帝「莫緣可汗」汗號考釋〉。《史學彙刊》第 25 期。

8. 林梅村（2005）：〈小洪那海突厥可汗陵園調查記〉。《法國漢學》叢書編輯委員會〔編〕《粟特人在中國——歷史、考古、語言的新探索》，北京：中華書局。

9. 劉義棠（1997）：〈天可汗探原〉。《中國西域研究》，臺北：正中書局。

10. 馬馳（1999）：〈鐵勒契苾部的盛衰與遷徙〉。《中國歷史地理論叢》第 3 期。

11. 聶鴻音（1992）：〈番漢對音簡論〉。《固原師專學報》第 2 期。

12. 聶鴻音（2001）：〈鮮卑語言解讀述論〉。《民族研究》第 1 期。

13. 牛汝極（2000）：《回鶻佛教文獻》。烏魯木齊：新疆大學出版社。

14. 〔加〕蒲立本（1999）：《上古漢語的輔音系統》，潘悟雲、徐文堪〔譯〕。北京：中華書局。

15. 屈文軍（2006）：〈審音與勘同之法在蒙元史等研究領域內的運用〉。《中央民族大學學報（哲學社會科學版）》第 3 期。

16. 榮新江（2007）：〈新出吐魯番文書所見唐龍朔年間哥邏祿部落破散問題〉。《西域歷史語言研究集刊》（第一輯），北京：科學出版社。

17. 芮跋辭、吳國聖（2013）：〈西安新發現唐代曷啜王子古突厥魯尼文墓誌之解讀研究〉。《唐研究》第十九卷，北京：北京大學出版社。

18. 〔日〕松下憲一（2011）：〈羅新《中古北族名號研究》評介〉。《中國中古史研究：中國中古史青年學者聯誼會會刊》（第二卷），北京：中華書局。

19. 唐長孺（1955）：《魏晉南北朝史論叢》。北京：三聯書店。

20. 王義康（2010）：〈突厥世系新證──唐代墓誌所見突厥世系〉。《民族研究》第 5 期。

21. 楊富學（1998）：《回鶻之佛教》。烏魯木齊：新疆人民出版社。

22. 姚大力（2007）：《北方民族史十論》。桂林：廣西師範大學出版社。

23. 姚大力（2014）：〈「吐蕃」一名的讀音與來源〉。《元史及民族與邊疆研究集刊》（第二十六輯），上海：上海古籍出版社。

24. 張鐵山（2005）：《突厥語族文獻學》。北京：中央民族大學出版社。

25. 鍾焓（2013）：〈北美「新清史」研究的基石何在（上）──是多語種史料考辯互證的實證學術還是意識形態化的應時之學？〉。《中國邊疆民族研究》（第七輯），北京：中央民族大學出版社。

26. 周建奇（1993）：〈遼代契丹半丁零──《遼史》中的迪輦爲高車丁零異譯補證〉。《內蒙古大學學報（哲學社會科學版）》第 3 期。

27. 卓鴻澤（2010）：〈吐谷渾的藏文拼寫、藏文名稱及其阿爾泰語源〉。《西域歷史語言研究集刊》（第三輯），北京：科學出版社。

28. 卓鴻澤（2012）：《歷史語文學論叢初編》。上海：上海古籍出版社。

29. 鈴木宏節（2005）：「突厥阿史那思摩系譜考」。《東洋學報》第 87 卷 1 號。

30. 森安孝夫・オチル（1999）：「モンゴル國現存遺蹟・碑文調查研究報告」。大阪：中央ユーラシア學研究會。

31. Bazin L.（1950）："Recherches sur les parlers 'T'o-pa'". *T'oung pao*, 39/1950：pp.228-329.

32. Boodberg, P. A.（1936）："The Language of the T'o-Pa Wei". *Harvard Journal of Asiatic Studies*, 1/1936：pp.167-185.

33. Kljaštornj, S. G. and Livšic, V. A.（1972）："The Sogdian Inscription of Bugut Revised". *Acta Orientalia Academiae Scientiarum Hungaricae*, 26/1972：pp. 69-102.

34. Ligeti, L.（1950-1951）："Mots de Civilisation de Haute Asie en Transcription Chinoise". *Acta Orientalia Academiae Scientiarum Hungaricae*, 1/1950-1951：pp.141-188.

35. Pulleyblank, E. G.（1991）：*Lexicon of Reconstructed Pronunciation in Early Middle Chinese, Late Middle Chinese, and Early Mandarin*. Vancouver：University of British Columbia Press.

36. Yoshida, Y.（2007）："Sogdian Fragments Discovered from the Graveyard of Badamu"．《西域歷史語言研究集刊》（第一輯），北京：科學出版社。

（原載《中西文化交流學報》第 7 卷第 2 期）

附錄二 漠北瀚海都督府時期的迴紇牙帳——兼論漠北鐵勒居地的演變

一、現有各家觀點

貞觀末年薛延陀汗國滅亡之後，唐朝設置燕然都護府，下轄六都督府七州（後陸續又有增補變更），羈縻統治漠北鐵勒諸部，而其治所則設在漠南；顯慶、龍朔年間的漠北鐵勒叛亂被平定後，始將燕然都護府移往漠北，並改名瀚海都護府，後又進一步改名爲安北都護府。《唐會要》卷 73《安北都護府》記載：

> 龍朔三年二月十五日，移燕然都護府於迴紇部落，仍改名瀚海都護府。其舊瀚海都督府，移置雲中古城，改名雲中都護府。仍以磧爲界，磧北諸蕃州，悉隸瀚海，磧南並隸雲中。總章二年八月二十八日，改瀚海都護府爲安北都護府。

據此可知，唐朝羈縻統治漠北的中後期，其所設立的瀚海－安北都護府的漠北駐地位於迴紇部落，亦即在地理位置上等同於當時的迴紇牙帳。而同一時期迴紇部落所對應的唐朝羈縻府州爲瀚海都督府，故瀚海都督府的駐地也等同於瀚海－安北都護府的駐地，兩者都位於迴紇牙帳。這一關係正確地體現在譚其驤主編的《中國歷史地圖集》第五冊（隋、唐、五代十國時期）中，[註1] 該圖正是將漠北的安北都護府和迴紇的瀚海都督府駐地標在同一位

〔註 1〕譚其驤主編：《中國歷史地圖集》第 5 冊《隋・唐・五代十國時期》，中國地圖出版社 1982 年版，圖 42～43。

置，然而該位置卻位於杭愛山脈東麓、鄂爾渾河上游的西岸，亦即大致等同於後來漠北鄂爾渾河迴紇汗國時期的迴紇牙帳（位於今天蒙古國鄂爾渾河上游西岸的哈剌八剌哈孫古城遺址），顯然，編者認爲，該時期的迴紇牙帳也在這一地區。這一看法頗有代表性，相當一部份學者都持有與之相同或相近的看法，將該時期的迴紇牙帳定位在鄂爾渾河上游，即與後來鄂爾渾迴紇汗國牙帳相同的位置。〔註2〕與此看法略有不同，也有部份學者認爲這一時期的迴紇牙帳不在鄂爾渾河流域，而是在色楞格河流域。〔註3〕然而，上述兩種看法

〔註2〕湯開建：《〈太白陰經‧關塞四夷篇〉關內道、黃河北道、河東道部族、地理考證》，《青海社會科學》1986 年第 1 期；蘇北海：《唐朝在迴紇、東突厥地區設立的府州考》，《新疆大學學報（哲學人文社會科學版）》1987 年第 1 期；段連勤：《丁零、高車與鐵勒》，上海人民出版社 1988 年版，第 446、480、491、506 頁；劉美崧：《兩唐書迴紇傳回鶻傳疏證》，中央民族學院出版社 1989 年版，第 13 頁；楊聖敏：《迴紇史》，吉林教育出版社 1991 年版，第 76 頁；楊聖敏：《資治通鑒突厥迴紇史料校注》，天津古籍出版社 1992 年版，第 130、350、355 頁；奧其爾、林榮貴：《唐朝平定薛延陀與加強漠北的管轄》，《中國邊疆史地研究》1993 年第 1 期；林幹、高自厚：《迴紇史》，內蒙古人民出版社 1994 年版，第 14 頁；艾沖：《唐代安北都護府遷徙考論》，《陝西師範大學學報（哲學社會科學版）》2001 年第 4 期；賈敬顏：《五代宋金元人邊疆行記十三種疏證稿》，中華書局 2004 年版，第 346 頁；王世麗：《安北與單于都護府——唐代北部邊疆民族問題研究》，雲南人民出版社 2006 年版，第 43 頁。馬長壽在《突厥人和突厥汗國》第 57 頁先是認爲貞觀二十一年（647）唐太宗在迴紇部設置的瀚海都督府位於今蒙古人民共和國朱爾馬臺即鄂爾渾河上源河畔，同書 61 頁卻又認爲龍朔三年（663）燕然都護府改爲瀚海都護府移往的迴紇部落是在土拉河畔，而對這十六年間迴紇部落從鄂爾渾河遷移到土拉河的行動卻未作任何論述；同書 66 頁則認爲暾欲谷引突厥兵規復漠北時，「烏德鞬山一帶原爲迴紇所據，聞突厥兵來，攜其牛羊橐駝遷徙於獨樂河流域」，獨樂河即今土拉河，此看法似源自早期對突厥盧尼文《暾欲谷碑》不準確釋讀所引致的誤解，該段原文（第一石南面第 8 行）較新的釋讀作：「我率軍前赴於都斤山。烏古斯人趕著牛拉的大車從獨樂河而來」（芮傳明），儘管後來的學者們對於「趕著牛拉的大車」這一短語的主語究竟是突厥人還是烏古斯人還有爭議，但都一致認同突厥人的目的地是於都斤山（烏德鞬山），而烏古斯人的出發地則是土拉河，即烏古斯人是從東北向西南方向進軍，對此後文還將論及；參見馬長壽：《突厥人和突厥汗國》，上海人民出版社 1957 年版；芮傳明：《古突厥碑銘研究》，上海古籍出版社 1998 年版，第 22 頁。

〔註3〕艾沖在《唐代都督府研究——兼論總管府‧都督府‧節度司之關係》第 195 頁先是認爲貞觀二十一年（647）唐太宗在迴紇部設置的瀚海都督府位於今蒙古國境內色楞格河上游一帶，同書次頁及第 370 頁卻又認爲龍朔三年（663）燕然都護府改爲瀚海都護府移往的迴紇部落牙帳是在今鄂爾渾河上游西岸，

都很難說有多少根據，事實上，稍作推敲，我們便發現它們與很多史料明顯牴牾。從突厥興起之後，直到突厥第二汗國滅亡、鄂爾渾迴紇汗國建立之前，在約二百年的時間之內，作爲漠北鐵勒諸部之一的迴紇的活動中心並不在鄂爾渾河，而是位於色楞格河及土拉河一帶。〔註4〕只有當天寶末年擊破突厥及拔悉密、葛邏祿等諸勢力、建立起漠北的統一汗國之後，迴紇才將牙帳遷往鄂爾渾河上游，後來更仿照漢人在當地修建城堡，即著名的哈剌八剌哈孫古城。〔註5〕將唐朝羈縻統治漠北時期的迴紇牙帳及瀚海－安北都護府的治所定在鄂爾渾河上游的哈剌八剌哈孫附近，會引發一系列的問題，下面我們首先從經典史料記載的道路里程上入手進行分析。

<hr />

而對這十六年間迴紇部落從色楞格河遷移到鄂爾渾河的行動卻未作任何論述；王小甫、馬軍的觀點與艾沖完全一樣；嚴耕望、包文勝、岳東認爲該時期迴紇牙帳在色楞格河流域；略顯奇怪的是，譚其驤認爲該時期迴紇牙帳即瀚海都督府治所在色楞格河下游接近貝加爾湖一帶，但不知何故這一看法並未體現在其主編的《中國歷史地圖集》中。參見艾沖：《唐代都督府研究──兼論總管府‧都督府‧節度司之關係》，西安地圖出版社 2005 年版；王小甫：《唐朝對突厥的戰爭》，華夏出版社、廣東人民出版社 1996 年版，第 64、66 頁；馬軍：《唐代北部邊疆政治地理格局變動研究》，陝西師範大學碩士學位論文，2012 年，第 29、31 頁；嚴耕望：《唐代交通圖考》，上海古籍出版社 2007 年版，第 327 頁；包文勝：《鐵勒歷史研究──以唐代漠北十五部爲主》，內蒙古大學博士學位論文，2008 年，第 144 頁；岳東：《唐初北陲都護府幾則問題辨析》，《陰山學刊》2014 年第 1 期；譚其驤：《長水集》（下），人民出版社 1987 年版，第 266、277 頁。

〔註 4〕後世迴紇祖先傳說中，最經常出現的河流也是這兩條河，如傳說中的卜古可汗即出生在色楞格河與土拉河交匯處的忽木闌術（Kamlančuin），雖然從今天的觀念來看土拉河並不是直接流入色楞格河。參見唐長孺：《巴而術阿而的惕斤傳譯證》，原載《國學論衡》第 5 期，1935 年 6 月，收入氏著《山居存稿三編》，中華書局 2011 年版，322～327 頁；黃文弼：《亦都護高昌王世勳碑復原並校記》，《文物》1964 年第 2 期；〔伊朗〕志費尼：《世界征服者史》，何高濟譯，內蒙古人民出版社 1980 年版，第 63 頁；〔日〕笠井幸代：《卜古可汗（Bokug Kagan）傳說題記》，陸燁譯，《元史及民族與邊疆研究》第 18 輯，上海古籍出版社 2006 年版，第 190 頁；邱軼皓：《哈剌和林成立史考》，《西域歷史語言研究集刊》第 5 輯，科學出版社 2012 年版，第 276 頁。

〔註 5〕迴紇盧尼文碑銘《磨延啜碑》（又稱《希内烏蘇碑》）南面第 10 行載：「在鄂爾渾（河）和 balïqlïy（河）的合流處，令人建造了國家的寶座」。balïqlïy 可比定爲鄂爾渾河上游支流朱爾馬臺河，哈剌八剌哈孫正位於兩河之間，參見白玉冬：《〈希内烏蘇碑〉譯注》，《西域文史》第 7 輯，科學出版社 2012 年版，第 91、111～112 頁。

二、唐代里程上的論證

我們可以作出兩個彼此獨立而又相互應驗的論證。

論證之一：

關於漠北安北都護府的治所位置，一般認爲「史無明載」，[註6]但我們找到一則史料，可以從中分析出相關信息。

《太白陰經·關塞四夷篇》黃河北道一節記載：「安北舊去西京五千二百里，東京六千六百里；今移在永清，去西京二千七百里，去東京三千四百里。」[註7]安北即指安北都護府治所，此處記載的安北都護府在漠北的治所及遷往永清柵之後的治所分別距西京長安的里程爲 5200 里和 2700 里，[註8]據此我們可以得知漠北安北都護治所與永清柵之間的距離爲 5200－2700＝2500 里；又永清柵與天德軍之間的距離僅爲三里，[註9]故可以認爲漠北安北都護治所與天德軍之間的距離也約爲 2500 里；

《新唐書·回鶻傳》載：「使者道出天德右二百里許抵西受降城，北三百里許至鸊鵜泉，泉西北至回鶻牙千五百里許。」此處所謂「回鶻牙」是指漠北鄂爾渾河汗國的迴紇牙帳，據此可知，鄂爾渾河汗國時期的迴紇牙帳與鸊鵜泉之間的距離約爲 1500 里，其與天德軍之間的距離約爲 1500＋300＋200＝2000 里；[註10]

故知，從距離天德軍的里程來看，漠北安北都護治所（2500 里）要比鄂爾渾河迴紇牙帳（2000 里）多出 500 里。

〔註 6〕岳東：《唐初北陲都護府幾則問題辨析》，《陰山學刊》2014 年第 1 期。

〔註 7〕湯開建：《〈太白陰經·關塞四夷篇〉關內道、黃河北道、河東道部族、地理考證》，《青海社會科學》1986 年第 1 期。

〔註 8〕此處的里程與《元和郡縣圖志》中所記有較大差異，湯開建認爲是所取道路不同所致，參見湯開建：《〈太白陰經·關塞四夷篇〉關內道、黃河北道、河東道部族、地理考證》，《青海社會科學》1986 年第 1 期。《舊唐書》卷 38 中提到「安北大都護府……去京師二千七百里」，與此處記載相同，似乎有共同的史料來源。

〔註 9〕《元和郡縣圖志》卷 4 載：「……乾元後改爲天德軍，緣居人稀少，遂西南移三里，權居永清柵」，轉引自湯開建：《〈太白陰經·關塞四夷篇〉關內道、黃河北道、河東道部族、地理考證》，《青海社會科學》1986 年第 1 期。

〔註 10〕據《元和郡縣圖志》卷 4 的記載，天德軍西至西受降城 180 里，西受降城北至磧口 300 里，而鸊鵜泉即在磧口左近，可以與此相印證。

論證之二：

據《唐會要》卷 73《安北都護府》及《新唐書・回鶻傳》，唐朝在擊滅薛延陀汗國、羈縻統治漠北之後，曾應漠北鐵勒部落的請求，修建了一條「參天可汗道」（又稱「參天至尊道」），連接漠北的迴紇部落與漠南的突厥部落，具體地說，即從漠北的迴紇部落牙帳一直通往漠南磧口附近的鸊鵜泉，之間共設有六十六或六十八個驛站，[註11] 按照唐代每三十里設置一個驛站的規定，[註12] 我們可以大致計算出參天可汗道的長度為（66＋1）×30＝2010 里或（68＋1）×30＝2070 里，由此可知漠北迴紇部落牙帳距鸊鵜泉約 2000～2100 里；

據論證之一中已經引用的《新唐書・回鶻傳》及《新唐書・地理志》等其它多種史料記載，鄂爾渾河迴紇牙帳距鸊鵜泉 1500 里；

故知，從距離鸊鵜泉的里程來看，漠北迴紇部落牙帳（2000～2100 里）要比鄂爾渾河迴紇牙帳（1500 里）多出 500～600 里。

我們已經指出，在唐朝羈縻統治漠北時期，漠北安北都護治所與漠北迴紇部落牙帳是同一地，參諸論證之一可知，漠北安北都護治所與鸊鵜泉之間的里程以 2000 里為更準確，則《唐會要》與《舊唐書》中關於參天可汗道共設六十六個驛站的記載可能更為可靠，由是結合上述兩個論證可知，無論從距離天德軍還是距離鸊鵜泉的里程來看，漠北安北都護府城都要比鄂爾渾河迴紇牙帳多出約 500 里左右。

我們注意到，作為連接大漠南北主要通道的參天可汗道經過傳統的漠北交通樞紐哈剌和林附近地區即鄂爾渾河迴紇牙帳駐地區域的可能性是非常高的（後文還將論及），這就意味著從漠北迴紇部落牙帳到鸊鵜泉的道路的南段與從鄂爾渾河迴紇牙帳到鸊鵜泉 1500 里的道路是基本重合的，由此可推知，唐代羈縻統治漠北時期的安北都護府城及迴紇牙帳與後來的鄂爾渾河迴紇汗國牙帳並不在同一個地方，兩地相距約 500 里，前者距離唐朝都城更遠。

事實上，嚴耕望已經注意到迴紇新舊兩個牙帳與鸊鵜泉之間的里程差異，但他以迴紇從前的居地在娑陵水（即今色楞格河）為根據，推測迴紇舊牙帳在西庫倫即哈剌和林之北的五六百里之處，即其北境的色楞格河流域。[註

〔註11〕《唐會要》卷 73《安北都護府》與《舊唐書》卷 3 記為「六十六」，《冊府元龜》卷 170《帝王部・來遠篇》、《新唐書・回鶻傳》與《資治通鑑》卷 198 則記為「六十八」。

〔註12〕《唐六典》卷 5《兵部尚書・駕部郎中》條。

〔註13〕嚴耕望：《唐代交通圖考》，第 327 頁。

13〕不過，即以迴紇舊居地而論，《舊唐書》、《通典》及《太平寰宇記》等在記載其居近娑陵水的同時，還提到其與京師長安的距離是 6900 里（《新唐書》記載是 7000 里），這一里程比上述《太白陰經・關塞四夷篇》中所記漠北安北都護府到西京長安的距離 5200 里還要多出 1700 里，〔註14〕而比起迴紇鄂爾渾河牙帳到長安的距離則更要多出 1700＋500＝2200 里，這表明迴紇早先在色楞格河流域的牙帳相距後來在鄂爾渾河的牙帳極其遙遠，假設嚴耕望的推測成立，則迴紇舊牙帳在貞觀末年之前的某段時間，從距離長安 6900 里之處遷徙到了距離長安 5200 里之處，移動了 1700 里之遙，卻始終位於色楞格河流域，不能不說顯得太不合常理；其次，若謂迴紇舊牙帳在新牙帳之北五六百里的色楞格河流域，從道里上看，只能位於色楞格河中游，這一區域僻處西北一隅，遠離漠北九姓鐵勒諸部的中心土拉河流域，將參天可汗道的起點設在此處也是讓人難以理解的；更為重要的是，我們發現相當多的史料表明，從貞觀初年薛延陀汗國建立開始，一直到後突厥復國漠北、安北都護府遷往漠南為止，近六十年的時間內，迴紇的活動中心並不在色楞格河流域，也不在鄂爾渾河流域，而是在土拉河流域，尤其是結合土拉河畔有「都護城」的記載，更是表明這一時期迴紇的牙帳及中心活動區域具有極大的可能性是位於土拉河一帶，這就使得嚴耕望的推測難以成立。以下我們試詳細分析之。

三、漠北瀚海都督府時期的迴紇牙帳在土拉河

　　為了定位薛延陀汗國滅亡之後、唐朝羈縻統治漠北時期的迴紇部落牙帳駐地，我們需要關注薛延陀汗國滅亡之前迴紇部落的動向，以便從中找到一些相關的線索。

　　在貞觀初年以薛延陀夷男、迴紇菩薩為首的漠北鐵勒部落反抗突厥頡利可汗的統治時，從西域金山東遷而來的薛延陀在迴紇之南，〔註15〕其遷移的趨勢是從西北向東南，迴紇的遷移趨勢也大致是從西北向東南，當迴紇首領菩薩在馬鬃山擊敗突厥欲谷設並將其追趕至漠北天山之後，〔註16〕迴紇聲勢

〔註14〕例如《舊唐書・迴紇傳》載「在薛延陀北境，居娑陵水側，去長安六千九百里。」這一里程與《太白陰經・關塞四夷篇》中所載五千二百里的里程相比，相差似嫌過大，一方面可能與所取路徑不同有關，另一方面也表明更早時期在色楞格河的迴紇牙帳駐地位於更靠北之處，因而其距離長安也更為遙遠。

〔註15〕《舊唐書・迴紇傳》載：「（迴紇）在薛延陀北境」，其它史籍如《通典》、《新唐書》等記載略同。

〔註16〕關於馬鬃山：此馬鬃山也出現在北宋初王延德出使高昌的行記中（「馬鬃山」

大振，鑒於馬鬃山與天山都在杭愛山脈東麓、鄂爾渾河上游一帶，正是從前
統一的突厥汗國大可汗牙帳之所在，〔註17〕統治漢北鐵勒諸部的欲谷設的牙
帳很可能就設在附近，從地理位置移動趨勢來分析，我們不排除此時菩薩已
有染指突厥舊牙的意圖，但由於薛延陀夷男的勢力過於強大，迴紇不得不讓
出該地區的統治權，在更東部偏北的土拉河一帶建立牙帳，依附於薛延陀，〔註
18〕這也是突厥第一汗國崩潰後迴紇勢力向杭愛山脈東麓、鄂爾渾河上游即漢
北傳統政治中心挺進的首次嘗試，顯然，由於此時的迴紇尚不夠強大，這一
嘗試以失敗告終。夷男所部與土拉河流域的薛延陀舊部匯合之後，〔註19〕實
力更加強大，起初建牙於鬱督軍山（即於都斤山、烏德鞬山），繼而在漠南頡
利汗國覆亡之後，東返故地（即薛延陀西遷金山之前的居地），建牙於土拉河
之南、都尉揵山之北，這一遷移的趨勢是更靠東南，因薛延陀的戰略重心在
其東南方向、位於漠南的唐朝羈縻統治下的突厥舊部，夷男統領下的汗國軍

或又作「馬駿山」，鬃與駿音義皆相同），從上下文判斷，這兩個馬鬃山很可
能為同一處，都位於漠北杭愛山東麓地區，而與位於今甘肅北境的馬鬃山絕
非一地；元初張德輝《嶺北紀行》中提到和林西北一驛程處有馬頭山，可以
與唐宋時期同地點的馬鬃山相比勘；參見〔日〕前田直典：《十世紀的九族達
靼》，《東洋學報》1948 年第 32 卷第 1 期，辛德勇譯，劉文俊主編：《日本學
者研究中國史論著選譯》第 9 卷《民族交通》，中華書局 1993 年版，第 299
頁；劉美崧：《兩唐書迴紇傳回鶻傳疏證》，第 9 頁；劉義棠：《突回研究》，
經世書局 1990 年版，第 112、760 頁；岑仲勉：《岑仲勉史學論文續集》，中
華書局 2004 年版，第 69 頁；賈敬顏：《五代宋金元人邊疆行記十三種疏證稿》，
第 347 頁。關於漠北天山：岑仲勉將漠北天山勘同於鬱督軍山、於都斤山、
烏德鞬山，但後者是整個杭愛山脈的統稱，跨地廣闊，前者則只是其中的一
座山峰，參見岑仲勉：《突厥集史》，中華書局 1958 年版，第 1080～1082 頁。
從馬鬃山的位置及天山在其更南面來分析，天山可能是杭愛山脈東南部的某
一座山峰，係漠北鐵勒中心地域的要地；顯慶、龍朔年間漠北鐵勒叛亂時多
濫葛、思結部落先保天山（《冊府元龜》卷 986、《資治通鑒》卷 200），叛亂
平定後唐朝在鐵勒本部設立天山縣（《舊唐書・迴紇傳》），都是指此處，相關
考證參見後文。

〔註17〕分裂之後的東突厥可汗牙帳基本都在漠南，漠北舊大可汗牙帳則主要成為統
治鐵勒諸部的北面設的牙帳，參見張文生：《東突厥建牙漠南小考》，《中國邊
疆史地研究》2007 年第 3 期。

〔註18〕《新唐書・回鶻傳》：「繇是附薛延陀，相唇齒，號活頡利發，樹牙獨樂水上。」
獨樂水即今土拉河。

〔註19〕薛延陀故地在土拉河流域，夷男所部可能是在隋開皇末的動亂中西遷到金山
西南的，但土拉河流域一直存在未西遷的薛延陀部落，參見〔日〕小野川秀
美：《鐵勒考》，《東洋史研究》1940 年第 5 卷 2 號，王恩慶譯，《民族史譯文
集》第 6 輯，1978 年；馬長壽：《突厥人和突厥汗國》，第 53 頁。

隊也多次南下騷擾該地。縱觀這一時期，薛延陀汗國的大牙在土拉河中游以南、都尉揵山之北，由大可汗夷男駐蹕，其西牙則可能仍在鬱督軍山舊牙處，由夷男嫡子小可汗拔灼駐蹕，〔註20〕因此該時期薛延陀的勢力主要分佈在漠北西部、西南部和南部一帶，迴紇的勢力主要分佈在漠北西北部，其牙帳則在土拉河下游一帶。到薛延陀汗國末期，首先是多彌可汗拔灼內部動亂，繼菩薩而起的迴紇新首領吐迷度聯合僕固、同羅向拔灼發起攻擊，從地理位置分析，這一攻擊的方向應為從北向南，在滅亡拔灼並盡屠其宗之後，迴紇勢力有所南進，但很可能仍然未越出土拉河流域。拔灼覆滅之後，一方面，唐朝派出多路將領率部進軍漠北，在越過大磧之後，李道宗所部首先擊敗阿波達官的薛延陀餘眾，薛萬徹所部則前往北道招降迴紇等部，〔註21〕這印證了當時迴紇部落的位置的確比薛延陀更加靠北；〔註22〕另一方面，薛延陀西逃餘部推夷男之姪咄摩支為首領，去可汗號，求保鬱督軍山之北，而部落仍持兩端，唐將李勣率部進至天山時，咄摩支屈服，向正在迴紇中的詔使蕭嗣業投降，〔註23〕由此可知，此時的迴紇部落距離天山不遠，這也同前面菩薩擊敗欲谷設並逐北至天山相呼應，表明迴紇勢力確實開始南漸，又一次嘗試向杭愛山脈東麓、鄂爾渾河上游即漠北傳統政治中心挺進，但這一次仍然沒有太大的進展。原因主要是此時唐朝勢力非常強大，其軍隊挺進漠北，直接介入鐵勒諸部的紛爭，同時儘量分化平衡各部，防止一部獨大、重現之前薛延陀一統漠北建立汗國的舊事，故而在協助唐朝滅亡薛延陀主體及殘餘勢力之後，迴紇除進一步鞏固在土拉河流域的勢力之外，並未能從薛延陀故地上分得多少實際的好處。在唐朝離強合弱、以夷制夷的策略下，前薛延陀汗國的牙帳地域即土拉河南、都尉揵山一帶被分配給思結部落並設置了盧山都督府，而迴紇最為覬覦的前薛延陀西牙地域即鬱督軍山舊牙一帶則被分配給多濫葛部落並設置了燕然都督府。〔註24〕多濫葛部落可能受到了唐朝的刻意扶

〔註20〕《新唐書·薛延陀傳》載：「嫡子拔灼為肆葉護可汗，統西方。」
〔註21〕《舊唐書·鐵勒傳》、《新唐書·回鶻傳》與《冊府元龜》卷985《外臣部·征討第四》。
〔註22〕這也與《通典》、《唐會要》、《舊唐書·迴紇傳》、《新唐書·回鶻傳》等史料中迴紇在薛延陀之北的記載相契合。
〔註23〕《舊唐書·鐵勒傳》。
〔註24〕關於唐代漠北鐵勒諸部居地的較新研究成果，參見包文勝：《唐代漠北鐵勒諸部居地考》，《內蒙古社會科學（漢文版）》2013年第1期，其中認為多濫葛和思結都屬居於鄂爾渾河、杭愛山附近的部落，多濫葛居地所設的燕然都督府

持，以阻止迴紇勢力繼續南下並進一步坐大，〔註 25〕多濫葛部的燕然都督府橫亙在迴紇部的瀚海都督府與漠北南面的大磧之間，將迴紇的勢力局限在色楞格河及土拉河流域。這樣，無論是菩薩時期，還是吐迷度時期，迴紇雖然都曾經作出過進軍杭愛山脈東麓、鄂爾渾河上游的努力，但限於時勢及實力，迄未成功，迴紇的牙帳仍位於土拉河一帶，這也是當時整個漠北鐵勒部落的中心區域。

　　以上論述中含有部份推測，例如我們並未發現吐迷度的牙帳駐地位於土拉河的直接證據，〔註 26〕不過，隨後的漠北局勢發展為我們提供了相關的證據，而且幾乎是直接的。

　　本文開篇已經提到，在顯慶、龍朔年間的鐵勒叛亂被平定後，唐朝在龍朔三年（663）將燕然都護府移往漠北，並改名為瀚海都護府，其駐地明確記載位於迴紇部落，也就是在當時的迴紇牙帳附近，總章二年（669）又改名為安北都護府，並在史料中留下了若干處與修築漠北府城有關的記載，這也是中原王朝第一次直接在漠北修築都護府城。〔註 27〕雖然在突厥復興之後，漠

　　　　位於杭愛山附近，思結居地所設的盧山都督府則在土拉河之南、杭愛山東部
　　　　及鄂爾渾河上源一帶。我們大體認同包文勝的看法，但也有些不同的意見，
　　　　將在後文論及。
〔註 25〕史料中薛延陀汗國滅亡時多濫葛部首領本來僅為俟斤，比起迴紇、拔野古、
　　　　僕固、同羅首領的俟利發稱號要低，但其降唐之後，先後被封為右驍衛大將
　　　　軍及右衛大將軍，在品級和位次上僅次於迴紇，比拔野古、僕固、同羅等部
　　　　首領都要高（《冊府元龜》卷 964 載：「十二月，以左驍衛大將軍瀚海都督迴
　　　　紇婆潤為左衛大將軍，右驍衛大將軍燕然都督多覽葛塞匐為右衛大將軍」）；
　　　　唐朝所設羈縻統治漠北的都護府的名稱「燕然」也以其都督府的名稱命名。
〔註 26〕前文已提到有直接史料記載菩薩的牙帳駐地在土拉河，而作為其繼任者的吐
　　　　迷度的牙帳駐地在何處則史無明載，儘管依據史料中未見從菩薩到吐迷度之
　　　　間發生過牙帳遷徙之記載可以推論出吐迷度的牙帳駐地仍然在土拉河故地，
　　　　但那畢竟不是較為直接的證明，何況，單憑史料中沒有的記載所作出的這一
　　　　推論未必十分可靠，若僅從與當時漠北局勢相關的史料來分析，吐迷度繼任
　　　　迴紇首領期間正值薛延陀汗國末年動亂之際，鐵勒諸部遷徙離合未定，吐迷
　　　　度在率眾推翻薛延陀的統治之後也完全有可能在不同於菩薩牙帳故地的另一
　　　　處地域建立新的牙帳，新的牙帳駐地也完全有可能不在土拉河。
〔註 27〕《于遂古墓誌》：「麟德元年，九姓初賓，奉敕將兵於瀚海都護府鎮押。」《楊
　　　　炯集》卷 10《左武衛將軍成安子崔獻行狀》：「麟德元年，有詔起公為左威衛
　　　　修仁府左果毅都尉，仍命羽林軍長上。……於是九姓抗表，請築安北府城，
　　　　詔公馳驛，許以便宜從事，……乾封元年，詔遷遊騎將軍左威衛義陽府折衝
　　　　都尉。」麟德元年是 664 年，上述材料也印證了傳世文獻中的記載：燕然都
　　　　護府移駐漠北後起初名為「瀚海都護府」，後來（669 年）才改名為「安北都

北鐵勒被北返的突厥重新征服，唐朝也隨即將安北都護府城南撤到了漠南的同城，〔註28〕但有材料表明，以迴紇為首的鐵勒諸部在突厥北返之前的主要據點仍然在土拉河流域，而唐朝在漠北修築的這一都護府城也仍然被保留了下來。首先我們發現，在突厥盧尼文《暾欲谷碑》中，提到突厥人返回漠北、渡過翁金河後，在奔向於都斤山之際，與前來圍剿的烏古斯人發生了一場大戰，而烏古斯人乃係渡過土拉河而來，〔註29〕土拉河在靠近於都斤山的部份主要流向是從東南向西北復折向北偏東，這就表明，當時烏古斯人的活動中心是在土拉河一帶，並且是在其東北方位，而當時烏古斯即漠北鐵勒的統領部落正是迴紇；〔註30〕同時還表明，從漠南前往漠北的主要道路，是首先沿西北方向及翁金河抵達杭愛山脈東麓、鄂爾渾河上游一帶，然後再沿東偏北方向前往土拉河流域，〔註31〕這也同前面的里程論證相呼應，即從漠南的鵰鶒泉出發，到漠北杭愛山脈東麓的鄂爾渾河迴紇牙帳只有 1500 里，而前往土拉河迴紇牙帳卻有 2000 里。進一步我們發現，在突厥盧尼文《闕特勤碑》與《毗伽可汗碑》中，突厥人一年之中五次或四次與九姓烏古斯人交戰的第一次的發生地點，是在 Toɣu balïq，

〔註28〕護府」；乾封元年是 666 年，從崔獻行狀可推知該都護府城的修築年代約在 664～666 年之間。參見岑仲勉：《突厥集史》，第 282-283 頁；吳玉貴：《突厥第二汗國漢文史料編年輯考》，中華書局 2009 年版，第 398～399 頁。

〔註28〕漠北安北都護府南撤的時間約在垂拱年間，具體年代尚存爭議，參見譚其驤：《長水集》（下），第 266 頁；艾沖：《唐代安北都護府遷徙考論》，《陝西師範大學學報（哲學社會科學版）》2001 年第 4 期；李大龍：《都護制度研究》，黑龍江教育出版社 2003 年版，第 223 頁；李大龍：《有關唐安北都護府的幾個問題》，《北方文物》2004 年第 2 期；嚴耕望：《唐代交通圖考》，第 333 頁；李宗俊：《唐代安北單于二都護府再考》，《中國史研究》2009 年第 2 期。

〔註29〕事見突厥盧尼文《暾欲谷碑》第一石南面第 8～9 行，漢譯文參見岑仲勉：《突厥集史》，第 859 頁；芮傳明：《古突厥碑銘研究》，第 279 頁；耿世民：《古代突厥文碑銘研究》，中央民族大學出版社 2005 年版，第 98 頁。此處的烏古斯（Oɣuz）指漠北的鐵勒部落，參見芮傳明：《古突厥碑銘研究》，第 232～234 頁。

〔註30〕據突厥盧尼文《暾欲谷碑》第一石南面第 2 行記載，當時九姓烏古斯人之上已有可汗，此可汗當即突厥盧尼文《闕特勤碑》東面第 14、16 行與《毗伽可汗碑》東面第 12、13 行中提到的 Baz 可汗，考慮到吐迷度在出任首任瀚海都督時已自稱可汗，則此九姓烏古斯即漠北鐵勒之上的 Baz 可汗出自迴紇的可能性最高，從時代上看與吐迷度之子婆閏的後繼者比粟及獨解支相當，唯其比定為漢文史料中的哪一個迴紇首領尚難落實，參見段連勤：《丁零、高車與鐵勒》，第 547 頁。

〔註31〕關於此次突厥與烏古斯在漠北於都斤山與土拉河之間遭遇戰的相關地理考證，參見芮傳明：《古突厥碑銘研究》，第 22～25 頁。

該詞正是「都護城」的意思，並且突厥軍隊是在洄渡過土拉河之後對都護城的九姓烏古斯人發起攻擊，這就表明，即使在突厥第二汗國統治的中期，漢北鐵勒即九姓烏古斯人的活動中心仍然是土拉河流域，並且其中心區域的前安北都護府城的遺址 Toɤu balïq 即突厥語的「都護城」仍然是以迴紇爲首的九姓烏古斯人的重要據點。〔註32〕這樣，我們就找到了幾乎是直接的證據，表明迴紇首領暨瀚海都督吐迷度及其後繼者的牙帳確實位於土拉河的東岸或北岸，並且漢北瀚海－安北都護府的府城也修築在同一位置。

四、土拉河迴紇牙帳的具體位置

現在我們嘗試確定出土拉河迴紇牙帳的具體位置。由前面的里程論證可知，土拉河迴紇牙帳距離漠南磧口附近的鸊鵜泉 2000 里左右，這條通道正是著名的參天可汗道；從鄂爾渾河迴紇牙帳到鸊鵜泉是一條 1500 里長的通道，鑒於杭愛山脈東麓、鄂爾渾河上游一帶是突厥第一汗國、突厥第二汗國及鄂爾渾迴紇汗國的牙帳所在暨漢北傳統政治中心，其與唐朝之間使者往來絡繹不絕，所走驛路之北段在多數時期都極有可能正是這一通道，因此長達 2000 里的參天可汗道的南 1500 里也極有可能沿用這一通道，〔註33〕於是我們只需

〔註32〕事見突厥盧尼文《闕特勤碑》北面第4行及《毗伽可汗碑》東面第30行，出現「土拉河」的記載僅見於《毗伽可汗碑》，漢譯文參見岑仲勉：《突厥集史》，第885、915頁；芮傳明：《古突厥碑銘研究》，第226、264頁；耿世民：《古代突厥文碑銘研究》，第133、160頁。Toɤu 一詞，岑仲勉譯作「獨護」，芮傳明譯作「咄姑」，耿世民則譯作「都護」。將 Toɤu balïq 考訂爲「都護城」的看法，參見〔日〕岩佐精一郎：《突厥の復興に就いて》，和田清編輯《岩佐精一郎遺稿》，三秀舍 1936 年版，第 98 頁；馬長壽：《突厥人和突厥汗國》，第 74～75 頁。包文勝認爲該時期迴紇部仍然活動在貝加爾湖以南的色楞格河流域而不可能在土拉河流域，位於後者的「都護城」可能是唐朝最初設置於多濫葛部的燕然都護府駐地，參見包文勝：《鐵勒歷史研究——以唐代漢北十五部爲主》，第 148 頁。

〔註33〕目前學界的通行看法也正是如此，即從漢北迴紇前往漢南突厥的參天可汗道的南段與「從中受降城入回鶻道」的南段基本重合，兩者都包含從磧口鸊鵜泉到鄂爾渾河迴紇牙帳這一段道路。參見〔日〕前田直典：《十世紀的九族達靼》，《東洋學報》1948 年第 32 卷第 1 期，辛德勇譯，劉文俊主編：《日本學者研究中國史論著選譯》第 9 卷《民族交通》，中華書局 1993 年版，第 299 頁；陳俊謀：《試論回鶻路的開通及其對回鶻的影響》，《中央民族學院學報》1987 年第 2 期；〔日〕長澤和俊：《絲綢之路史研究》，鍾美珠譯，天津人民出版社 1990 年版，第 268 頁；劉迎勝：《絲路文化·草原卷》，浙江人民出版社 1995 年版，第 196 頁；嚴耕望：《唐代交通圖考》，第 617～618 頁；李明偉：

在鄂爾渾河迴紇牙帳處再往東北方向前進 500 里即可定位到土拉河迴紇牙帳。

《新唐書・地理志》載：「烏德鞬山左右嗢昆河、獨邏河皆屈曲東北流，至衙帳東北五百里合流。」這一記載爲我們提供了極好的直接里程參照。首先，正好 500 里的道里距離意味著鄂爾渾河與土拉河交匯處的土拉河東岸即是土拉河迴紇牙帳的一個候選地，且位於鄂爾渾河迴紇牙帳的正東北方向。其次，從該處再往下游前行，河流將遠離鄂爾渾河迴紇牙帳而去，其間距離自然將超過 500 里，因此不可能出現別的候選地；那麼，從該處沿著土拉河往上游回溯，是否有可能找到別的候選地呢？從土拉河的流向來看，從該處上溯，先是往南略偏西行，此時離正西南方向的鄂爾渾河牙帳越來越近，其間距離自然不足 500 里且越變越小，故不可能出現別的候選地；在經過與支流喀魯哈河的交匯處之後，上溯方向轉爲向東及東南，後又轉爲東北，這期間離西方的鄂爾渾河牙帳越來越遠，故而其間距離有可能在某一處再度達到 500 里，亦即其間可能出現另一個候選地，從地圖上看，這另一個候選地的位置當位於土拉河中游，在鄂爾渾河迴紇牙帳的東方，距離前一個候選地已較遠，並接近土拉河最偏南的一段。根據前面對薛延陀汗國滅亡時期迴紇動向的分析，這後一個候選地雖然從前往鸕鷀泉的道路方向上來看稍嫌迂迴（先往正西，再折向南偏東），但在吐迷度聯合僕固、同羅滅掉土拉河南的拔灼政權之後，迴紇將其勢力延拓至此也不是不可能的，而這樣一來，迴紇的居地範圍就從原來的色楞格河、土拉河下游一帶向東南方向大幅度擴張到土拉河中游一帶，即將整個土拉河中下游流域都包括在內，相當於佔據了漠北鐵勒諸部居地中最爲核心的一大片地域。然而，近年的考古新發現否定了這一可能性，2009 年在土拉河幹流由向西轉爲向北的大拐彎附近北岸即札馬爾山東南處發掘的僕固乙突墓，因出土了保存完好的漢文墓誌，得以首次準確定位出唐朝羈縻統治漠北時期鐵勒僕固部落的活動地域，遠比之前學界普遍認爲的肯特山、鄂嫩河流域一帶要偏西，〔註34〕其中心地區已經到達土拉河幹流的最西端，〔註35〕如此一來，假如土拉河迴紇牙帳位於土拉河中游，

《絲綢之路貿易研究》，新疆人民出版社 2010 年版，第 221 頁；其中以嚴耕望論證最詳。

〔註34〕譚其驤主編：《中國歷史地圖集》第 5 冊《隋・唐・五代十國時期》，圖 42～43。

〔註35〕羅新：《蒙古國出土的唐代僕固乙突墓誌》，《中原與域外》，臺北：政治大學歷史學系，2012 年；楊富學：《唐代僕固部世系考——以蒙古國新出僕固氏墓誌銘爲中心》，《西域研究》2012 年第 1 期；楊富學：《蒙古國新出土僕固墓誌

其西北方向的土拉河中游至下游之間卻橫亙著範圍不小的僕固居地，導致牙帳與西北方向更遠處色楞格河、土拉河下游一帶的迴紇居地無法連接而成爲飛地，這種可能性雖不能說完全沒有，但也應是微乎其微的。因此，在考古新材料確認了僕固居地中心位於土拉河幹流最西端的前提之下，我們勢必排除土拉河迴紇牙帳的後一個候選地，也就是說，土拉河迴紇牙帳只能位於前一個候選地，即鄂爾渾河與土拉河交匯處的土拉河東岸。

　　我們的上述論證有一個重要的中間環節論點，即突厥盧尼文《闕特勤碑》與《毗伽可汗碑》中提到的土拉河對岸的 Toɤu balïq（都護城）正是唐朝在迴紇部落牙帳處修築的瀚海－安北都護府城，嚴耕望雖然意識到了迴紇新舊牙帳的位置里程差異，但其未能聯繫上述論點，因而推測迴紇舊牙在新牙以北五、六百里的色楞格河流域，也即是接近後來迴紇富貴城的位置，但這樣一來，瀚海－安北都護府城就應當也在與牙帳相同地點的色楞格河流域，那麼土拉河對岸的都護城就不是迴紇牙帳所在，而應爲另一部落牙帳駐地，這另一部落最有可能的當屬多濫葛，唐朝最初設置的管轄漢北鐵勒諸部的都護府的名稱「燕然」就與多濫葛的都督府名稱相同，而多濫葛首領燕然都督的品級與位次也相當高，僅次於迴紇首領瀚海都督，加上多濫葛所處地理位置較爲居中，〔註36〕比起偏西北的迴紇要更加適合作爲政治中心，因此，不排除存在這樣一種可能性，即唐朝在羈縻統治漢北初期的某個時段曾經將燕然都護府的治所設在漢北的燕然都督府即多濫葛牙帳處，只是史籍失載，包文勝便認爲該時期迴紇部仍然活動在貝加爾湖以南的色楞格河流域而不可能在土拉河流域，位於土拉河畔的「都護城」可能是唐朝最初設置於多濫葛部的燕然都護府駐地，〔註37〕但是這樣一來，由於前述僕固居地已經確定其中心到達土拉河幹流的最西端，而史料明確記載多濫葛在僕固以西，〔註38〕那麼多濫葛便不可能鄰接土拉河幹流，因之位於土拉河畔的都護城便不可能是

研究》，《文物》2014 年第 5 期；馮恩學：《蒙古國出土金微州都督僕固墓誌考研》，《文物》2014 年第 5 期。

〔註36〕據《通典》、《唐會要》、《太平寰宇記》、《新唐書》等史料相關章節記載，多濫葛西邊是薛延陀，西北是阿跌，北邊是斛薛，東邊是僕固、同羅，南邊是契苾（契苾羽）。

〔註37〕包文勝：《鐵勒歷史研究——以唐代漢北十五部爲主》，第 148 頁。

〔註38〕《通典》卷 199：「僕骨，……在多濫葛東境。」《太平寰宇記》卷 198：「僕骨，……在多濫葛東境。」《新唐書》卷 217 下：「僕骨亦曰僕固，在多濫葛之東。」

唐朝最初設置於多濫葛部的燕然都護府駐地，於是嚴耕望和包文勝的看法都無法成立。至此我們從反面也論證了土拉河迴紇牙帳具體位置在鄂爾渾河與土拉河交匯處的土拉河東岸的合理性。

　　同樣是基於僕固乙突墓的發現，俄羅斯學者瓦休金（С. А. Васютин）提出，墓葬附近位於土拉河北岸的和日木登吉（Хэрмэн Дэнж）古城很可能即是土拉河迴紇牙帳所在，後來演變爲回鶻可敦城，到遼代時又修建爲西北路招討司的駐地鎮州。﹝註39﹞應當說，雖然遼代鎮州城的遺址勘定至今仍然極具爭議，﹝註40﹞但瓦休金後半部份的論證以最新考古材料作依託，還是頗具說服力的；﹝註41﹞然而，其第一個論點卻難以成立，因爲僕固乙突墓的發現已經證明和日木登吉古城附近是唐朝羈縻統治漠北時期僕固居地的中心，也就是其牙帳所在，由此該地便不可能既是僕固牙帳同時又是迴紇牙帳所在，否則對於迴紇和僕固這兩個鐵勒超級大部落來說是難以想像的。另一方面，無論將土拉河迴紇牙帳定位在和日木登吉古城或是青陶勒蓋古城都無法解釋五百里的里程差異——從回鶻可敦城/鎮州城到回鶻可汗城/窩魯朵城即哈剌八剌哈孫古城的古代里程大約只有三百里左右，﹝註42﹞單就這一點來說，那些

﹝註39﹞ С. А. Васютин, Киданьское городище Хэрмэн Дэнж и Тогу-Балык кошо-цайдамских надписей：к вопросу о происхождении и этнокультурной принадлежности города начала VIII в. на р. Толе, *Вестник Бурятского научного центра Сибирского отделения Российской Академии наук.* 2011. № 4. – С. 63~71.

﹝註40﹞ 二十世紀下半葉以來，學界逐漸傾向於將遼代的鎮州城勘定爲青托羅蓋（青陶勒蓋）古城，但近年隨著考古發掘的深入進行，也有部份學者提出應勘定爲和日木登吉古城，參見陳得芝：《蒙元史研究叢稿》，人民出版社 2005 年版，第 32~33、85 頁；〔蒙〕A. Ochir, A. Enkhtor：《和日木·登吉古城》，滕銘予譯，《邊疆考古研究》第 5 輯，科學出版社 2005 年版；宋國棟：《蒙古國青陶勒蓋古城研究》，內蒙古大學碩士學位論文，2009 年，第 31~36 頁；巴圖：《蒙古國遼代城址的初步研究》，吉林大學碩士學位論文，2012 年，第 19~21 頁；馮恩學：《蒙古國出土金微州都督僕固墓誌考研》，《文物》2014 年第 5 期。

﹝註41﹞ 「在最後的土層中是陶器和碗碟，呈現出回鶻汗國定居點與埋葬物的特徵。特別地，器皿及土層中碗碟的風格很像回鶻貴族墓葬中的工藝品。由此，古城和日木登吉至少屬於兩個文化年代傳統：1）早期的，可以與突厥—回鶻時期相聯繫；2）晚期的——契丹時期。」С. А. Васютин, Киданьское городище Хэрмэн Дэнж и Тогу-Балык кошо-цайдамских надписей：к вопросу о происхождении и этнокультурной принадлежности города начала VIII в. на р. Толе, *Вестник Бурятского научного центра Сибирского отделения Российской Академии наук.* 2011. № 4. – С. 64.

﹝註42﹞ 從地圖上看，回鶻可敦城位於從鄂爾渾河回鶻可汗城到土拉河迴紇牙帳道路

在可敦城/鎮州城附近去定位土拉河畔都護城的嘗試還需要克服極大的困難。
〔註43〕對此我們還可以從後代的里程上加以側面的驗證。元人張德輝在《嶺
北紀行》中提到：〔註44〕

　　　　自黑山之陽西南行九驛，復臨一河，深廣加侖陸連三之一，
　　魚之大若水之捕法亦如之。其水始西流，深急不可涉，北語云渾獨
　　刺，漢言「兔兒」也。遵河而西，行一驛，有契丹所築故城，可廣
　　三里，背山面水，自是水北流矣。由故城西北行三驛，過畢里紀都，
　　乃弓匠積養之地。又經一驛，過大澤泊，周廣六、七十里，水極澄
　　澈，北語謂吾悞竭腦兒。自泊之南而西，分道入和林城，相去約百
　　餘里。

　　羅新認爲，「水北流」與「水西流」分別是鄂爾渾河和土拉河的特徵，而
「背山面水」的地理形勢，更接近鎮州一帶。〔註45〕如此解說顯然有誤，因
從該段文字前後文記載可知，「自是水北流」之「水」，就是前文「其水始西
流」之「水」，也就是土拉河之水；而「遵河而西」之「河」，就是前文「復
臨一河」之「河」，也是指土拉河，故而「遵河而西」之後一段文字的意思應
爲：土拉河本來向西流，但到了「契丹所築故城」之後，便從這裡改爲向北
流了。若將「水北流」理解爲已經到達鄂爾渾河，在地理上也是說不通的，
因爲從「遵河而西」的土拉河地域到鄂爾渾河之間的道路距離還很遙遠，絕
非僅「行一驛」就能到達。對於這座契丹故城，根據「可廣三里」和「背山
面水」這兩大特徵中的任意一項，都可以將青陶勒蓋古城排除，因青陶勒蓋
古城既不臨水，而城牆周長又遠大於三里；〔註46〕和日木登吉古城完全符合
「背山面水」的特徵，也比較接近「自是水北流矣」的特徵，但其城牆周長
大於三里，〔註47〕故而也不十分適合；在已經發現的土拉河流域的遼代古城

　　的五分之三處，這一區域基本上是平原和河流，山地較少，可以認爲直線距
　　離與道路里程之間的正比例關係較爲可靠。
〔註43〕除瓦休金之外，岩佐精一郎認爲土拉河畔都護城可能在支流喀魯哈河附近的
　　古城遺址，參見〔日〕岩佐精一郎：《突厥の復興に就いて》，和田清編輯《岩
　　佐精一郎遺稿》，三秀舍1936年版，第98頁。
〔註44〕賈敬顏：《五代宋金元人邊疆行記十三種疏證稿》，第344～346頁。
〔註45〕羅新：《契丹古城青草長──蒙古國歷史文化考察散記之三》，《文史知識》2005
　　年第10期。
〔註46〕宋國棟：《蒙古國青陶勒蓋古城研究》，第5～6頁；巴圖：《蒙古國遼代城址
　　的初步研究》，第8～9頁。
〔註47〕〔蒙〕A. Ochir, A. Enkhtor：《和日木·登吉古城》，滕銘予譯，《邊疆考古研

中，最接近符合上述三大特徵的是額默根特和日木古城（位於青陶勒蓋古城西北 60 公里），〔註 48〕但其所臨之水卻是向東北流入土拉河的支流喀魯哈河（哈爾布哈河），當然，我們不能排除張德輝將支流的喀魯哈河誤認作土拉河干流的可能性，還有一種可能性則是張德輝所見的契丹故城已經不復存在或者我們迄今尚未發現，不過無論如何，該故城既然位於土拉河折向北流之處，其距和日木登吉古城或青陶勒蓋古城都不會太遠。從該契丹故城去往吾愞竭腦兒泊，還有四個驛程，依照元代每七十里左右設一驛站的設置，〔註 49〕共計約 4×70＝280 里，從泊之南到和林城有一百餘里，而迴紇牙帳哈剌八剌哈孫遺址在和林城之北偏西七十餘里處，〔註 50〕故從泊之南到迴紇牙帳哈剌八剌哈孫遺址約有 100－70＝30 里左右，合計起來則從該契丹故城到哈剌八剌哈孫遺址的里程約爲 280＋30＝310 里，這就表明，從遼代鎮州城一帶到哈剌八剌哈孫古城遺址、亦即從土拉河的回鶻可敦城鄰近區域到鄂爾渾河的迴紇牙帳鄰近區域，按照元代的道路和里程來計算，也只有三百里左右。這就從另一個角度否定了將土拉河迴紇牙帳定位在回鶻可敦城即遼代鎮州城附近的可能性。

五、相關鐵勒部落居地的推定

僕固乙突墓誌的發現，使僕固部落居地的中心區域首次被明確定位出來，在這一座標基礎之上，我們可以進一步探討漠北其它相關鐵勒部落的居地範圍。首先我們應當意識到，部落居地並非固定不變，在不同的時期可能會有差異，由此需要甄別史料中相關記載的時間範圍。在薛延陀汗國時期，薛延陀部落佔據了整個漠北的西部、西南部和南部，當其滅亡之後，餘部或西遷或南移，其空出的地域必然會引發其它鐵勒部落爭奪並佔據，從前面討論過的當時各主要部落的動向來分析，我們發現在唐朝的主導和制衡下，迴

究》第 5 輯，科學出版社 2005 年版；巴圖：《蒙古國遼代城址的初步研究》，第 9～11 頁。

〔註 48〕巴圖：《蒙古國遼代城址的初步研究》，第 12 頁。

〔註 49〕陳得芝：《蒙元史研究叢稿》，第 3 頁；此點並非直接見載漢文史料，而是間接來自波斯史料拉施特《史集》漢譯本第 2 卷第 69 頁，其中提到從漢地到和林，每 5 法爾桑（farsang）設一個驛站，1 法爾桑爲 6.24 公里，故 5 法爾桑折合元代里程約爲 70 里，參見黨寶海：《蒙元驛站交通研究》，崑崙出版社 2006 年版，第 31 頁。

〔註 50〕周良霄：《關於西遼史的幾個問題》，《中華文史論叢》1981 年第 3 輯（總第 19 輯），上海古籍出版社 1981 年版，第 247～248 頁。

紇部落的南下受到一定遏制，止步在土拉河下游、鄂爾渾河下游及色楞格河流域，僕固部落則可能向西南方向有所推進，佔據了土拉河中游一帶，基於此，我們可以確定出多濫葛部落的活動區域。根據《通典》、《太平寰宇記》及《新唐書》的記載，僕固在多濫葛之東，〔註51〕故而多濫葛在僕固的西面；同書同卷又記載，多濫葛在薛延陀之東、接近同羅水，這一記載所描述的情形必定是在薛延陀部尚未遷離漢北時，並且指的是薛延陀在漢北西部即杭愛山脈的部份，同羅水的今地勘定難以確指，但其必定在同羅居地左近，由此可知多濫葛居地在薛延陀汗國時期介於杭愛山脈東麓與更東面的同羅之間，該範圍比起後來位於土拉河中游一帶的僕固居地以西的多濫葛要更加偏東北，這表明在薛延陀勢力退出漢北之後，多濫葛向西南方向遷移，佔據了薛延陀故地的西部及西南部，其牙帳可能也遷往薛延陀鬱督軍山西牙的附近區域，亦即從前突厥汗國在杭愛山脈東麓、鄂爾渾河上游的大可汗牙帳一帶，也接近後來鄂爾渾河迴紇汗國的牙帳哈剌八剌哈孫古城遺址。薛延陀故地的南部則很可能由思結部落佔據，思結的牙帳也可確定在薛延陀故牙即土拉河以南、都尉揵山之北的大可汗牙帳，這一牙帳的具體地點雖然難以確指，但可以考證出思結居地的大致方位：根據《通典》、《太平寰宇記》及《新唐書》的記載，契苾在多濫葛之南；〔註52〕根據《唐會要》的記載，思結在契苾的東南；〔註53〕故而綜合起來考論，思結當位於多濫葛的東南，並且是在土拉河之南，即今杭愛山脈東南段以東與土拉河中游最南端以南一帶的區域；同時也確定出契苾位於多濫葛之南、思結之西北，即今土拉河支流喀魯哈河中上游一帶。〔註54〕基於此，我們還可以進一步推論顯慶、龍朔年間漠北鐵勒叛亂時多濫葛、思結部落所保據的天山的位置，應在與多濫葛居地及思結居地相距不遠之處，即杭愛山脈東南段的某座山峰，該山接近鄂爾渾河及其支流塔米爾河的源頭，並且也在前述馬鬃山的南面。〔註55〕至此，我們已經考

〔註51〕《通典》卷199，《太平寰宇記》卷198，《新唐書》卷217下。
〔註52〕《通典》卷199，《太平寰宇記》卷198，《新唐書》卷217下。
〔註53〕《唐會要》卷72《諸蕃馬印》：「契馬，與阿跌馬相似，在閻洪達井巳北，獨樂水巳南。」「思結馬，磧南突厥馬也，煨漫山西南，閻洪達井東南。」
〔註54〕包文勝認爲契苾居於鄂爾渾河中游、色楞格河支流哈努伊河一帶，是只考慮了契苾居於思結西北而忽視了契苾位於土拉河以南的記載，其所考證的多濫葛、思結與契苾部落的居地整體都處於偏西北，參見包文勝：《唐代漢北鐵勒諸部居地考》，《內蒙古社會科學（漢文版）》2013年第1期。
〔註55〕《後漢書·南匈奴列傳》中記載南單于與漢軍北擊北單于時，提到「左部過

定了唐朝羈縻統治漠北時期六大都督府中四個都督府的大致位置，即：迴紇的瀚海都督府，牙帳在土拉河與鄂爾渾河交匯處的土拉河東岸；僕固的金微都督府，牙帳在土拉河下游由西向北拐彎處東面不遠處接近和日木登吉古城遺址的區域；多濫葛的燕然都督府，牙帳在杭愛山脈東麓、鄂爾渾河上游一帶接近哈剌八剌哈孫古城遺址的區域；思結的盧山都督府，牙帳在杭愛山脈東南段以東、土拉河中游最南端以南的區域。剩餘的兩個都督府即同羅的龜林都督府和拔野古的幽陵都督府因材料不足，我們暫時還難以對其居地作精確定位，只能大體推論其位於這四個都督府以東、以北的區域，具體的位置確定則需等待新材料的發現。

六、結語

綜合上述論證，我們傾向於認為，位於鄂爾渾汗國時期迴紇牙帳正東北方向五百里、在鄂爾渾河與土拉河交匯處的土拉河東岸很可能是唐朝羈縻統治漠北時期迴紇牙帳的所在地，該處也是唐朝在漠北所設瀚海－安北都護府的駐地；若這一假說不誤，可以期待未來在這一區域的考古活動中發現土拉河畔都護城的遺址，以及類似於僕固乙突那樣的迴紇首領暨瀚海都督的墓葬；同時，在確定了這一時期迴紇與僕固的牙帳位置及部落居地範圍的基礎之上，我們還進一步考證出位於其西南方向的另兩個都督府級大部落多濫葛與思結的牙帳位置及居地範圍，並勾勒出了薛延陀汗國滅亡前後若干鐵勒部落居地的演變情況，以期能促進對相關論題的深入探討。

西海至河雲北，右部從匈奴水繞天山南，渡甘微河，二軍俱合，夜圍單于。」其中的匈奴水與甘微河都指塔米爾河西源支流，與杭愛山脈的天山相毗鄰，參見丁謙：《自漢至元漠北諸大部建庭處考》，《浙江圖書館叢書》一集《漢書匈奴傳地理考證》卷下，浙江圖書館刻本 1915 年版，第 19 頁。

附圖：

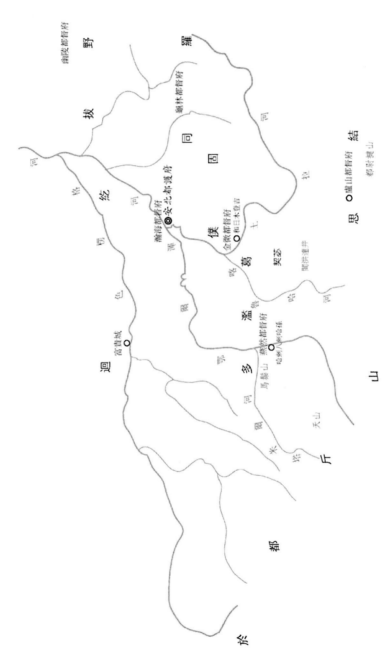

（原載《中國邊疆史地研究》2016 年第 1 期）

參考文獻

第一部份：史料與典籍

1. 《北史》，北京：中華書局標點本，1974 年。
2. 《隋書》，北京：中華書局標點本，1973 年。
3. 《舊唐書》，北京：中華書局標點本，1975 年。
4. 《新唐書》，北京：中華書局標點本，1975 年。
5. 《資治通鑒》，北京：中華書局標點本，1956 年。
6. 杜佑：《通典》，北京：中華書局標點本，1988 年。
7. 王溥：《唐會要》，北京：中華書局，1957 年。
8. 《宋本冊府元龜》，北京：中華書局影印本，1989 年。
9. 姚汝能：《安祿山事跡》，曾貽芬點校，上海：上海古籍出版社，1983 年。
10. 林寶：《元和姓纂》（附岑仲勉四校記本），北京：中華書局，1994 年。
11. 李吉甫：《元和郡縣圖志》，賀次君點校，北京：中華書局，1983 年。
12. 鄭樵：《通志二十略》，王樹民點校，北京：中華書局，1995 年。
13. 志費尼：《世界征服者史》，何高濟譯，呼和浩特：內蒙古人民出版社，1981 年。
14. 拉施特：《史集》，余大鈞、周建奇譯，北京：商務印書館，1983 年。
15. 王昶：《金石萃編》，北京：北京市中國書店，1985 年，影印掃葉山房 1921 年本。

第二部份：研究論著

1. 安部健夫（Abe, Takeo），《西回鶻國史的研究》，宋肅瀛等譯，烏魯木齊：新疆人民出版社，1985 年。

2. 艾沖，《關於唐代單于都護府的兩個問題》，《民族研究》2002 年第 3 期。

3. 艾沖，《唐代前期東突厥羈縻都督府的置廢與因革》，《中國歷史地理論叢》2003 年第 2 期。

4. 艾沖，《論唐代東突厥地區管理機構的演變》，《唐代都督府研究——兼論總管府·都督府·節度司之關係》，西安：西安地圖出版社，2005 年。

5. 阿爾塔莫諾夫（Артамонов, М. И.），*История хазар*，Ленинград：Издательство государственного Эрмитажа, 1962.

6. 阿特伍德（Atwood, Christopher P.），Some Early Inner Asian Terms Related to the Imperial Family and the Comitatus, *Central Asiatic Journal*, Vol. 56（2012/2013），pp. 49-86.

7. 巴科（Bacot, Jacques），Reconnaissance en Haute Asie Septentrionale par cinq envoyés ouigours au VIIIe siècle,（notes par P. Pelliot），*Journal Asiatique*, 1956, pp.137-153.

8. 白壽彝，《中國伊斯蘭史存稿》，銀川：寧夏人民出版社，1983 年。

9. 白玉冬，《〈希內烏蘇碑〉譯注》，《西域文史》第 7 輯，北京：科學出版社，2012 年。

10. 白玉冬，《〈蘇吉碑〉紀年及其記錄的「十姓回鶻」》，《西域研究》2013 年第 3 期。

11. 包文勝，《鐵勒歷史研究——以唐代漠北十五部爲主》，內蒙古大學博士學位論文，2008 年。

12. 包文勝，《古代突厥於都斤山考》，《蒙古史研究》第 10 輯，呼和浩特：內蒙古大學出版社，2010 年。

13. 包文勝，《薛延陀部名稱與起源考》，《內蒙古大學學報（哲學社會科學版）》2010 年第 4 期。

14. 包文勝，《讀〈暾欲谷碑〉札記——türk sir 與「鍛奴」》，《敦煌學輯刊》2012 年第 3 期。

15. 巴托爾德（Бартольд, Василий Владимирович），《加爾迪齊著〈記述的裝飾〉摘要》，王小甫譯，《西北史地》1983 年第 4 期。

16. 巴贊（Bazin, Louis），《突厥曆法研究》，耿昇譯，北京：中華書局，1998 年。

17. 白桂思（Beckwith, Christopher I.），《吐蕃在中亞：中古早期吐蕃、突厥、大食、唐朝爭奪史》，付建河譯，烏魯木齊：新疆人民出版社，2012 年。

18. 伯恩什達姆（Бернштам, А. Н.），《6 至 8 世紀鄂爾渾葉尼塞突厥社會經濟制度（東突厥汗國和點戛斯)》，楊訥譯，烏魯木齊：新疆人民出版社，1997 年。

19. 蔡鴻生，《唐代九姓胡與突厥文化》，北京：中華書局，1998 年。

20. 岑仲勉，《突厥集史》，北京：中華書局，1958 年。

21. 岑仲勉，《西突厥史料補闕及考證》，北京：中華書局，1958 年。

22. 岑仲勉，《跋突厥文闕特勤碑》，收入林幹編《突厥與迴紇歷史論文選集》，北京：中華書局，1987 年。

23. 常霞青，《麝香之路上的西藏宗教文化》，杭州：浙江人民出版社，1988 年。

24. 沙畹（Chavannes, Emmanuel-èdouard），《西突厥史料》，馮承鈞譯，北京：中華書局，2004 年。

25. 陳國燦，《唐乾陵石人像及其銜名的研究》，收入林幹編《突厥與迴紇歷史論文選集（1919～1981）》，北京：中華書局，1987 年。

26. 陳踐，《敦煌古藏文本〈北方若干國君之王統敘記〉文書介紹（附譯文）》，與王堯合著，《中國史研究動態》1979 年第 12 期。

27. 陳踐，《P. T.1283 號——北方若干國君之王統敘記文書》，與王堯合著，《敦煌學輯刊》1982 年第 2 期。

28. 陳踐，《敦煌吐蕃文獻選》，與王堯合著，成都：四川民族出版社，1983 年。

29. 陳踐，《敦煌吐蕃文書論文集》，與王堯合著，成都：四川民族出版社，1988 年。

30. 陳踐，《吐蕃文獻選讀》，與王堯合著，成都：四川民族出版社，2003 年。

31. 陳懇，《羅新〈中古北族名號研究〉對音評議》，《中西文化交流學報》第 7 卷第 2 期，2015 年。

32. 陳連慶，《中國古代少數民族姓氏研究——魏晉南北朝民族姓氏研究》，長春：吉林文史出版社，1993 年。

33. 陳良偉，《試論阿爾泰突厥汗國及其相關問題》，《喀什師院學報（哲學社會科學版）》1992 年第 1 期。

34. 陳良偉，《拔悉蜜汗國及其相關的問題》，《新疆大學學報（哲學人文社會科學版）》1992 年第 3 期。

35. 陳世良，《唐故三十姓可汗貴女賢力毗伽公主雲中郡夫人阿那氏之墓誌考述》，《新疆文物》1988 年第 2 期。

36. 陳寅恪，《馮友蘭〈中國哲學史〉上冊審查報告》，《金明館叢稿二編》，北京：三聯書店，2001 年。

37. 克洛松（Clauson, S. G.），À propos du manuscript Pelliot tibétain1283, *Journal Asiatique*, 1957, pp.11-24.

38. 克洛松（Clauson, S. G.），《論伯希和敦煌藏文寫本第 1283 號》，耿昇譯，《西北民族文叢》1984 年第 1 期。

39. 策格雷迪（Czeglédy, K.），On the Numerical Composition of the Ancient Turkish Tribal Confederations, *Acta Orientalia Academiae Scientiarum Hungaricae*, Tomus, XXV（1972），pp.275-281.

40. 鄧名世，《古今姓氏書辯證》，王力平點校，南昌：江西人民出版社，2006 年。

41. 董春林，《唐代契苾氏家族考論》，《石河子大學學報（哲學社會科學版）》2007 年第 3 期。

42. 董春林，《唐代契苾家族研究》，湘潭大學 2008 年碩士論文。

43. 段連勤，《丁零、高車與鐵勒》，上海：上海人民出版社，1988 年。

44. 段連勤，《隋唐時期的薛延陀》，西安：三秦出版社，1988 年。

45. 依加漢，巴哈提（Еженханұлы, Б.），《遼代的拔悉密部落》，《西北民族研究》1992 年第 1 期。

46. 依加漢，巴哈提（Еженханұлы, Б.），Түцзюеши мен гаочэ：көне қытай жазбаларындағы қыпшақтар, *Түркологиялық жинақ. –* Астана：《Сарыарқа》 баспа үйі, 2012, C. 308–331.

47. 樊文禮，《唐代單于都護府考論》，《民族研究》1993 年第 3 期。

48. 樊文禮，《唐貞觀四年設置突厥羈縻府州考述》，《中國邊疆史地研究》1994 年第 3 期。

49. 范恩實，《唐開元年間黑龍江流域地區史事新證——以「鄭實活墓誌銘」為中心》，《中國邊疆史地研究》2007 年第 4 期。

50. 馮承鈞，《西域南海史地考證論著彙輯》，北京：中華書局，1957 年。

51. 馮繼欽，《霫與白霫新探》，《社會科學輯刊》1995 年第 3 期。

52. 葛瑪麗（Gabain, Annemarie von），《古代突厥語語法》，耿世民譯，呼和浩特：內蒙古教育出版社，2004 年。

53. 加爾卡夫察（Гаркавца, А. Н.），*Codex Cumanicus.* T.1. – Алматы：Баур, 2015.

54. 格桑居晃，《實用藏文文法》，成都：四川民族出版社，1987 年。

55. 耿世民，《唆里迷考》，與張廣達合著，收入《西域史地叢稿初編》，上海：上海古籍出版社，1995 年。

56. 耿世民，《古代突厥文碑銘研究》，北京：中央民族大學出版社，2005 年。

57. 吉羅（Giraud, René），《東突厥汗國碑銘考釋》，耿昇譯，烏魯木齊：新疆社會科學院歷史研究所，1984 年。

58. 戈爾登（Golden, Peter B.），*Khazar studies：An historico-philological Inquiry*

into the Origins of the Khazars, Budapest：Akadémiai Kiadó, 1980.

59. 戈爾登（Golden, Peter B.），*An Introduction to the Histroy of the Turkic People：Ethnogenesis and State-Formation in Medieval and Early Modern Eurasia and the Middle East*, Wiesbaden：Otto Harrassowitz Verlag, 1992.

60. 戈爾登（Golden, Peter B.），*Nomads and their Neighbours in the Russian Steppe：Turks, Khazars and Qipchaqs*, Ashgate, 2003.

61. 龔方震，《中亞古國可薩史蹟鈎沉》,《學術集林》卷六,上海：上海遠東出版社,1995 年。

62. 古米廖夫（Гумилёв, Л. Н.）, Соседи хазар, *Опубликовано в журнале Страны и народы Востока*, 1965.

63. 古米廖夫（Гумилёв, Л. Н.）, *Древние Тюрки* // М.：1967.

64. 郭錫良,《漢字古音手冊》,北京：北京大學出版社,1986 年。

65. 韓百詩（Hambis, Louis）,《客失的迷考》,耿昇譯,《敦煌譯叢》第 1 輯,蘭州：甘肅人民出版社,1985 年。

66. 哈密頓（Hamilton, J. R.）,《九姓烏古斯和十姓回鶻考》,耿昇譯,《敦煌學輯刊》1983 年第 0 期。

67. 哈密頓（Hamilton, J. R.）,《九姓烏古斯和十姓回鶻考（續）》,耿昇譯,《敦煌學輯刊》1984 年第 1 期。

68. 哈密頓（Hamilton, J. R.）,《五代回鶻史料》,耿昇、穆根來譯,烏魯木齊：新疆人民出版社,1986 年。

69. 韓儒林,《元朝史》,北京：人民出版社,1986 年。

70. 韓儒林,《突厥官號研究》,收入林幹編《突厥與迴紇歷史論文選集（1919～1981）》,北京：中華書局,1987 年。

71. 韓儒林,《韓儒林文集》,南京：江蘇古籍出版社,1990 年。

72. 韓儒林,《蒙古答剌罕考》,《穹廬集》,石家莊：河北教育出版社,2000 年。

73. 哈爾馬塔（Harmatta, János）, Az onogur vándorlás, *Magyar Nyelv* LXXXVII（1992）, 257-272.

74. 何星亮,《新疆民族傳統社會與文化》,北京：商務印書館,2003 年。

75. 亨寧（Henning, W. B.）, Argi and the "Tokharians", *BSOS*, Vol. 9, No. 3.（1938）, pp. 545-571.

76. 洪勇明,《古突厥文碑銘中 Čik 芻議》,與剡啓超合著,《新疆大學學報（哲學‧人文社會科學版）》2015 年第 5 期。

77. 華濤,《西域歷史研究（八至十世紀)》,上海：上海古籍出版社,2000 年。

78. 黃盛璋,《敦煌于闐文書中河西部族考證》,《敦煌學輯刊》1990 年第 1 期。

79. 黃英士,《沙陀的族屬及其族史》,《德明學報》34 卷 2 期,2010/12,49-76.

80. 黃約瑟，《薛仁貴》，西安：西北大學出版社，1995 年。

81. 石見清裕（Iwami, Kiyohiro），《唐末沙陀「李克用墓誌」訳注・考察》，《内陸アジア言語の研究》18，中央ユーラシア学研究会，2003-08.

82. 石見清裕（Iwami, Kiyohiro），《突厥執失氏墓誌と太宗昭陵》，《古代東アジアの社會と文化——福井重雅先生古稀・退職記念論集》，汲古書院，2007 年 4 月，pp. 363-379.

83. 岩佐精一郎（Iwasa, Seiichirō），《岩佐精一郎遺稿》，和田清編輯，三秀舍，1936 年。

84. 姜伯勤，《敦煌吐魯番文書與絲綢之路》，北京：文物出版社，1994 年。

85. 加莫洛夫（Kamalov, Ablet），《安史之亂中的突厥與回鶻》，楊富學譯，《回鶻學譯文集》，蘭州：甘肅民族出版社，2012 年。

86. 加莫里丁（Kamoliddin, Shamsiddin S.），To the Question of the Origin of the Samanids, *Transoxiana 10*, Julio 2005.

87. 高本漢（Karlgren, Bernhard），《漢文典》，潘悟雲等譯，上海：上海辭書出版社，1997 年。

88. 克利亞什托爾内（Кляшторный, С. Г. / Klyashtorny, S. G.），《鐵爾渾碑（研究初稿）》，伊千里譯，《民族譯叢》1981 年第 5 期。

89. 克利亞什托爾内（Кляшторный, С. Г. / Klyashtorny, S. G.），《喬連石雕上的古代突厥銘文》，陳弘法譯，《蒙古史研究參考資料》第 22 輯，1982 年。

90. 克利亞什托爾内（Кляшторный, С. Г. / Klyashtorny, S. G.），The Terkhin Inscription, *Acta Orientalia Academiae Scientiarum Hungaricae*, Vol. 36, No.1/3（1982），pp. 335-366.

91. 克利亞什托爾内（Кляшторный, С. Г. / Klyashtorny, S. G.），The Tes Inscription of the Uighur Bögü Qaghan, *Acta Orientalia Academiae Scientiarum Hungaricae*, Vol. 39, No.1（1985），pp.137-156.

92. 克利亞什托爾内（Кляшторный, С. Г. / Klyashtorny, S. G.），Кипчаки в рунических памятниках // *Turcologica*, 1986. К восьмидесятилетию академика А. Н. Кононова. Л.：Наука, 1986.

93. 克利亞什托爾内（Кляшторный, С. Г. / Klyashtorny, S. G.），《古代突厥魯尼文碑銘——中央亞細亞原始文獻》，李佩娟譯，哈爾濱：黑龍江教育出版社，1991 年。

94. 科科夫佐夫（Коковцов, П. К.），*Еврейско-хазарская переписка в X веке*, Ленинград：Типография АН СССР, 1932.

95. 科爾穆辛（Kormuşin, İgor / Кормушин, Игорь），Çoyr Runik Kitabesinin Yeni Okuma Yorumlaması Hakkında. *Orhon Yazıtlarının Bulunuşundan 120. Yıl Sonra Türklük Bilimi ve 21. Yüzyıl Konulu III. Uluslararası Türkiyat Araştırmaları Sempozyumu Bildiriler Kitabı*. Ed. Ülkü Çelik Şavk. Ankara：

Türk Dil Kurumu Yay, 2011, pp. 511-518.

96. 勞心，《東突厥汗國譜系之我見》，《新疆大學學報（社會科學版）》2000年第 4 期。

97. 李春梅，《匈奴政權中「二十四長」和「四角」、「六角」探析》，《内蒙古社會科學（漢文版）》2006 年第 2 期。

98. 李大龍，《有關唐安北都護府的幾個問題》，《北方文物》2004 年第 2 期。

99. 李錦繡，《「城傍」與大唐帝國》，收入李錦繡《唐代制度史略論稿》，北京：中國政法大學出版社，1998 年。

100. 李經緯，《回鶻文社會經濟文書研究》，烏魯木齊：新疆大學出版社，1996年。

101. 李榮輝，《霫族考》，《西北民族大學學報（哲學社會科學版）》2016 年第 1 期。

102. 李樹輝，《迴紇的構成及其發展（下）──烏古斯和回鶻研究系列之四》，《喀什師範學院學報》2001 年第 1 期。

103. 李樹輝，《柏孜克里克石窟寺始建年代及相關史事研究》，《新疆大學學報》2006 年第 1 期。

104. 李樹輝，《烏古斯和回鶻研究》，北京：民族出版社，2010 年。

105. 李文才，《唐代河西節度使所轄軍鎮考論》，《唐史論叢》第 18 輯，西安：陝西師範大學出版社，2014 年。

106. 李域錚，《西安西郊唐俾失十囊墓清理簡報》，《文博》1985 年第 4 期。

107. 李宗俊，《開元六年〈征突厥制〉史事考辨》，《元史及民族與邊疆研究集刊》第 20 輯，上海：上海古籍出版社，2008 年。

108. 李蓋提（Ligeti, Louis），《〈北方王統記述〉考》，岳岩譯，《國外敦煌吐蕃文書研究選譯》，蘭州：甘肅人民出版社，1992 年。

109. 林幹，《突厥與迴紇歷史論文選集（1919～1981）》，北京：中華書局，1987年。

110. 林幹，《突厥史》，呼和浩特：内蒙古人民出版社，1988 年。

111. 林幹，《迴紇史》，呼和浩特：内蒙古人民出版社，1994 年。

112. 林幹，《突厥與迴紇史》，呼和浩特：内蒙古人民出版社，2007 年。

113. 林冠群，《唐代吐蕃史論集》，北京：中國藏學出版社，2006 年。

114. 林梅村，《西域地理札記》，收入林梅村《古道西風──考古新發現所見中西文化交流》，北京：三聯書店，2000 年。

115. 林梅村，《九姓回鶻可汗碑研究》，收入林梅村《古道西風──考古新發現所見中西文化交流》，北京：三聯書店，2000 年。

116. 林梅村,《稽胡史蹟考——太原新出隋代虞弘墓誌的幾個問題》,收入林梅村《松漠之間——考古新發現所見中外文化交流》,北京:三聯書店,2007 年。

117. 劉戈,《鄂爾渾突厥文碑銘與鄂爾渾回鶻史》,《新疆文物》1991 年第 3 期。

118. 劉美崧,《迴紇更名回鶻考》,《江西師範學院學報》1980 年第 1 期。

119. 劉美崧,《兩唐書迴紇傳回鶻傳疏證》,北京:中央民族學院出版社,1988 年。

120. 劉統,《唐代羈縻府州研究》,西安:西北大學出版社,1998 年。

121. 劉義棠,《維吾爾研究》,臺北:正中書局,1977 年。

122. 劉義棠,《突回研究》,臺北:經世書局,1990 年。

123. 劉義棠,《中國西域研究》,臺北:正中書局,1997 年。

124. 劉迎勝,《西北民族史與察合臺汗國史研究》,南京:南京大學出版社,1994 年。

125. 劉迎勝,《元憲宗朝的察合臺兀魯思》,《西北民族研究》1995 年第 1 期。

126. 羅常培,《唐五代西北方音》,臺北:中央研究院歷史語言研究所,1991 年。

127. 羅豐,《規矩或率意而為?——唐帝國的馬印》,《唐研究》第 16 卷,北京:北京大學出版社,2010 年。

128. 羅新,《再說暾欲谷其人》,《文史》2006 年第 3 輯。

129. 羅新,《論闕特勤之闕》,《中國社會科學》2008 年第 3 期。

130. 羅新,《中古北族名號研究》,北京:北京大學出版社,2009 年。

131. 羅新,《葛啜的家世》,《唐研究》第 19 卷,北京:北京大學出版社,2013 年。

132. 馬長壽,《突厥人和突厥汗國》,上海:上海人民出版社,1957 年。

133. 馬馳,《唐代蕃將》,西安:三秦出版社,1990 年。

134. 馬馳,《鐵勒契苾部的盛衰與遷徙》,《中國歷史地理論叢》1999 年第 3 期。

135. 馬小鶴,《米國缽息德城考》,《中亞學刊》第 2 輯,北京:中華書局,1987 年。

136. 馬小鶴,《嚈噠族屬伊朗說》,《歐亞學刊》第 4 輯,北京:中華書局,2004 年。

137. 馬小鶴,《吐火羅與挹怛雜居考》,《歐亞學刊》第 6 輯,北京:中華書局,2007 年。

138. 馬戈梅多夫（Магомедов, М. Г.）, *Хазары на Кавказе*, Махачкала：Дагестанское Книжное Издательство, 1994.

139. 馬爾丁奈茲（Martinez, A. P.）,《迦爾迪齊論突厥》, 楊富學、凱旋譯,《回鶻學譯文集新編》, 蘭州：甘肅教育出版社, 2015 年。

140. 松田壽男（Matsuda, Hisao）,《古代天山歷史地理學研究》, 陳俊謀譯, 北京：中央民族學院出版社, 1987 年。

141. 孟達來,《北方民族的歷史接觸與阿爾泰諸語言共同性的形成》, 北京：中國社會科學出版社, 2001 年。

142. 米諾爾斯基（Minorsky, Vladimir）, *Sharaf al-Zaman Tahir Marvazi on China, the Turks and India*, London：The Royal Asiatic Society, 1942.

143. 護雅夫（Mori, Masao）,《阿史德元珍與暾欲谷》, 吳永明譯,《民族譯叢》1979 年第 3 期。

144. 護雅夫（Mori, Masao）,《突厥的國家構造》, 辛德勇譯,《日本學者研究中國史論著選譯》第 9 卷, 北京：中華書局, 1993 年。

145. 護雅夫（Mori, Masao）,《游牧國家的「文明化」——突厥游牧國家》, 林慧芬譯,《早期中國史研究》第 2 卷第 1 期, 2010 年。

146. 森部豐（Moribe, Yutaka）,《唐末沙陀「李克用墓誌」訳注・考察》,《内陸アジア言語の研究》18, 中央ユーラシア学研究会, 2003-08.

147. 森部豐（Moribe, Yutaka）,《舍利石鐵墓誌の研究》,《關西大學東西學術研究所紀要》（46）,1-20, 2013-04.

148. 森安孝夫（Moriyasu, Takao）,《チベット語史料中に現われる北方民族：Dru-Gu と Hor》,《アヅア・アフリカ言語文化研究（*Journal of Asian and African Studies*）》（14）, 1977.

149. 森安孝夫（Moriyasu, Takao）,《敦煌藏語史料中出現的北方民族——DRU-GU 與 HOR》, 陳俊謀摘譯,《西北史地》1983 年第 2 期。

150. 森安孝夫（Moriyasu, Takao）,《伯希和敦煌藏文寫本第 1283 號新釋》, 耿昇譯,《敦煌譯叢》第 1 輯, 蘭州：甘肅人民出版社, 1985 年。

151. 森安孝夫（Moriyasu, Takao）,《回鶻吐蕃 789～792 年的北庭之爭》, 耿昇譯,《敦煌譯叢》第 1 輯, 蘭州：甘肅人民出版社, 1985 年。

152. 森安孝夫（Moriyasu, Takao）,《モンゴル国現存遺蹟・碑文調査研究報告》, 大阪：中央ユーラシア学研究会, 1999 年。

153. 森安孝夫（Moriyasu, Takao）,《シルクロードと唐帝國》, 東京：講談社, 2007 年。

154. 森安孝夫（Moriyasu, Takao）,《漠北回鶻汗國葛啜王子墓誌新研究》, 白玉冬譯,《唐研究》第 21 卷, 北京：北京大學出版社, 2015 年。

155. 牛汝極，《沙州回鶻及其文獻》，與楊富學合著，蘭州：甘肅文化出版社，1995 年。

156. 牛汝極，《維吾爾古文字與古文獻導論》，烏魯木齊：新疆人民出版社，1997 年。

157. 小野川秀美（Onogawa, Hidemi），《鐵勒考》，《民族史譯文集》第 6 集，中國社會科學院民族研究所歷史研究室資料組，1978 年。

158. 大澤孝（Ōsawa, Takashi），《Who Was Apa Tarkan during the Reign of the Second Eastern Turkic Kaghanate in Mongolia?》，《歐亞學刊》第 6 輯，北京：中華書局，2007 年。

159. 大澤孝（Ōsawa, Takashi），Revisiting the Ongi inscription of Mongolia from the Second Turkic Qaganate on the basis of the rubbings by G. J. Ramstedt, *Suomalais-Ugrilaisen Seuran Aikakauskirja / Journal de la Société Finno-Ougrienne*, 93, 2011, s.147-203.

160. 伯希和（Pelliot, Paul），《中亞史地叢考》，馮承鈞譯，《西域南海史地考證譯叢》第一卷五編，北京：商務印書館，1998 年。

161. 伯希和（Pelliot, Paul），《吐火羅語與庫車語》，馮承鈞譯，《中國西部考古記 吐火羅語考》，北京：中華書局，2004 年。

162. 普列特涅瓦（Плетнева, С. А.），*Хазары*, Москва：Наука, 1976.

163. 普里查克（Pritsak, Omeljan），Two Migratory Movements in the Eurasian Steppe in the 9th-11th Centuries, *Proceedings of the 26th International Congress of Orientalists*, New Delhi, 1964, Vol.2.

164. 濮仲遠，《瀚海都督伏帝難考論——迴紇瓊墓誌再探》，《陰山學刊》2015 年第 28 卷第 5 期。

165. 蒲立本（Pulleyblank, Edwin G.），A Sogdian Colony in Inner Mongolia, *T'oung-Pao*, Second Series, Vol. 41, Livr. 4/5（1952），pp. 317-356.

166. 蒲立本（Pulleyblank, Edwin G.），Some Remarks on the Toquzoghuz Problem, *Ural-Altaische Jahrbuecher* 28, nos.1-2. Wiesbaden, 1956.

167. 蒲立本（Pulleyblank, Edwin G.），*Lexicon of Reconstructed Pronunciation in Early Middle Chinese, Late Middle Chinese, and Early Mandarin.* Vancouver：University of British Columbia Press, 1991.

168. 錢伯泉，《鐵勒國史鈎沉》，《西北民族研究》1992 年第 1 期。

169. 錢伯泉，《從傳供狀和客館文書看高昌王國與突厥的關係》，《西域研究》1995 年第 1 期。

170. 錢伯泉，《畏兀兒人的族源傳說研究》，《喀什師範學院學報》2005 年第 1 期。

171. 秦衛星，《關於漠北回鶻汗國早期歷史中的兩個問題》，《新疆大學學報》1988 年第 3 期。

172. 秦衛星，《論漠北回鶻汗國建立的年代問題》，《元史及北方民族史研究集刊》第 12～13 期，南京大學歷史系元史研究室，1990 年。

173. 任寶磊，《薛仁貴「三箭定天山」事跡考——兼論 7 世紀中葉唐與鐵勒之關係》，《西北民族論叢》第 9 輯，北京：中國社會科學出版社，2013 年。

174. 任寶磊，《新疆地區的突厥遺存與突厥史地研究》，西北大學博士學位論文，2013 年。

175. 榮新江，《安祿山的種族與宗教信仰》，《中古中國與外來文明》，北京：三聯書店，2001 年。

176. 榮新江，《一個入仕唐朝的波斯景教家族》，《中古中國與外來文明》，北京：三聯書店，2001 年。

177. 榮新江，《安史之亂後粟特胡人的動向》，《暨南史學》第 2 輯，暨南大學出版社，2003 年。

178. 榮新江，《新出吐魯番文書所見唐龍朔年間哥邏祿部落破散問題》，《西域歷史語言研究集刊》第 1 輯，北京：科學出版社，2007 年。

179. 榮新江，《安祿山的種族、宗教信仰及其叛亂基礎》，《中古中國與粟特文明》，北京：三聯書店，2014 年。

180. 芮傳明，《天山東部地區鐵勒部落考——〈隋書〉鐵勒諸部探討之一》，《鐵道師院學報（社會科學版）》1989 年第 1～2 期。

181. 芮傳明，《康國北及阿得水地區鐵勒部落考——〈隋書〉鐵勒諸部探討之二》，《鐵道師院學報（社會科學版）》1990 年第 4 期。

182. 芮傳明，《大唐西域記全譯》，貴陽：貴州人民出版社，1995 年。

183. 芮傳明，《古突厥碑銘研究》，上海：上海古籍出版社，1998 年。

184. 芮跋辭（Rybatzki, Volker），Titles of Türk and Uigur Rulers in the Old Turkic Inscriptions, *Central Asiatic Journal*, Vol. 44, No.2（2000），pp. 205-292.

185. 齊藤茂雄（Saito, Shigeo），《舍利石鐵墓誌の研究》，《關西大學東西學術研究所紀要》（46），1-20, 2013-04.

186. 齊藤茂雄（Saito, Shigeo），《突厥第二可汗國の内部対立——古チベット語文書（P. t.1283）にみえるブグチョル（'Bug-čhor）を手がかりに——》，《史學雜誌》122-9, 2013, pp. 36-62.

187. 塞爾特卡亞（Sertkaya, Osman Fikri），Göktürk harfli Çoyr Yazıtı // *PIAC*, XXXIX, Szeged, 1996 – Istanbul, 1996.

188. 尚衍斌，《漠北回鶻汗國政治體制初探》，《西北民族研究》1995 年第 1 期。

189. 尚衍斌，《元代畏兀兒研究》，北京：民族出版社，1999 年。

190. 宋肅瀛，《迴紇改名「回鶻」的史籍與事實考》，《民族研究》1995 年第 6 期。

191. 蘇北海，《唐朝在迴紇、東突厥地區設立的府州考》，《新疆大學學報（哲學人文社會科學版）》1987 年第 1 期。

192. 蘇航，《唐後期河東北部的鐵勒勢力——從雞田州的變遷說起》，《唐研究》第 16 卷，北京：北京大學出版社，2010 年。

193. 蘇航，《回鶻卜古可汗傳說新論》，《民族研究》2015 年第 6 期。

194. 鈴木宏節（Suzuki, Kosetsu），《三十姓突厥の出現——突厥第二可汗国をめぐる北アジア情勢——》，《史学雑誌》115-10, 2006, pp.1-36.

195. 譚其驤，《中國歷史地圖集》第五冊（隋・唐・五代十國時期），北京：中國地圖出版社，1982 年。

196. 湯開建，《〈太白陰經・關塞四夷篇〉關內道、黃河北道、河東道部族、地理考證》，《青海社會科學》1986 年第 1 期。

197. 湯開建，《〈太白陰經・關塞四夷篇〉隴右、河西、北庭、安西、范陽五道部族、地理考證》，《青海社會科學》1986 年第 3 期。

198. 湯開建，《唐宋元間西北史地叢稿》，北京：商務印書館，2013 年。

199. 特肯（Tekin, Talât），*A Grammar of Orkhon Turkic*, Bloomminton, IN：Indian University, 1968.

200. 托馬斯（Thomas, F. W.），《東北藏古代民間文學》，李有義、王青山譯，成都：四川民族出版社，1986 年。

201. 托馬斯（Thomas, F. W.），《敦煌西域古藏文社會歷史文獻》，劉忠譯注，北京：民族出版社，2003 年。

202. 田衛疆，《蒙古時代維吾爾人的社會生活》，烏魯木齊：新疆美術攝影出版社，1995 年。

203. 田衛疆，《「卜古可汗傳說」史實解析——一把打開高昌回鶻史研究之門的鑰匙》，《民族研究》2000 年第 3 期。

204. 田衛疆，《高昌回鶻史稿》，烏魯木齊：新疆人民出版社，2006 年。

205. 托爾提卡（Тортика, А. А.），*Северо-Западная Хазария в контексте истории Восточной Европы*, Харьков：Харьковская государственная академия культуры, 2006.

206. 吐尼亞孜，艾克拜爾，《淺析古代突厥文〈暾欲谷碑〉中出現的 türk sir bodun——兼論薛延陀汗國滅亡以後的薛延陀部落的歷史》，《中央民族大學學報（哲學社會科學版）》2011 年第 5 期。

207. 文杜里（Venturi, Federica），An Old Tibetan Document on the Uighurs：A New Translation and Interpretation, *Journal of Asian History*, Vol. 42, No.1（2008），pp.1-35.

208. 王國維，《觀堂集林》，石家莊：河北教育出版社，2001 年。

209. 王靜如，《突厥文迴紇英武威遠毗伽可汗碑譯釋》，《王靜如民族研究文

集》，北京：民族出版社，1998 年。

210. 王世麗，《安北與單于都護府——唐代北部邊疆民族問題研究》，昆明：雲南人民出版社，2006 年。

211. 王頲，《置營冥澤——唐墨離軍及其後世部落變遷》，《內陸亞洲史地求索》，蘭州：蘭州大學出版社，2011 年。

212. 王小甫，《從回鶻西遷到黑汗王朝》，《新疆社會科學研究》1984 年第 14 期。

213. 王小甫，《唐・吐蕃・大食政治關係史》，北京：北京大學出版社，1992 年。

214. 王小甫，《契丹建國與回鶻文化》，《中國社會科學》2004 年第 4 期。

215. 王小甫，《拜火宗教與突厥興衰——以古代突厥鬥戰神研究爲中心》，《歷史研究》2007 年第 1 期。

216. 王小甫，《回鶻改宗摩尼教新探》，《北京大學學報（哲學社會科學版）》2010 年第 4 期。

217. 王小甫，《中國中古的族群凝聚》，北京：中華書局，2012 年。

218. 王旭送，《唐代沙陀人在西域的活動區域》，與趙榮織合著，《昌吉學院學報》2008 年第 6 期。

219. 王堯，《敦煌古藏文本〈北方若干國君之王統敘記〉文書介紹（附譯文）》，與陳踐合著，《中國史研究動態》1979 年第 12 期。

220. 王堯，《P. T.1283 號——北方若干國君之王統敘記文書》，與陳踐合著，《敦煌學輯刊》1982 年第 2 期。

221. 王堯，《敦煌吐蕃文獻選》，與陳踐合著，成都：四川民族出版社，1983 年。

222. 王堯，《敦煌吐蕃文書論文集》，與陳踐合著，成都：四川民族出版社，1988 年。

223. 王堯，《吐蕃文獻選讀》，與陳踐合著，成都：四川民族出版社，2003 年。

224. 王堯，《西藏文史探微集》，北京：中國藏學出版社，2005 年。

225. 王義康，《突厥世系新證——唐代墓誌所見突厥世系》，《民族研究》2010 年第 5 期。

226. 王義康，《唐代邊疆民族與對外交流》，哈爾濱：黑龍江教育出版社，2013 年。

227. 王永興，《唐代前期西北軍事研究》，北京：中國社會科學出版社，1994 年。

228. 王永興，《陳寅恪先生史學述略稿》，北京：北京大學出版社，1998 年。

229. 王永興，《王永興學述》，杭州：浙江人民出版社，1999 年。

230. 王永興，《唐代前期軍事史略論稿》，北京：崑崙出版社，2003 年。

231. 王永興，《唐代後期軍事史略論稿》，北京：北京大學出版社，2006 年。

232. 王媛媛，《從波斯到中國：摩尼教在中亞和中國的傳播》，北京：中華書局，2012 年。

233. 吳鋼，《全唐文補遺》第 2 輯，西安：三秦出版社，1995 年。

234. 吳鋼，《全唐文補遺》第 3 輯，西安：三秦出版社，1996 年。

235. 吳松弟，《兩唐書地理志彙釋》，合肥：安徽教育出版社，2002 年。

236. 吳玉貴，《阿史那彌射考》，《民族研究》1988 年第 1 期。

237. 吳玉貴，《阿史那賀魯降唐諸說考異》，《新疆大學學報》1989 年第 1 期。

238. 吳玉貴，《突厥汗國與隋唐關係史研究》，北京：中國社會科學出版社，1998 年。

239. 吳玉貴，《〈通典〉「邊防典」證誤》，《文史》2005 年第 1 輯。

240. 吳玉貴，《突厥第二汗國漢文史料編年輯考》，北京：中華書局，2009 年。

241. 内田吟風（Uchida, Ginpu），《初期葛邏祿族史之研究》，陳俊謀摘譯，《民族譯叢》1981 年第 6 期。

242. 内田吟風（Uchida, Ginpu），《北方民族史與蒙古史譯文集》，余大鈞譯，昆明：雲南人民出版社，2003 年。

243. 肖愛民，《中國古代北方游牧民族兩翼制度研究》，北京：人民出版社，2007 年。

244. 蕭啓慶，《内北國而外中國：蒙元史研究》，北京：中華書局，2007 年。

245. 謝后芳，《敦煌吐蕃漢藏對音字彙》，與周季文合著，北京：中央民族大學出版社，2006 年。

246. 薛宗正，《唐伐默啜史事考索》，《民族研究》1988 年第 2 期。

247. 薛宗正，《突厥史》，北京：中國社會科學出版社，1992 年。

248. 薛宗正，《中亞内陸——大唐帝國》，烏魯木齊：新疆人民出版社，2005 年。

249. 嚴耕望，《唐代交通圖考》，上海：上海古籍出版社，2007 年。

250. 剡啓超，《古突厥文碑銘中 Čik 芻議》，與洪勇明合著，《新疆大學學報（哲學・人文社會科學版）》2015 年第 5 期。

251. 楊富學，《古代突厥文〈臺斯碑〉譯釋》，《語言與翻譯》1994 年第 4 期。

252. 楊富學，《沙州回鶻及其文獻》，與牛汝極合著，蘭州：甘肅文化出版社，1995 年。

253. 楊富學，《西域敦煌宗教論稿》，蘭州：甘肅文化出版社，1998 年。

254. 楊富學，《回鶻文獻與回鶻文化》，北京：民族出版社，2003 年。

255. 楊富學，《回鶻學譯文集》，蘭州：甘肅民族出版社，2012 年。

256. 楊富學，《回鶻學譯文集新編》，蘭州：甘肅教育出版社，2015 年。

257. 楊銘，《「東葉護可汗」考》，《甘肅民族研究》1986 年第 3 期。

258. 楊銘，《唐代吐蕃與西域諸族關係研究》，哈爾濱：黑龍江教育出版社，2005 年。

259. 楊聖敏，《迴紇史》，長春：吉林教育出版社，1991 年。

260. 楊聖敏，《〈資治通鑒〉突厥迴紇史料校注》，天津：天津古籍出版社，1992 年。

261. 姚大力，《北方民族史十論》，桂林：廣西師範大學出版社，2007 年。

262. 姚薇元，《北朝胡姓考》（修訂本），北京：中華書局，2007 年。

263. 亦鄰眞，《中國北方民族與蒙古族族源》，《內蒙古大學學報（哲學社會科學版）》1979 年第 3～4 期。

264. 尹偉先，《藏文史料中的「維吾爾」》，《敦煌研究》1996 年第 4 期。

265. 尤煒祥，《兩唐書疑義考釋‧新唐書卷》，杭州：西泠印社出版社，2012 年。

266. 余大鈞，《北方民族史與蒙古史譯文集》，昆明：雲南人民出版社，2003 年。

267. 張廣達，《西域史地叢稿初編》，上海：上海古籍出版社，1995 年。

268. 張廣達，《文書、典籍與西域史地》，桂林：廣西師範大學出版社，2008 年。

269. 張琨，《敦煌本吐蕃紀年之分析》，李有義、常鳳玄譯，《民族史譯文集》第 9 集，1981 年。

270. 張鐵山，《〈故回鶻葛啜王子墓誌〉之突厥如尼文考釋》，《西域研究》2013 年第 4 期。

271. 張鐵山，《十姓回鶻王及其王國的一篇備忘錄》，與茨默合著，白玉冬譯，《回鶻學譯文集新編》，蘭州：甘肅教育出版社，2015 年。

272. 張雲，《葛邏祿部早期歷史初探》，《唐代吐蕃史與西北民族史研究》，北京：中國藏學出版社，2004 年。

273. 章群，《唐代蕃將研究》，臺北：聯經出版事業公司，1986 年。

274. 章群，《唐代蕃將研究（續編）》，臺北：聯經出版事業公司，1990 年。

275. 趙榮織，《唐代沙陀人在西域的活動區域》，與王旭送合著，《昌吉學院學報》2008 年第 6 期。

276. 趙振華，《唐阿史那感德墓誌考釋》，《史林》2004 年第 5 期。

277. 日夫科夫（Zhivkov, Boris），*Khazaria in the Ninth and Tenth Centuries*, translated by Daria Manova, Leiden：Brill, 2015.

278. 鍾焓，《安祿山等雜胡的內亞文化背景——兼論粟特人的「內亞化」問題》，《中國史研究》2005 年第 1 期。

279. 鍾焓，《失敗的僭偽者與成功的開國之君——以三位北族人物傳奇性事跡爲中心》，《歷史研究》2012 年第 4 期。

280. 周季文，《敦煌吐蕃漢藏對音字彙》，與謝后芳合著，北京：中央民族大學出版社，2006 年。

281. 周偉洲，《霫與白霫考辨》，《社會科學戰線》2004 年第 1 期。

282. 周偉洲，《敕勒與柔然》，桂林：廣西師範大學出版社，2006 年。

283. 周曉薇，《〈唐薛突利施匐阿施夫人墓誌〉卒葬年份考》，《文博》1997 年第 4 期。

284. 朱振宏，《阿史那婆羅門墓誌箋證考釋》，《魏晉南北朝隋唐史資料》第 28 輯，武漢：武漢大學出版社，2012 年。

285. 朱振宏，《突厥第二汗國建國考》，《歐亞學刊》，第 10 輯，北京：中華書局，2012 年。

286. 朱振宏，《新見兩方突厥族史氏家族墓誌研究》，《西域文史》第 8 輯，北京：科學出版社，2013 年。

287. 茨默（Zieme, Peter），《佛教與回鶻社會》，桂林、楊富學譯，北京：民族出版社，2007 年。

288. 茨默（Zieme, Peter），《從吐魯番考古到吐魯番考證》，王丁譯，《吐魯番學研究》2008 年第 1 期。

289. 茨默（Zieme, Peter），《十姓回鶻王及其王國的一篇備忘錄》，與張鐵山合著，白玉冬譯，《回鶻學譯文集新編》，蘭州：甘肅教育出版社，2015 年。

290. 祖耶夫（Зуев, Ю. А.），*Ранние тюрки：очерки и идеологии*, Алматы：Дайк-Пресс, 2002.

291. 祖耶夫（Зуев, Ю. А.），Каганат Се-яньто и кимеке（к тюркской этногеографии Центральной Азии в середине VII в.），*Shygys*, 2004, №1, с.11-21, 2004, №2, с. 3-26.